Netzwerke im Bildungswesen

Matthias Rürup · Heinke Röbken
Marcus Emmerich · Imke Dunkake

Netzwerke im Bildungswesen

Eine Einführung in ihre Analyse und Gestaltung

Matthias Rürup
Bergische Universität Wuppertal
Deutschland

Heinke Röbken
Carl von Ossietzky Universität
Oldenburg
Deutschland

Marcus Emmerich
Universität Zürich
Schweiz

Imke Dunkake
Bergische Universität Wuppertal
Deutschland

ISBN 978-3-658-06736-6   ISBN 978-3-658-06737-3 (eBook)
DOI 10.1007/978-3-658-06737-3

Die Deutsche Nationalbibliothek verzeichnet diese Publikation in der Deutschen Nationalbibliografie; detaillierte bibliografische Daten sind im Internet über http://dnb.d-nb.de abrufbar.

Springer VS
© Springer Fachmedien Wiesbaden 2015
Das Werk einschließlich aller seiner Teile ist urheberrechtlich geschützt. Jede Verwertung, die nicht ausdrücklich vom Urheberrechtsgesetz zugelassen ist, bedarf der vorherigen Zustimmung des Verlags. Das gilt insbesondere für Vervielfältigungen, Bearbeitungen, Übersetzungen, Mikroverfilmungen und die Einspeicherung und Verarbeitung in elektronischen Systemen.
Die Wiedergabe von Gebrauchsnamen, Handelsnamen, Warenbezeichnungen usw. in diesem Werk berechtigt auch ohne besondere Kennzeichnung nicht zu der Annahme, dass solche Namen im Sinne der Warenzeichen- und Markenschutz-Gesetzgebung als frei zu betrachten wären und daher von jedermann benutzt werden dürften.
Der Verlag, die Autoren und die Herausgeber gehen davon aus, dass die Angaben und Informationen in diesem Werk zum Zeitpunkt der Veröffentlichung vollständig und korrekt sind. Weder der Verlag noch die Autoren oder die Herausgeber übernehmen, ausdrücklich oder implizit, Gewähr für den Inhalt des Werkes, etwaige Fehler oder Äußerungen.

Lektorat: Stefanie Laux, Stefanie Loyal

Gedruckt auf säurefreiem und chlorfrei gebleichtem Papier

Springer Fachmedien Wiesbaden ist Teil der Fachverlagsgruppe Springer Science+Business Media
(www.springer.com)

Inhalt

Einleitung 9

Teil I Netzwerke als Analysegegenstand 17

1 Grundlagen der sozialen Netzwerkanalyse 19
   1.1 Grundbegriffe: Netzwerk, Akteure, Beziehungen 19
   1.2 Wie lassen sich Netzwerkdaten darstellen? 20
   1.3 Netzwerktypen 23
   1.4 Analysekategorien der Netzwerkanalyse 26
      1.4.1 Analysemöglichkeiten auf Beziehungsebene 26
      1.4.2 Analysemöglichkeiten auf Netzwerkebene 27
      1.4.3 Maße der Zentralität in Netzwerken 30

2 Grundlegende Befunde sozialwissenschaftlicher
   Netzwerkforschung 33
   2.1 Milgrams Studie „The Small World" (1967) 33
   2.2 Granovetters Studie „Getting a Job" (1973) 35
   2.3 Burts Studie „Structural Holes" (1992) 38
   2.4 Weiterführende Hinweise 42

3 Bildungswissenschaftliche Netzwerkforschung:
   Netzwerke als soziales Kapital 43
   3.1 Soziales Kapital als Entwicklungsressource
       in der Bildungsbiographie 44
   3.2 Forschungsbefunde zur Bedeutung von sozialem Kapital im
       Sozialisationsprozess 47
      3.2.1 Familiales Sozialkapital: Struktur- und Prozessmerkmale 48

	3.2.2 Beziehungen zu Peers und Lehrern als Sozialkapital	49
	3.2.3 Die Beziehung der Sozialisationsagenten untereinander als soziales Kapital	52
3.3	Forschungsfragen einer bildungswissenschaftlichen Netzwerkforschung	53
3.4	Ansätze der Erfassung und Beschreibung von sozialen Netzwerken im Bildungswesen	57
	3.4.1 Erhebung von Gesamtnetzwerken in Schulklassen	57
	3.4.2 Erhebung von Namensgeneratoren	61
	3.4.3 Weiterführende Auswertungsmöglichkeiten	62

4 Netzwerke als Form der Handlungskoordination 65
    4.1 Netzwerke als gesellschaftliche Koordinationsform 67
    4.2 Granovetters Konzept der „Embeddedness" 71
    4.3 Gelingensbedingungen für Netzwerke 73

5 Von der Netzwerkforschung zur Netzwerktheorie 79
    5.1 Gesellschaft beobachten:
Netzwerke als sozialwissenschaftlicher Gegenstand 80
    5.2 Das Allgemeine und das Besondere gesellschaftlicher Netzwerke 81
    5.3 Relationale Soziologie:
Netzwerke als kulturelles Substrat der Gesellschaft 84
    5.4 Perspektiven der Netzwerktheorie 85
    5.5 Resümee: Netzwerke als sekundäre Form gesellschaftlicher Ordnungsbildung 87

Teil II Netzwerkgestaltung im Bildungswesen 89

6 Praxen der Netzwerkgestaltung im Bildungsbereich 91
    6.1 Austauschnetzwerke 93
    6.2 Entwicklungsnetzwerke 96
    6.3 Transfernetzwerke 100
    6.4 Kooperationsnetzwerke 104
    6.5 Netzwerke im Bildungswesen – Einheit in der Vielfalt 109

7 Konzepte der Netzwerkgestaltung 115
    7.1 Netzwerkgestaltung, -management und -moderation 116

7.2 Netzwerktheorie und Netzwerkgestaltung 119
7.3 Projektmanagement und Netzwerkgestaltung 125
7.4 Zusammenfassung und Perspektiverweiterung 131

8 Evaluationsbefunde zur Netzwerkarbeit 137
8.1 Erfolgskriterien der Netzwerkarbeit 139
8.2 Ein Wirkungsmodell von Netzwerken 141
8.3 Ergebnisse der Netzwerkevaluation 143
8.4 Konsequenzen 151

9 Netzwerke als Instrument, Programm und Ideologie 155
9.1 Netzwerkprojekte als Teil eines Neuen Steuerungsmodells
    im Bildungswesen 156
9.2 „Regionale Bildungslandschaften" als Steuerungsinstrument 161
9.3 Netzwerke als Gefahr und/oder Ideologie? 164

Teil III Netzwerke zwischen Theorie und Praxis 169

10 Vergleiche und Konsequenzen 171
10.1 Theoretische Implikationen 171
10.2 Praktische Implikationen 180

Literaturverzeichnis 183

Anhang 1: Glossar wichtiger Begriffe der sozialwissenschaftlichen
          Netzwerkanalyse 203
Anhang 2: Softwareprogramme für die sozialwissenschaftliche
          Netzwerkanalyse 207

Einleitung

Das Thema Netzwerke ist vielfältig und vieldeutig. Die Einen denken beim Begriff Netzwerk möglicherweise an das Computernetzwerk an ihrem Arbeitsplatz. Andere mögen sich an Internetseiten wie Facebook erinnern, die sich selbst als soziales Netzwerk beschreiben und so in Bildungsnetzwerken einen Chatroom oder Online-Lernplattform vermuten (vgl. Ullman & Stepancik 2009; Diewalb & Sattler 2010). Wieder Andere mögen, in einer freieren Assoziation, eher an ihre Bekannten und Verwandten denken, mit denen Sie sich verbunden fühlen (ihr eigenes soziales Netzwerk: vgl. Rosenbaum & Timm 2008), oder an Strategien des „networking", die für die Karriereförderung empfohlen werden (Fey 2008). Auch bezogen auf Eltern und insbesondere Alleinerziehende wird über mehr oder weniger hilfreiche Unterstützungsnetze von Angehörigen oder Freunden berichtet (vgl. Fasang, Mangino & Brückner 2014). Geredet wird von Terrornetzwerken (vgl. van der Hulst 2011) ebenso wie von international vernetzten Protestbewegungen des arabischen Frühlings oder von Occupy (vgl. Diani 2011).

Andere verstehen unter Netzwerken bestimmte Organisations- und Gremienstrukturen (vgl. Böllert 2007). Schließlich wurden in vielen deutschen Gemeinden in letzter Zeit Netzwerkbüros eingerichtet: für kleine und mittelständische Wirtschaftsunternehmen, die Tourismusförderung, für Ganztagsschulen oder zur Verzahnung verschiedener kommunal präsenter Bildungsangebote (vgl. Huber 2014). Manche mögen sich beim Thema Netzwerke auch an wissenschaftliche Berichte darüber erinnern, dass die weltweite Vernetzung der Menschen inzwischen – aber nicht erst seit heute – so intensiv sei, dass eine ausschließlich über persönliche Bekanntschaften vermittelte Botschaft nur sechs Stationen braucht, um von irgendeinem Menschen irgendwo zu irgendeinem Menschen anderswo übermittelt zu werden (s. z. B. Castells 1998; Watts 2003).

Noch vielfältiger und unübersichtlicher wird das Themenfeld, wenn man bei den Assoziationen über das Wort Netzwerk hinausgeht und auch nahestehende Begriffe miteinbezieht. Wird nicht in den Ergebnissen der Hirnforschung auf die Bedeutung der Vernetzung bestimmter Hirnregionen verwiesen, für deren Entwicklung es in der Kindheit sensible Phasen gäbe (Spitzer 2008)? Und ebenfalls eng mit dem Netzwerk-Gedanken verknüpft sind auch die Diskussionen um Praktikergemeinschaften (communities of practice), kreative Milieus oder lernende Regionen.

Netzwerke und Vernetzung sind, nur zu diesem Eindruck sollte dieses einleitende Brainstorming hinführen, ein erst zu klärendes Themenfeld. Die Begriffe finden sich in verschiedenen technischen, naturwissenschaftlichen und sozialen Kontexten. Sie werden deskriptiv-analytisch zur Benennung und Untersuchung verschiedenster Phänomene verwendet, zugleich aber auch präskriptiv-normativ zur Selbstbeschreibung von sozialen Gemeinschaften bzw. zur Kennzeichnung angestrebter und bewusst herbeigeführter Zustände, wie z. B. ein funktionierendes Schulnetzwerk. Vor allem findet sich der Begriff „Netzwerk" sowohl im Alltag – in der Lebenswelt – als auch in der Wissenschaft – als Bezeichnung eines bestimmten, mit besonderen Methoden und Differenzierungen verbundenen Forschungsansatzes.

Bei aller Vielfältigkeit der Wortnutzung gibt es natürlich auch etwas wie einen gemeinsamen Bedeutungskern. Der Begriff Netzwerk bezeichnet nicht beliebig völlig verschiedenes.

Immer geht es bei Netzwerken um die Relationen – die Beziehungen – zwischen prinzipiell fassbaren und voneinander – zumeist räumlich – unterschiedenen Entitäten.

Das können dann Zellen sein, die durch Synapsen verschaltet sind, Computer und ihre kabelgebundenen oder kabellosen Verknüpfungen, Haltestellen in einem Verkehrsnetz des öffentlichen Nahverkehrs oder eben Menschen, Organisationen und Staaten. Immer wenn es um Netze geht, steht ein Bild im Hintergrund: das eines zu einem Muster verknoteter Fäden, bei dem die Knoten für die unterscheidbaren Entitäten stehen und die Stricke für ihre Verknüpfungen. Welche unterschiedlichen Phänomene dieses abstrakte und universelle Bild jedoch auch immer bezeichnet, das Ziel der Bezeichnung besteht darin, mehr oder weniger offensichtliche *Ordnungsstrukturen* sichtbar zu machen und zu beschreiben, die die jeweiligen Einzel-Entitäten übergreifen und verbinden.

Dieser gemeinsame Bedeutungshintergrund bietet noch keine eindeutige Definition des Begriffs – auf die wir hier, in dieser Einleitung, allerdings auch bewusst verzichten. Eine zu frühe begriffliche Festlegung würde den Blick auf die Vielfältigkeit des Phänomens verstellen und damit sein angemessenes Verständnis erschweren. Insbesondere die wichtige Unterscheidung zwischen dem deskriptiv-analytischen Begriffsverständnis der Netzwerkforschung und dem eher präskriptiv-normativen des Netzwerkmanagements, die auch dieses Lehrbuch strukturiert und vor der praktischen Erörterung zuerst zu einer theoretischen Anstrengung auffordert, ginge so womöglich verloren.

Bevor wir aber den Aufbau des Lehrbuchs darstellen, sei noch auf eine weitere Besonderheit des Begriffs „Netzwerk" verwiesen, die er mit Begriffen wie Motivation und Innovation teilt: Er ist ein Beispiel für Begriffe, die ursprünglich in einem bestimmten wissenschaftlichen Kontext zur besonderen Hervorhebung von Forschungsgegenständen und Forschungsbefunden geprägt wurden und erst anschließend – aber mit großem Erfolg – in die Alltagssprache Eingang gefunden haben. So identifiziert der Begriff Motivation in der Psychologie ursprünglich „nur" ein Interesse an einem systematischen Verstehen menschlicher Handlungsantriebe. Inzwischen ist er ein üblicher alltagsweltlicher Ausdruck, um über Gefühlslagen der Aktivitätsbereitschaft (motiviert/demotiviert) zu informieren.

Ähnlich kennzeichnete der Netzwerk-Begriff ursprünglich in den Sozialwissenschaften „nur" ein bestimmtes Forschungsprogramm in Abgrenzung zu anderen (s. Holzer 2009; Schnegg 2010). Statt soziale Phänomene aus individuellen Eigenschaften, Überzeugungen und Intentionen einzelner Akteure oder aus gesellschaftlichen Funktionen, Strukturen, Machtverhältnissen, Institutionen und Normen abzuleiten, stand im Netzwerkansatz ein Verständnis des Sozialen als Beziehungssystem im Vordergrund, das sowohl individuelle Akteure als auch gesellschaftliche Institutionen formt und erklärt. Dieses Interesse an der Mesoebene bzw. dem Relationalen – der Gruppe, der sozialen Gemeinschaft – teilt die Netzwerkanalyse mit interaktionistischen, sozialkonstruktivistischen oder konstitutionstheoretischen Ansätzen. Das Besondere der Netzwerkanalyse ist dabei ihr vorrangig pragmatischer bzw. empirischer Ansatz einer methodisch kontrollierten Nachzeichnung von Beziehungsstrukturen von Mitgliedern bestimmter, mehr oder weniger umfangreicher sozialer Systeme.

Mit dem Netzwerk-Begriff wurde so für bestimmte Alltagsphänomene, die es selbstverständlich auch vorher schon gab, ein neues Beschreibungs- und Reflexionsangebot eröffnet. Dies betrifft z. B. die Wissenschaften selbst, die ihre Theorieentwicklungen in ihrer Abhängigkeit von persönlichen Netzwerken einflussreicher Forscher hinterfragten. In den Wirtschaftswissenschaften wurden z. B. Kooperationen und Absprachen zwischen Unternehmen als wettbewerbsbegrenzendes aber auch innovationsförderndes Phänomen hervorgehoben (Sydow 1992; Weyer 2011d). Thema wurde die Bedeutung persönlicher Bekanntschaften für individuelle Karrieren oder für die Verbreitung neuer Ideen. Und diese Forschungsbefunde regten nicht nur ein Nachdenken über die Relevanz von Netzwerken im sozialen Alltag an, sondern auch ein Bemühen, um günstigere Vernetzungen und ein bewusstes Gestalten. Netzwerke entwickelten sich so von einer Analysekategorie des Sozialen

zu einer zielgerichteten sozialen Praxis, die diesen Begriff selbst verwendet, womöglich auch entgegen der ursprünglichen analytischen Bedeutung.
Der Begriff Netzwerke hat sich somit dupliziert in

a. soziale Strukturen, die als Netzwerke analysiert werden, ohne selbst davon Kenntnis haben zu müssen, ein Netzwerk zu sein und
b. soziale Netzwerke, die sich selbst als Netzwerk bezeichnen und verstehen, ohne notwendig den wissenschaftlichen Beschreibungsmerkmalen entsprechen zu müssen.

Dieses praktische Aufgreifen des Netzwerk-Gedankens hat wiederum in der wissenschaftlichen Forschung über Netzwerke zu Konsequenzen geführt. Einerseits werden Aktivitäten des Netzwerkmanagements selbst durch wissenschaftliche Expertise begleitet, die die Befunde der Netzwerkforschung praktisch wendet. Auch werden Netzwerkprojekte wissenschaftlich evaluiert. Andererseits werden aktiv gesuchte Vernetzungen auch selbst zu einem Forschungsthema. Der Netzwerk-Begriff verändert sich so noch weiter zu einem analytisch-distanzierten Ansatz der Beschreibung von sozialen Beziehungen eines bestimmten Typs. Er steht dann – abstrakt gesprochen – für einen alternativen oder ergänzenden gesellschaftlichen Integrations- oder Regulationsmechanismus, in dem nicht einseitig der Staat oder der Markt dominieren, sondern in dem sich gesellschaftliche Akteure über Verhandlungen und Vertrauen koordinieren. Zum Thema werden so unter anderem neue soziale Bewegungen, die sich gegenüber den traditionellen Mitgliederorganisationen gesellschaftlicher Interessenvertretung (Parteien, Gewerkschaften) durch eine höhere Dynamik, höhere Mobilisierungsfähigkeit, aber auch eine geringere Dauerhaftigkeit und ideologisch-organisatorische Bindungsfähigkeit auszeichnen. Netzwerke sind so neben einem distanzierten Analyseansatz und einem Gestaltungsinteresse inzwischen ein spezifisches zeitdiagnostisches Beschreibungsangebot der modernen Gesellschaft, ihrer Strukturen und ihrer Entwicklungen.

Damit wären wir bei dem eigentlichen Thema dieses Lehrbuchs angelangt: der Auseinandersetzung mit Ansätzen und Erfahrungen der Netzwerkgestaltung im Bildungswesen. Grundsätzlich ist festzuhalten, wenn wir heute – wissenschaftlich aber auch pragmatisch-praktisch – Schule und Schulgestaltung thematisieren, dann kommen wir am Konzept und Begriff des Netzwerks nicht vorbei. Dafür stehen vielfältige Beispiele von Schulnetzwerken, regionalen Bildungslandschaften, Netzwerkbüros und Netzwerkkoordinatoren. Nach unserer Einleitung sollte deutlich sein, dass es sich bei diesen Beispielen (in unseren eingeführten Begrifflichkeiten) um bewusst gestaltete lebensweltliche Netzwerke handelt, bei denen alles in allem offen ist, ob sie wirklich – bezogen auf die wissenschaftliche deskriptiv-analytische Verwendung des Netzwerkbegriffs – Netzwerke darstellen. Womöglich sind für ihre Beschreibung und Gestaltung ganz andere konzeptuelle Hintergründe ausschlaggebend als die analytische Netzwerktheorie: z.B. Ansätze des betrieblichen Managements oder der Organisationsentwicklung. Umso mehr wären dann aber zeitdiagnostische Analyseangebote zu Konsequenzen einer zunehmenden Vernetzung des sozialen Lebens aufzugreifen und als Orientierungen einer reflexiven (professionellen) Praxis des Netzwerkmanagements zu nutzen.

Für das vorliegende Lehrbuch bedeutet diese Gemengelage unterschiedlicher Ansätze und Begrifflichkeiten der Netzwerk-Thematik eine besondere Herausforderung. Einerseits wären Netzwerke nicht angemessen behandelt, wenn sich allein auf Ansätze, Begriffe und Befunde der Netzwerkforschung konzentriert wird. Dann würde der praktischen Bedeutung der Netzwerkgestaltung in ihrer Eigenständigkeit und Eigentümlichkeit zu wenig Raum gegeben. Andererseits wäre es ebenfalls einseitig, sich lediglich auf eine Darstellung aktueller Konzepte und Projekte der zielgerichteten Netzwerkgestaltung zu konzentrieren und Projekterfahrungen, Best-Practice-Beispiele und Evaluationsbefunde zu referieren. Hier besteht die Gefahr einer zu geringen analytischen Distanz zu den Projektintentionen und den ihnen unterlegten Vorstellungen, über das, was notwendig ist und funktioniert. Eine angemessene Behandlung von Bildungsnetzwerken braucht letztlich beides zugleich: eine Darstellung der wissenschaftlichen Analyse- und Reflexionsansätze sowie eine Aufarbeitung praktischer Aktivitäten und Projekterfahrungen. Erst dann – in Konfrontation dieser Themenbereiche – ergeben sich unserer Ansicht nach die eigentlich interessanten Fragen: nach der Bedeutung, Gestaltbarkeit und den Konsequenzen organisierter Schulnetzwerke als auch nach der lebensweltlich-fortdauernden Angemessenheit wissenschaftlicher Analyseinstrumentarien, angesichts einer sich weiter differenzierenden und dynamisierenden Netzwerkgesellschaft. So wollen wir – nicht zuletzt – auch den Gefahren einer ideologisch-avantgardistischen Vereinnahmung und Entmündigung durch Netzwerkmetaphern informatorisch entgegen wirken. Nicht in allen Zusammenhängen, in denen der seiner Natur nach optimistisch-zukunftszugewandte Begriff des Netzwerks aktuell verwendet wird, ist er angemessen. Zudem sind sozialpolitische Fragen der Macht und Ohnmacht, von Gerechtigkeit, Teilhabe und Würde oder auch der demokratischen Legitimität und Kontrolle keineswegs aufgehoben oder beantwortet, nur weil wir uns und unsere Gegenwartsgesellschaft zunehmend als Netzwerk beschreiben und organisieren.

Unser Lehrbuch möchte all diese Verknüpfungen leisten. Dazu ist es folgendermaßen aufgebaut:

1. Im ersten Teil – den Kapiteln 1 bis 5 – stellen wir Netzwerke als Forschungsgegenstand und Forschungsansatz vor. Wir stellen das sozialwissenschaftliche Programm der Erhebung und Analyse von Netzwerkdaten dar (Kapitel 1). Anschließend erläutern wir Befunde aus empirischen Netzwerk-Studien (Kapitel 2), insbesondere auch im Blick auf bildungssystembezogene Forschungen zu sozialen Beziehungen als wichtige Ressourcen im Sozialisationsprozess (Kapitel 3). Mit Kapitel 4 erweitern wir den Blick auf sozialwissenschaftliche Netzwerktheorien, die zu großem Teil auf den Ansätzen der Netzwerkforschung aufbauen, aber auch eigene analytische Schwerpunkte setzen, die dann nicht nur in Bezug auf empirische Forschungsbefunde, sondern auch im Vergleich zu anderen sozialwissenschaftlichen Theorieangeboten diskutiert werden (Kapitel 5).
2. Im zweiten Teil des Lehrbuchs – den Kapiteln 6 bis 9 – setzen wir uns dann mit konkreten Projekten der Gestaltung von Netzwerken im Bildungswesen auseinander. Der Fokus liegt auf Deutschland und auf Erfahrungen mit Netzwerken im Schulbereich, sowohl im allgemeinbildenden als auch im beruflichen Schulwesen. Nachdem wir in Kapitel 6 verschiedene Projekte vorgestellt haben, setzen wir uns in Kapitel 7 mit den konzeptionellen Hintergründen dieser Netzwerkgestaltungen auseinander, die nicht ausschließlich der Netzforschung entstammen. In Kapitel 8 diskutieren wir empirische Befunde aus der Begleitforschung zu Netzwerken im Bildungswesen und ihre praktischen Konsequenzen, ehe wir in Kapitel 9 auf eine Einordnung der Netzwerkprojekte als Steuerungsansatz im Bildungswesen eingehen und fragen, inwieweit ihm – kritisch betrachtet – durchaus ideologische Tendenzen attestiert werden könnten.
3. Im dritten Teil – im Kapitel 10 – führen wir die Darstellungen der beiden vorhergehenden Teile zusammen. Wir diskutieren, inwieweit die Ergebnisse der Netzwerkforschung mit den Erfahrungen der Projektarbeit verbindbar sind und welche neuen, produktiven Anregungen sich aus der Verknüpfung von Netzwerktheorie und Netzwerkpraxis ableiten lassen. So wollen wir mit unserer Argumentation vor allem zur Diskussion und Reflexion anregen. Aber auch konkrete Orientierungen für Netzwerkgestalter und Netzwerkkoordinatoren sollen nicht fehlen.

Zuletzt noch ein Wort zum Lehrbuch selbst und seiner Geschichte. Es basiert auf einem im Jahr 2011 von Matthias Rürup und Heinke Röbken erstellten Manuskript, welches auch für einen Studienbrief an der Universität Kassel verwendet wurde. Für das vorliegende Lehrbuch wurde das frühere Manuskript detailliert durchgesehen, aktualisiert und um die Beiträge und kritische Kommentare zweier weiterer Autoren[1] (Imke Dunkake und Marcus Emmerich) erweitert. Obschon für die einzelnen Kapitel dieses Buches jeweils ein Hauptautor federführend verantwortlich zeichnete, haben wir auf die jeweilige Namensnennung verzichtet. Dies vor allem deswegen, da bei der Integration der Beiträge in den Lehrbuchtext eine grundlegende sprachlich-argumentative „Harmonisierung" erfolgte. Zum anderen haben alle Autoren, unabhängig von ihrer je spezifischen Textverantwortung, alle anderen Kapitel des Lehrbuchs ebenfalls konstruktiv-kritisch gegengelesen und kommentiert. Insofern ist dieses Lehrbuch ein Gemeinschaftswerk – oder moderner gesagt: ein Netzwerkprodukt – und möchte als solches, ungeachtet der individuellen Arbeitsanteile, wahrgenommen werden.

---

1 In unserem Lehrbuch verwenden wir aus Gründen der sprachlichen Vereinfachung männliche Personen- bzw. Rollenbezeichnungen auch für weibliche Personen, wenn nicht ein eigener geschlechtsneutraler Begriff existieren sollte. Sollten ausdrücklich Personen nur eines Geschlechtes gemeint sein, wird dies im Text explizit vermerkt.

Teil I
Netzwerke als Analysegegenstand

Im folgenden ersten Teil des Lehrbuchs möchten wir in grundlegende wissenschaftliche Ansätze und Befunde der Untersuchung von sozialen Netzwerken einführen. Einerseits werden so Netzwerke nicht Gegenstand, wie sie in den Naturwissenschaften oder in der Technikforschung thematisiert werden. Wir reden im Folgenden also weder über Stromkreise, Verkehrs- oder Datennetze. Einflüsse solcher Thematisierungsansätze auf das Verständnis auch sozialer Praxen gibt es sicherlich; für eine Auseinandersetzung mit Netzwerken und Netzwerkgestaltungen im Bildungswesen sind sie aber von letztlich untergeordneter Relevanz.

Andererseits werden wir im Folgenden aber auch nicht ausschließlich über Netzwerk-Forschungen berichten, die sich auf das Bildungswesen beziehen. Im Gegenteil: Netzwerke im Bildungswesen werden überwiegend nur als illustrierende Hinweise zu Begriffsbildungen und Forschungsbefunden auftauchen, die eigentlich in anderen gesellschaftlichen Praxisfeldern wie Wirtschaft oder der Politik und den dazugehörigen Wissenschaftsdisziplinen entwickelt wurden. Lediglich in Kapitel 3 werden wir Hauptlinien der gegenwärtigen Erforschung von Netzwerkstrukturen im Bildungsbereich nachgehen.

Und noch eins vorab: Die im Folgenden darzustellende Netzwerkforschung erleichtert mit ihrer Formalität und Abstraktheit nicht unbedingt den Zugang. Wir möchten dennoch zu dieser Auseinandersetzung auffordern: Gerade die Abstraktheit der Analysekategorien begründet die Produktivität der sozialen Netzwerkanalyse. Befunde, die in einem sozialen Bereich gefunden wurden, sind so zumindest hypothetisch als generelle Befunde für alle sozialen Praxen formulierbar. Zu prüfen und zu diskutieren wäre dann, inwieweit sich das Bildungswesen, Schulen oder Lehrkräfte von anderen sozialen Systemen, Organisationen oder Personen wirklich unterscheiden. Mit dem Fokus auf die soziale Netzwerkanalyse behaupten wir erst einmal: die Unterschiede sind gering oder zumindest systematisch erfassbar.

Grundlagen der sozialen Netzwerkanalyse 1

Im Folgenden geben wir Einblick in Grundbegriffe der sozialen Netzwerkanalyse als einer bestimmten Form der Aufbereitung und Analyse von Daten über Personen oder Organisationen und ihrer Beziehungen. Dabei wird auch Thema, was sich konkret beobachten lässt, wenn soziale Praxen auf diese Weise aufbereitet werden.

1.1 Grundbegriffe: Netzwerk, Akteure, Beziehungen

Aus Sicht der sozialen Netzwerkanalyse sind Netzwerke definiert als Akteure, die miteinander über Beziehungen verbunden sind (Kilduff & Tsai 2003, 12).

Im Wesentlichen werden drei Akteursebenen unterschieden. Akteure können z. B. Individuen sein (individuelle Ebene), wie Schüler, Lehrkräfte, Manager, Mitglieder einer Familie oder eines Volksstamms. Akteure können darüber hinaus Organisationen umfassen (organisatorische Ebene), wie Schulen, Unternehmen, Universitäten oder Krankenhäuser. Innerhalb von Organisationen ist eine weitere Akteursebene angesiedelt: die Organisationseinheit oder intraorganisatorische Ebene. Dazu zählen z. B. Abteilungen, Fachbereiche, Schulklassen, die als Einheit in verschiedenen Beziehungen involviert sind. Es gibt darüber hinaus eine Vielzahl weiterer Akteure, wie z. B. Tiere, Nationen, Wörter oder Homepages, die ebenfalls Gegenstand von Netzwerkanalysen sein können, im Zusammenhang mit Bildungsnetzwerken aber eine untergeordnete Rolle spielen.

Auch die Beziehungen zwischen den Akteuren können unterschiedlicher Natur sein: Typische Beispiele auf individueller Ebene sind Verwandtschaftsbeziehungen (Vater von.., Mutter von…), kognitive Beziehungen (kennen, schon mal von gehört haben), affektive Beziehungen (mögen, respektieren, vertrauen), interaktive

Beziehungen (segeln gehen, Ratschläge erteilen), über Mitgliedschaft (im selben Verein sein, an der gleichen Veranstaltung teilnehmen) oder soziale Rollen wie Freundschaft oder Arbeitsbeziehungen.

Zwischen Organisationen können Austauschbeziehungen entweder über ihre Mitglieder oder über die Gesamtorganisation bestehen. Über Mitglieder sind zwei Organisationen z. B. über Personalaustausch verbunden (Hochschule A versendet Absolventen an Schule B) oder über eine parallele Mitgliedschaft (z. B. als Aufsichtsratsmitglieder in verschiedenen Unternehmen). Interorganisatorischer Austausch über die Gesamtorganisation kann über Zulieferbeziehungen, Verkaufsbeziehungen, Eigentumsbeziehungen oder Allianzen erfolgen.

Intraorganisatorisch spielen häufig Ressourcen- und Informationsflüsse, Weisungs- und Kooperationsbeziehungen, aber auch Freundschaft, Verwandtschaft oder interaktive Beziehungen eine wichtige Rolle.

1.2 Wie lassen sich Netzwerkdaten darstellen?

Typischerweise arrangieren empirisch arbeitende Sozialwissenschaftler ihre Daten in einer Tabelle mit Fällen in den Zeilen und qualitativen oder quantitativen Beobachtungen über Eigenschaften dieser Fälle in den Spalten (vgl. Hannemann & Riddle 2005). Jede Zelle beschreibt dann ausgewählte Eigenschaften (Spalte) eines bestimmten Subjektes (Zeile). In den Analysen würde man über die Reihen vergleichen, wie ähnlich sich die einzelnen Subjekte hinsichtlich bestimmter Eigenschaften sind. Noch üblicher ist es, die Spalten miteinander zu korrelieren, um zu ermitteln, wie ähnlich oder unähnlich z. B. Alter und Anzahl der Freunde über die einzelnen Akteure verteilt sind.

Im Gegensatz zu klassischen sozialwissenschaftlichen Analysen werden Netzwerkdaten in einer quadratischen Matrix arrangiert (vgl. Abb. 1). Die Zeilen der Matrix sind die Fälle, und die Spalten enthalten ebenfalls die Fälle in der gleichen Anordnung. Jede Zelle innerhalb der Matrix beschreibt die Beziehung zwischen zwei Akteuren. Ein Beispiel zu einem Beratungsnetzwerk ist ebenfalls in Abb. 1 dargestellt. Eine Gruppe von vier Schülern lässt sich in eine 4 x 4 Matrix überführen, wobei eine vorhandene Beziehung zwischen zwei Akteuren mit einer 1 und eine nicht vorhandene Beziehung mit einer 0 in der Matrix versehen wird. Jeder Akteur kommt sowohl als Empfänger als auch als Sender vor. In der Zeile werden in der Regel die Senderbeziehungen eingegeben, in den Spalten die Empfängerbeziehungen.

1.2 Wie lassen sich Netzwerkdaten darstellen?

Klassische Analyse von Eigenschaften				Soziale Netzwerkanalyse: Wer fragt wen um Rat?				
Name	Geschlecht	Alter	Anzahl der Freunde		Bob	Pia	Tim	Ulf
Bob	M	32	3	Bob	---	0	0	0
Pia	W	21	4	Pia	1	---	1	0
Tim	M	26	2	Tim	1	0	---	1
Ulf	M	28	6	Ulf	0	1	0	---

Abb. 1 Datentabellen in den Sozialwissenschaften
Quelle: in Anlehnung an Hannemann & Riddle (2005, Kap. 1)

Bei ungerichteten Beziehungen ist die resultierende Matrix immer symmetrisch, d. h. das linke untere Dreieck lässt sich an der Diagonalen mit dem oberen rechten Dreieck spiegeln. Symmetrische Beziehungen zeigen an, dass wenn Akteur 1 mit Akteur 2 kommuniziert, automatisch Akteur 2 auch mit Akteur 1 kommuniziert. Es geht in der Kommunikation z. B. um gegenseitigen Austausch oder die gemeinsame Entwicklung von Ideen. Anders gestalten sich gerichtete Beziehungen, wie z. B. das Fragen um Rat. Das Resultat ist eine asymmetrische Matrix, bei der die obere und untere Dreiecksmatrix nicht mehr miteinander identisch sind.

In der Hauptdiagonalen der Datenmatrix stehen die Beziehungen der Akteure zu sich selbst. Da diese nur in seltenen Fällen theoretische und praktische Relevanz haben, wird hier häufig eine 0 eingetragen. Bei dichotomen Daten wird nur zwischen vorhandener und nicht vorhandener Beziehung differenziert (1 bzw. 0). In manchen Fällen enthält die Matrix aber auch Angaben über die Stärke einer Beziehung. Statt der 1 kann in die Matrix auch die Häufigkeit der täglichen Kontakte zwischen zwei Akteuren oder die Anzahl der Kilometer zwischen zwei Orten eingetragen werden.

Ähnlich wie in klassischen sozialwissenschaftlichen Studien können auch bei der sozialen Netzwerkanalyse die Zeilen miteinander verglichen werden, um zu erfahren, wie ähnlich sich die Personen hinsichtlich ihrer Beziehungen sind. Schaut man sich die Spalten an, kann man Aufschluss darüber bekommen, wie ähnlich sich die Akteure dahingehend sind, gewählt zu werden. Daraus lässt sich dann ableiten, wer vergleichbare Positionen im Netzwerk einnimmt und wie gut die einzelnen Akteure innerhalb des Netzwerkes „eingebettet" (embedded) sind. Man kann aber auch das Netzwerk als Ganzes in den Blick nehmen und sich die Anzahl der vorhandenen Beziehungen im Vergleich zu allen möglichen Beziehungen anschauen, um Rückschlüsse über die Dichte des Netzwerkes zu ziehen. Diese Beziehungen und strukturellen Merkmale von Netzwerken sind für Netzwerkforscher von besonderem Interesse. Es geht weniger um Eigenschaften von bestimmten Subjekten, sondern um Beziehungen und den daraus resultierenden strukturellen Positionen, die den Akteuren mehr oder weniger Handlungsspielraum, Ressourcenzugriff und Macht ermöglichen (vgl. Abschnitt 1.4).

Ungerichtete Beziehungen   Gerichtete Beziehungen

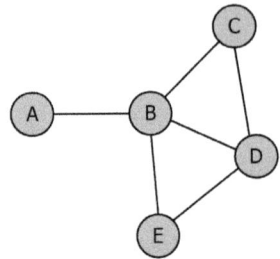 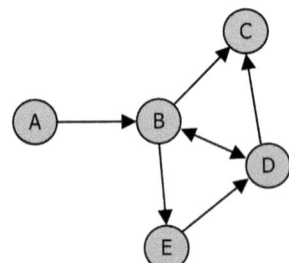

Abb. 2   Soziogramme
Quelle: Hanneman & Riddle 2005, Kap. 7.

Grafisch lassen sich Netzwerke mit sogenannten Soziogrammen darstellen (vgl. Abb. 2). Die Grundlagen dafür hat Moreno (1934) mit seiner mathematischen Graphentheorie geschaffen. Hierbei werden die Akteure eines Netzwerkes als Punkte (nodes) und die Beziehungen als Linien dargestellt. Bei ungerichteten Beziehungen spricht man auch von Kanten (edges), bei gerichteten Beziehungen von Pfeilen (arcs).

Aus einer guten grafischen Darstellung eines Netzwerkes lässt sich relativ schnell ein Eindruck über einige wichtige strukturelle Eigenschaften ableiten: Sind z. B. alle Akteure miteinander verbunden? Existieren viele oder wenige Beziehungen zwischen den Akteuren? Gibt es Cliquen, die stark untereinander verbunden sind, nach außen aber kaum Beziehungen zulassen? Gibt es Akteure, die durch eine besonders hohe Anzahl an Verbindungen herausstechen? Kleine Netzwerke lassen sich per Hand zeichnen, für größere können verschiedene Software-Programme genutzt werden, die teilweise auch kostenlos oder als Demo-Version bereitgestellt werden (z. B. Pajek, UCINET, vgl. auch Anhang 2 in diesem Lehrbuch). Bei großen Netzwerken hat die grafische Darstellung den Nachteil, dass sie schnell unübersichtlich wird. Stattdessen bietet sich die oben beschriebene Darstellung als Matrizenform an, die gleichzeitig Ausgangsbasis für Berechnungen von Netzwerkmerkmalen ist und mit computergestützten Auswertungsverfahren durchgeführt werden können.

1.3 Netzwerktypen

Im Wesentlichen werden in der sozialen Netzwerkanalyse zwei Typen von Netzwerken unterschieden, die sich aus unterschiedlich orientierten und unterschiedlich umfangreichen Erhebungsprogrammen von Netzwerkdaten ergeben: das Gesamtnetzwerk und das Ego-Netzwerk.

> Bei einem Gesamtnetzwerk wird versucht, alle im Hinblick auf eine bestimmte Fragestellung erforderlichen Beziehungen und Akteure zu erfassen.

Gängige Abgrenzungskriterien bei Gesamtnetzwerken sind z. B. Organisationsgrenzen, Klassengrenzen, geografische Grenzen, Teilnahme an bestimmten Veranstaltungen oder die Eigenschaften bestimmter Akteure untereinander (z. B. alle Mädchen einer Jahrgangsstufe).

In Abbildung 3 ist das Soziogramm eines Gesamtnetzwerk als dargestellt. Abgebildet ist der Informationsfluss in einem virtuellen Arbeitsteam. Die Grenzen des Netzwerkes sind durch die Teamzugehörigkeit zur Arbeitsgruppe – zum Lehrerkollegium oder zur Schulklasse – gesetzt, die Beziehungsform ist der (gerichtete) Informationsfluss zwischen den Arbeitsgruppenmitgliedern: wer redet mit wem.

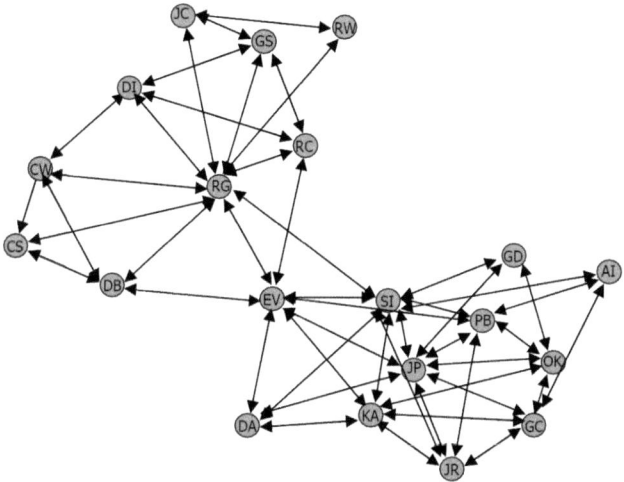

Abb. 3 Der Informationsfluss in einer virtuellen Arbeitsgruppe
Quelle: Cross u. a. 2002

Methodisch stellt sich Netzwerkforschern nach der Abgrenzung des interessierenden Gesamtnetzwerks die Aufgabe, von allen zugehörigen Akteuren die interessierenden Beziehungen zu erheben. Die Erhebungsverfahren in Netzwerkanalysen sind vielfältig und reichen von Beobachtung, Fragebogen, Interviews bis hin zu Archivdaten oder Handbüchern. Z. B. können Daten zu den Austauschbeziehungen zwischen Unternehmen aus Wirtschaftsstatistiken abgeleitet werden oder Aufsichtsratsbeziehungen zwischen Großorganisationen können aus Mitgliederverzeichnissen und anderen Sekundärquellen gewonnen werden. In einer Arbeitsgruppe mit 20 Mitarbeitern könnte man z. B. über den E-Mailaustausch die Kommunikationsbeziehungen erfassen. Aus diesen Daten lässt sich ein Gesamtnetzwerk konstruieren, aus dem für jede potenzielle Zweierbeziehung der Mitarbeiter der Arbeitsgruppe hervorgehen würde, wer wem eine E-Mail schreibt bzw. wer von wem eine E-Mail erhält. Diese Daten könnten dann in eine asymmetrische 20 x 20-Matrix überführt werden.

Die Erhebung von Gesamtnetzwerken hat den Vorteil, dass sich hier Analyseverfahren zur Struktur des Netzwerkes anwenden lassen. Zum Beispiel kann ermittelt werden, welcher Akteur über eine besonders zentrale Stellung verfügt, wie viele Untergruppen (Cluster) vorhanden sind und ob sich diese Clusterstrukturen überlappen. Ebenfalls können verschiedene Matrizen zu Kommunikations- und Weisungsbeziehungen miteinander korreliert werden, um zu erfassen, wie stark die Beziehungen zwischen den Akteuren sind oder wie ähnlich sich die Akteure hinsichtlich bestimmter Stellungen oder Verhaltensweisen innerhalb der Abteilung sind.

Die Datenerhebung für ein Gesamtnetzwerk kann je nach Fragestellung viel Zeit und Kosten in Anspruch nehmen. Es ist zudem nicht immer möglich, die Beziehungsstrukturen aller Netzwerkteilnehmer zu erfassen.

Wenn im Rahmen der Netzwerkforschung von einem *Teilnetzwerk* gesprochen wird, dann wird sich auf einzelne Gruppen innerhalb eines Gesamtnetzwerkes bezogen. Insofern handelt es sich bei Teilnetzwerken um keinen eigenständigen Netzwerktyp, sondern um eine Betrachtung interner Differenzierungen eines Gesamtnetzwerks. Die vorherige Erhebung eines Gesamtnetzwerks ist somit prinzipiell vorausgesetzt.

Teilnetzwerke bestehen in der Regel aus abgrenzbaren Zweier-, Dreier-, Vierer- oder Fünferkombinationen von Akteuren. Die Hervorhebung und Abgrenzung solcher Teil-Gruppen innerhalb eines Netzwerks erfolgt entweder dadurch, dass Akteure identifiziert und betrachtet werden, die untereinander enge Beziehungen unterhalten (Cliquenkonzept, z. B. Familie, Freunde), oder dadurch, dass Akteure ausgewählt werden, die ähnliche Außenbeziehungen zu allen anderen Personen im Netzwerk haben.

1.3 Netzwerktypen

Für bestimmte Fragestellungen bietet sich statt einer Totalerhebung eines Gesamtnetzwerkes die Erhebung eines Ego-Netzwerkes an.

„Unter einem Ego-Netzwerk versteht man das um eine fokale Person, das Ego, herum verankerte soziale Netzwerk" (Jansen 2006, 80).

Dabei wird also ein einzelner Akteur (Ego) nach seinen Kontakten zu anderen befragt (den sog. Alteri), nach der Beziehungsform zwischen ihm und den Alteri sowie auch dazu inwieweit die Alteri miteinander in den Beziehungen stehen. Auch für diesen Netzwerktyp geben wir ein grafisches Beispiel (Abb. 4). Es dokumentiert das Netzwerk eines deutschen Wirtschaftswissenschaftlers, das sowohl institutionelle Beziehungen zu bestimmten Forschungseinrichtungen als auch persönliche Kontakte zu bestimmten Forscherinnen und Forschern umfasst.

Die Grenzen des Netzwerks sind dabei durch eine Begrenzung der Abfrage auf die 10 wichtigsten Kontakte gesetzt. Als Beziehungsform werden (häufige) Arbeitskontakte dargestellt.

Bei der Erhebung von Ego-Netzwerken bietet es sich forschungspragmatisch auch eher als bei Gesamtnetzwerken an, zusätzlich zu den Beziehungen auch Eigenschaften der Akteure zu ermitteln, wie z. B. Geschlecht, Alter oder sozioökonomische Faktoren.

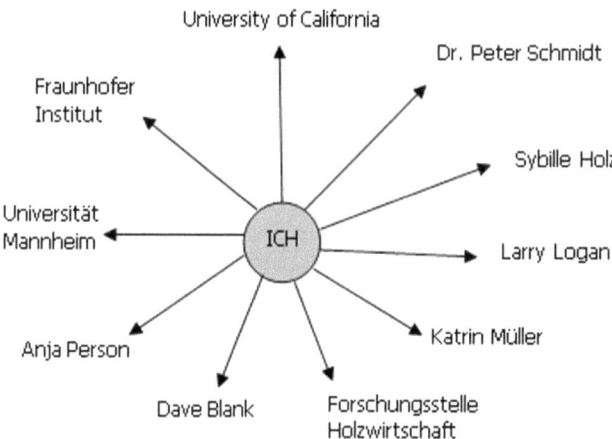

Abb. 4 Das Ego-Netzwerk eines Forschers
Quelle: eigene

Die Datenerhebung von Ego-Netzwerken erfolgt in der Regel über direkte schriftliche oder mündliche Befragungen einzelner Personen. Der Vorteil ist, dass die Akteure mittels konventioneller Befragungstechniken nach ihren Beziehungsstrukturen befragt werden können und hierbei auch sogenannte multiplexe Strukturen erhoben werden können. Das bedeutet, dass ein Akteur nach mehreren Beziehungsdimensionen parallel befragt werden kann, also z. b. sowohl nach seinen Freundschafts-, Arbeits- als auch Verwandtschaftsbeziehungen. Der Nachteil an Ego-Netzwerken ist wiederum, dass eine Analyse von Positionen und Rollenverflechtungen wie in einem Gesamtnetzwerk nicht möglich ist.

1.4 Analysekategorien der Netzwerkanalyse

Zur Analyse von Netzwerkdaten haben sich eine Reihe von Grundbegriffen und Konzepten etabliert, die u. a. unterschiedlichen Betrachtungsebenen zuzuordnen sind (vgl. Kilduff & Tsai 2003, 25 ff.). Auf Beziehungsebene können z. B. die Stärke einer Beziehung, die Reziprozität und die Multiplexität erfasst werden. Auf der Ebene des Netzwerkes werden häufig die Dichte der Beziehungen innerhalb eines Netzwerkes und die Zentralisierung von einzelnen Akteuren untersucht. Die gängigsten Analyseansätze werden im Folgenden vorgestellt.

1.4.1 Analysemöglichkeiten auf Beziehungsebene

Beziehungsstärke. Beziehungen lassen sich nicht nur nach ihren Inhalten, sondern auch nach ihrer Intensität unterscheiden. Beziehungsintensitäten variieren z. B. nach ihrer Häufigkeit, ihrer Wichtigkeit für die Akteure oder nach dem Ausmaß des Ressourcentransfers (Jansen 2006, 59). Schulen, die täglich über einen gemeinsamen Vertretungsplan miteinander in Verbindung stehen, zeichnen sich demnach durch eine hohe Beziehungsstärke aus.

Reziprozität. Bei der Beziehungsform geht es um die Gerichtetheit der Beziehung. Es gibt einerseits gerichtete Beziehungen, die entweder einseitig oder auch reziprok ausfallen können (vgl. Abb. 5). Befragt man Schüler nach ihren Freunden, ist es vorstellbar, dass Schülerin B zwei Freunde A und C nennt. Umgekehrt bezeichnet aber nur A Schülerin B als Freundin – C betrachtet die Beziehung möglicherweise anders. In diesem Fallbeispiel liegen gerichtete Beziehungen vor, die grafisch häufig mit einem Richtungspfeil oder– bei beidseitiger Nennung – mit einem reziproken Pfeil dargestellt werden.

1.4 Analysekategorien der Netzwerkanalyse

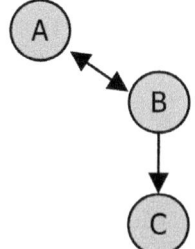

Abb. 5
Beziehungsformen in
Netzwerken

Multiplexität. Multiplexität ist eine Beziehung zwischen zwei Akteuren, die verschiedene Interessen auf einmal erfüllt (Barnes 1979, 412). Zwei Personen haben dann eine multiplexe Beziehung, wenn sie sowohl befreundet als auch Arbeitskollegen sind. Damit können Netzwerkforscher der Beziehung einen Wert in Abhängigkeit von der Anzahl der Interessen beimessen, die eine Beziehung repräsentiert. Eine Beziehung zwischen zwei Schulen, die Vertretungslehrer austauschen, die die gleichen Fortbildungen besuchen und ein gemeinsames Sportfest organisieren, würde demnach einen höheren Wert erhalten als jene Beziehungen, die nur Personal austauschen.

1.4.2 Analysemöglichkeiten auf Netzwerkebene

Netzwerkdichte: Aus den Netzwerkbeziehungen lassen sich verschiedene strukturelle Merkmale des Netzwerkes errechnen. Ein gängiges Merkmal von Netzwerken ist z. B. die Netzwerkdichte. Die Dichte ergibt sich aus der Aufsummierung aller vorhandenen Kooperationsbeziehungen bezogen auf die Zahl der maximal möglichen Kooperationen innerhalb eines Kollegiums. Es ergibt sich ein Wert zwischen 0 und 1, wobei ein Wert nahe Null auf eine niedrige Netzwerkdichte schließen lässt. Mit der Netzwerkdichte sind einige Implikationen für die Funktionsweise des Netzwerkes verbunden. Z. B. kann eine hohe Netzwerkdichte die Verbreitung von Innovationen, Neuigkeiten oder den Transfer von Ressourcen begünstigen. Akteure in dichten Netzwerken werden i. d. R. früher von Innovationen erfahren und ausprobieren als Akteure in Netzwerken, die relativ unverbunden sind. Die Dichtemaßzahl stellt daher ein wichtiges Strukturmerkmal des Netzwerkes und seiner Akteure dar.

Zentralität: Akteure können innerhalb ihres Netzwerkes eine mehr oder weniger zentrale Stellung besetzen. Mit der Zentralität eines Akteurs in einem Netzwerk ist auch die Frage verbunden, wie mächtig ein Akteur ist. Generell lässt sich sagen, dass zentrale Akteure über mehr Macht verfügen als Akteure in Randpositionen. In der Netzwerkforschung gibt es verschiedene Möglichkeiten, diese vorteilhaften Positionen näher zu definieren. Dabei spielt das Zentralitätskonzept eine wichtige Rolle. Zur Veranschaulichung möchten wir drei idealtypische Netzwerke vorstellen: das Sternnetzwerk („star"), das Liniennetzwerk („line") und das Kreisnetzwerk („circle") (vgl. Abb. 6).

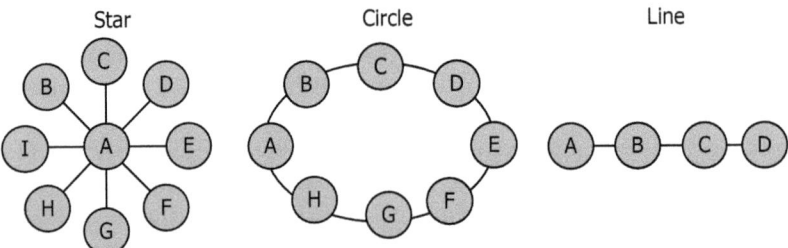

Abb. 6 Zentralität von Akteuren im Netzwerk

Beim Anblick des Star-Netzwerkes sticht die Position von Akteur A heraus, insbesondere wenn es sich um ein Ressourcenaustauschnetzwerk handelt. Akteur A scheint mehr Möglichkeiten zu haben als die anderen Akteure. Wenn Akteur B sich weigern sollte, A mit Ressourcen zu versorgen, kann A immer noch auf sieben weitere Akteure zugreifen. Wenn hingegen B nicht mit A in Austausch treten möchte, bleibt ihm überhaupt keine Alternative zum Austausch übrig.

Je mehr Kontakte ein Akteur hat, desto mehr Wahlmöglichkeiten und Autonomie oder formal ausgedrückt Degrees hat er; daraus resultiert wiederum Macht. Im Star-Netzwerk hat Akteur A einen Degree von 8, alle anderen Akteure nur einen Degree von 1. Das Zentralitätsmaß, das auf dem Degree beruht, wird im folgenden Kapitel ausführlicher dargestellt. Schaut man sich hingegen das Circle-Netzwerk an, haben alle Akteure die gleiche Anzahl von Degrees, nämlich 2. Alle Positionen sind damit gleich vor- bzw. nachteilhaft. Im Line-Netzwerk liegen A und D in Randpositionen und haben beide einen Kontakt weniger als B und C. Generell lässt sich sagen, dass Akteure, die sich in zentralen Stellungen innerhalb des Netzwerkes befinden, über mächtigere Positionen verfügen als Akteure in Randlagen, die typischerweise wenig Wahlmöglichkeiten haben.

Ein anderer Grund, warum Akteur A im Star-Netzwerk eine vorteilhafte Position hat, hängt mit der Nähe zu anderen Teilnehmern zusammen. A ist an allen anderen Akteuren näher angesiedelt (über eine direkte Verbindung), während alle anderen Akteure sich nur indirekt über A erreichen können. Man spricht auch von einer Pfaddistanz: A liegt eine Pfaddistanz von den Alteri entfernt, alle anderen Akteure können sich nur über 2 Pfaddistanzen untereinander erreichen. Über die Nähe kann A direkt mit anderen Akteuren verhandeln, ohne den Weg über einen Mittler gehen zu müssen. Akteure, die von vielen erreicht werden können, haben zudem eine sichtbare Stellung im Netzwerk und erhalten damit mehr Aufmerksamkeit. Im Circle-Netzwerk liegen die Akteure alle unterschiedlich weit voneinander entfernt, aber alle weisen die gleiche Verteilung hinsichtlich der Nähe zu anderen Akteuren auf. Daher befinden sie sich alle in der gleichen strukturellen Position. Im Line-Netzwerk sind die beiden mittleren Akteure näher an A und D dran, während A und D durch ihre periphere Lage mehr Pfaddistanzen überwinden müssen, um zueinander zu gelangen. Auch in Bezug auf Nähe befinden sich die Randlagen in einer benachteiligten Position.

Ein dritter Grund für die vorteilhafte Lage von A im Star-Netzwerk hat mit der Tatsache zu tun, dass er zwischen anderen Akteuren liegt und damit eine wichtige Mittlerfunktion übernimmt. Man spricht auch von „Betweenness". Wenn A einen Kontakt zu den Alteri aufnehmen möchte, kann er das direkt machen – es befindet sich niemand zwischen ihnen. Wenn die Alteri sich untereinander kontaktieren möchten, geht das nur über den Mittler A. Das verleiht A den Status eines „Brokers", der für seine Kontaktdienste Servicegebühren verlangen, bestimmte Akteure isolieren oder auch Kontaktmöglichkeiten verhindern kann. Diese strukturell bedingte Machtposition resultiert aus der Tatsache, zwischen anderen Akteuren positioniert zu sein. Im Circle-Netzwerk liegt jeder Akteur zwischen einer anderen Paarbeziehung. Alle Akteure haben wieder die gleiche Position. Im Line-Netzwerk liegen die beiden Randakteure A und D nicht zwischen anderen und nehmen damit keine Broker-Rolle ein. Die Akteure B und C liegen auf mehreren Pfaden zwischen den Alteri und haben damit wieder eine vorteilhafte Position inne.

Die drei Konzepte Degree, Nähe und Betweenness sind Grundlage für mathematische Bestimmungen der Zentralität und damit Gegenstand des nachfolgenden Abschnitts.

1.4.3 Maße der Zentralität in Netzwerken

Aus einem Netzwerk lassen sich mittels mathematischer Berechnungen für jeden einzelnen Akteur unterschiedliche Zentralitätsmaße ermitteln, die jeweils einen besonderen Aspekt in den Blick nehmen. Es werden im Wesentlichen drei Zentralitätsmaße unterschieden: Degree, Closeness und Betweenness-Zentralität.

Degree. Das einfachste Zentralitätsmaß ist der sog. Degree („Grad"). Dieser bezeichnet die einzelne Verbindung eines Akteurs. Jemand, der sich durch viele direkte Kontakte auszeichnet, weist einen hohen Degree auf. Ein Akteur, der keinerlei Verbindungen hat, verfügt über einen Degree von 0 – er ist ein Außenseiter und wird auch als Isolate bezeichnet. Eine weitere Methode zur Berechnung der Degree-Zentralität stammt von Bonacich (1987). Der zentrale Unterschied besteht darin, dass nicht nur die Anzahl der Kontakte eines Akteurs ausschlaggebend für seine Machtposition ist, sondern auch die Qualität der Kontakte. Es kann zum Beispiel einen Unterschied machen, ob eine Schule mit vier anderen Schulen verbunden ist, die selbst wiederum über gute Kontakte verfügen, oder ob es sich um Schulen handelt, die sich in Randpositionen befinden und keine Kontakte aufweisen. In dieses Zentralitätsmaß fließen also auch die indirekten Kontakte ein. Jeder Akteur innerhalb des Netzwerkes trägt umso mehr zur Zentralität eines Akteurs bei, je mehr Kontakte er selber hat. Das Berechnungsverfahren ist ungleich komplexer, weil man die Zentralität aller Akteure schon kennen muss, um die Zentralität des fokalen Akteurs zu ermitteln. Man gerät daher in einen infiniten Regress. Mittels der linearen Algebra lassen sich hierfür mathematische Lösungen ermitteln, die zur Identifikation des sogenannten Eigenvektors führen (man bezeichnet diese Zentralität daher auch als Eigenvektor-Zentralität; zur ausführlichen Berechnung des Eigenvektors vgl. Jansen 2006, 149ff).

Closeness-Zentralität. Akteure können auch zentral sein, weil sie viele Alteri schnell direkt oder indirekt erreichen können. Das heißt, sie sind besonders nah an anderen Akteuren im Netzwerk angesiedelt. Das Maß, das diese Form von Zentralität erfasst, wird als Closeness-Zentralität bezeichnet. Ein betreffender Akteur liegt nah bei anderen Akteuren. Wenn es z. B. um Geschwindigkeit geht, wie etwa die Übermittlung von Neuigkeiten oder die Einführung einer Innovation, kann dieses Nähe-Maß von besonderer Bedeutung sein. Die Nähe wird dabei über die Anzahl der Pfaddistanzen operationalisiert. Alle Pfaddistanzen von einem zu allen anderen Akteuren werden zunächst aufsummiert. Um dieses Distanzmaß in ein Nähemaß umzuwandeln, wird der Kehrwert $1/x$ genommen. Schaut man sich nochmal das Star-Netzwerk an (oben Abb. 6), hat Akteur A zu allen Alteri eine Pfaddistanz von 1, weil er sie direkt erreichen kann. In der Summe ergibt sich 8, und der Kehrwert beträgt $1/8 = 0{,}125$. Alle Alteri können sich nur indirekt über 2 Pfaddistanzen erreichen (7 x 2 = 14) plus die eine Pfaddistanz zu A ergeben 15; aus dem Kehrwert 0,067 resultiert eine geringere Closeness-Zentralität aller übrigen Akteure.

Betweenness-Zentralität. Jüngere Ansätze aus der Netzwerkforschung (z. B. Burt 1992) haben gezeigt, dass Akteure, die sogenannte Strukturelle Löcher überbrücken (vgl. dazu Abschnitt 3.3), eine hohe Betweenness-Zentralität aufweisen. Solche Akteure werden als Broker bezeichnet, weil sie zwischen anderen Akteuren platziert sind, die sich sonst direkt nicht erreichen können. Je häufiger ein Akteur eine solche Broker-Rolle besetzt, desto zentraler ist er nach dem Betweenness-Maß. Empirische Studien konnten belegen, dass Individuen mit einer hohen Betweenness-Zentralität bessere Beurteilungen von ihren Vorgesetzten erhalten (vgl. Mehra u. a. 2001). Während Degree- und nähebasierte Maße die Unabhängigkeit der Akteure messen, fokussiert das Betweenness-Maß darauf, ob andere Akteure vom betreffenden Akteur abhängig sind. Damit handelt es sich beim Betweenness-Konzept um einen Indikator für Kontroll- und Profitmöglichkeiten, die ein Akteur aufgrund seiner Mittlerrolle innehat.

In den bisher vorgestellten, relativ einfachen Netzwerken korrelieren die drei Zentralitätsmaße häufig miteinander. In komplexen Netzwerken muss das aber nicht unbedingt der Fall sein. Es kann durchaus vorkommen, dass sich ein Akteur in einer Hinsicht in einer vorteilhaften Position befindet, in anderer Hinsicht aber benachteiligt ist.

Grundlegende Befunde sozialwissenschaftlicher Netzwerkforschung 2

Im Folgenden möchten wir zentrale Befunde der sozialwissenschaftlichen Netzwerkforschung vorstellen. Ziel ist es, die im letzten Kapitel vorgestellten Konzepte der Netzwerktheorie in den Kontext empirischer Forschung einzuordnen. Es sollen Rückbezüge zu den bisherigen Darstellungen hergestellt werden, um deutlich zu machen, dass netzwerkanalytische Konzepte für die Bearbeitung sozialwissenschaftlicher Probleme eine hohe Relevanz entfalten können. Die Auswahl der hier vorgestellten Untersuchungen beschränkt sich auf die wohl bekanntesten Studien, die im Rahmen der Netzwerkforschung immer wieder rezipiert wurden (Kilduff & Tsai 2003). Dazu zählen Stanley Milgrams Studie „A Small World" (1967), Mark Granovetters Studie „Getting a job – A Study of Contacts and Careers" (1974) und Ronald Burts Studie „Structural Holes" (1992).

2.1 Milgrams Studie „The Small World" (1967)

Das Denken in Netzwerken legt die Vermutung nahe, dass Akteure über vielfältige Art und Weise über recht kurze Ketten miteinander verbunden sind. In Internet-Foren oder netzbasierten Anwendungen wie Facebook, Instagram, WhatsApp oder Twitter macht man nicht selten die Erfahrung, dass eine neue Bekanntschaft – vielleicht aus einem Urlaub – über einen gemeinsamen Kontakt bereits mit dem persönlichen Netzwerk verbunden ist. Solche Erlebnisse erwecken schnell den Eindruck, dass die Welt ganz schön klein ist.

Der Sozialpsychologe Stanley Milgram (1967) hat dieses Phänomen erstmals empirisch untersucht. Er entwarf ein interessantes Experiment, um diese Hypothese zu überprüfen.

Stanley Milgram untersuchte in seiner Small-World-Studie, wie schnell ein Päckchen über persönliche Netzwerke von der Westküste der USA an die Ostküste gelangt. Als Zielstadt wurde Boston festgelegt, die sozial und geografisch weit entfernt vom Startpunkt in Nebraska lag. Er wählte 160 Personen aus Omaha, Nebraska, aus und schickte jedem von ihnen einen Brief mit Namen und Wohnort eines Börsenmaklers aus Boston. In dem Experiment sollten die Teilnehmer der Studie das Paket nicht direkt an die Zieladresse schicken, sofern sie diese nicht persönlich kannten, sondern an eine Person, von der sie glaubten, dass sie den Börsenmakler kennen würde. Jeder Versender sollte zudem seinen Namen auf dem Brief hinterlassen. Wenn die Sendung schließlich in Boston ankam, konnte Milgram feststellen, durch wie viele Hände der Brief gegangen war. Daraus ließ sich ableiten, wie eng jemand, der zufällig in einem Teil des Landes ausgesucht worden war, mit einer anderen Person in einem anderen Teil des Landes verbunden war. Im Durchschnitt erreichten die Pakete die Zielperson über 5,5 oder aufgerundet sechs Kontakte. Daraus folgerte Milgram, dass ein US-amerikanischer Bürger von jeder anderen Person in den USA durchschnittlich durch sechs Personen voneinander getrennt ist. Aus diesem Experiment stammt auch das Konzept der „sechs Grade der Trennung".

Milgrams Studie ist in der Zwischenzeit vielfach kritisiert worden. Die Ergebnisse der Untersuchung wurden z. B. nicht in einem fachwissenschaftlichen Journal, sondern in der populärwissenschaftlichen Zeitschrift Psychology Today publiziert. Die methodische Fundierung, insbesondere die Angaben zur Datenlage waren unvollständig und ließen sich nicht überprüfen. Kleinfeld (2002) bemängelt, dass die Datenlage in Milgrams Experiment so unzureichend ist, dass die Schlussfolgerungen zum „Small-World-Phänomen" nicht zulässig und daher weitere empirische Studien zur Überprüfung der Kleinen-Welt-Hypothese erforderlich seien.

Trotz der methodischen Mängel an der Studie inspiriert das Small-World-Phenomenon bis heute Forschungsarbeiten. In jüngerer Zeit hat z. B. eine Forschergruppe an der Columbia-Universität ein elektronisches Small-World-Experiment durchgeführt und dabei die klassische postalische Variante durch den E-Mail-Verkehr als Kommunikationsmedium ersetzt. Im Ergebnis zeigte sich, dass Individuen über E-Mail im Durchschnitt durch sechs Grade voneinander getrennt sind, was mit den Beobachtungen von Milgram in hohem Maße kompatibel ist (Dodds u. a. 2003).

Die Small-World Studie gilt zugleich als Vorläuferstudie für ein Forschungsprogramm, das sich mit der Ausbreitung von Informationen oder Krankheiten und auch auf die Diffusion von Innovationen beschäftigt (Jansen 2006, 41). Neben Milgram untersuchten z. B. Coleman et al. (1966), wie sich ein neues Medikament in der Verschreibungspraxis von Ärzten in Abhängigkeit von deren strukturellen

Stellung in einem Medizinernetzwerk verbreitet. Die Forscher kamen zu dem Ergebnis, dass kosmopolitische Ärzte schneller ein neues Medikament übernahmen. Ebenfalls probierten Ärzte, die in größere interpersonale Netzwerke eingebunden waren, schneller neue Medikamente. Diese empirischen Studien haben erstmals die Bedeutung persönlicher Netzwerke für die Verbreitung von Innovationen erfasst und damit einen wesentlichen Beitrag für die moderne Diffusionsforschung geleistet (vgl. Rogers 2003).

2.2 Granovetters Studie „Getting a Job" (1973)

Eine der einflussreichsten Netzwerkstudien stammt von Mark Granovetter (1973, s. auch Jansen 2006, 244f). Mit seiner Studie „Getting a Job" schaffte er die Grundlagen für seine Theorie „The Strength of Weak Ties".

Granovetter befragte in einer Vorstadt von Boston 300 Jobwechsler bezüglich des Stellenwechsels, der Einkommensmöglichkeiten und der Zufriedenheit mit der Stelle. Ein besonderer Stellenwert lag zudem auf der Erhebung der persönlichen Kontakte, die bei dem Jobwechsel eine Rolle gespielt haben. Damit liegen dieser Studie Ego-Netzwerke zugrunde, die bezüglich ihres Potenzials zur Jobvermittlung ausgewertet wurden. Granovetter konnte ermitteln, dass bei rund 65 % der Jobwechsel persönliche Kontakte eine außerordentlich wichtige Rolle gespielt haben. Insbesondere waren es die sogenannten schwachen Beziehungen, die sich als förderlich für neue Berufsperspektiven erwiesen haben. Häufig erhielten die Befragten den entscheidenden Hinweis für eine offene Stelle über einen arbeitsbezogenen Kontakt. Ebenso erwirtschafteten sie im Durchschnitt ein höheres Einkommen als jene, die über herkömmliche Vermittlungsverfahren (z. B. Stellenanzeigen) den Job erhalten haben. Netzwerkvermittelte Arbeitnehmer zeigten darüber hinaus eine höhere Arbeitszufriedenheit als herkömmlich vermittelte Jobinhaber. Die Distanz zwischen jobvermittelndem und jobannehmenden Akteur darf allerdings nicht zu groß sein. Wenn der Kontakt über mehr als zwei Personen vermittelt wurde – wenn die Beziehung also als sehr schwach einzustufen ist – unterscheidet sich die Arbeitszufriedenheit nicht mehr von den Personen, die über formale Wege eine Stelle angenommen hatten.

Diese Ergebnisse waren die Grundlage für seine Theorie „Strength of Weak Ties". Über schwache Beziehungen werden oftmals verschiedene Cluster oder heterogene Kontexte überbrückt. Während innerhalb von Clustern der Informationsgehalt wenig neuartig ist, steigt der Informationsgehalt häufig mit der Entfernung zwischen den Akteuren. Schwache Beziehungen haben wiederum den Nachteil, dass sie weniger verbindlich sind und die Vertrauensbasis weniger stark ausgeprägt ist. Es besteht daher ein umgekehrt proportionales Verhältnis zwischen der Hilfsbereitschaft von Personen, die sich nahe stehen, zur Neuartigkeit der Information. Personen, die in größerer Distanz zueinander stehen, sind wiederum u. U. weniger hilfsbereit, dafür besitzen sie aber tendenziell wertvollere Informationen. Personen, die sehr kurze Distanzen nutzen konnten, waren überproportional häufig mit ihrer Stelle sehr zufrieden. Dies unterstützt die These, dass die Vertrauenswürdigkeit der Informationslieferanten sich auf sehr langen Pfaddistanzen nicht mehr übermitteln lässt.

Mit seiner Theorie „The Strength of Weak Ties" (Die Stärke schwacher Beziehungen) schafft Granovetter eine neue Perspektive auf die Einbettung von Akteuren in Netzwerken: es sind nicht unbedingt die intensiven, auf reziprokem Austausch basierenden Beziehungen, die die größten ökonomischen Vorteile versprechen, sondern die sogenannten schwachen Beziehungen. Nach Granovetter ist die Beziehungsstärke von vier Faktoren abhängig.

- Verwendete Zeit (gemeinsam verbrachte Zeit der Akteure)
- Emotionale Intensität
- Intimität (ausgedrückt in gegenseitigem Vertrauen/Verständnis)
- Reziprozität (Gegenseitigkeit der Beziehung)

Zu den starken Beziehungen zählen jene Kontakte, die sich durch Häufigkeit, Regelmäßigkeit und durch Emotionen auszeichnen, wie z. B. Freundschaftsbeziehungen oder Verwandtschaftsbeziehungen. Schwache Beziehungen sind durch seltenere und unregelmäßigere Interaktionen sowie durch deutlich weniger Emotionalität geprägt – z. B. ein flüchtiger Bekannter. Sie finden sich häufig in professionellen bzw. berufsbezogenen Netzwerken.

In Abbildung 7 sind zehn Akteure abgebildet, die mehr oder weniger starke oder auch keine Beziehungen zueinander pflegen.

A und B unterhalten eine starke Beziehung, ebenso D, E und F. Zwischen H und I ist keine Beziehung (abwesende Beziehung) zu beobachten; dies wird als „forbidden triad" (verbotene Triade) bezeichnet. Nach Granovetter ist diese fehlende Beziehung eher unwahrscheinlich, da die beiden starken Beziehungen zwischen H und J sowie zwischen I und J dazu führen wird, dass eine Beziehung zwischen H und J entsteht. Die fehlende Beziehung ist außerdem unwahrscheinlich, da H und I durch die jeweilige starke Beziehung zu J voneinander wissen und sich H und I demzufolge eventuell in bestimmter Hinsicht ähnlich sind. Hierdurch wird die Wahrscheinlichkeit erhöht, einen Kontakt zwischen I und H herzustellen.

2.2 Granovetters Studie „Getting a Job" (1973)

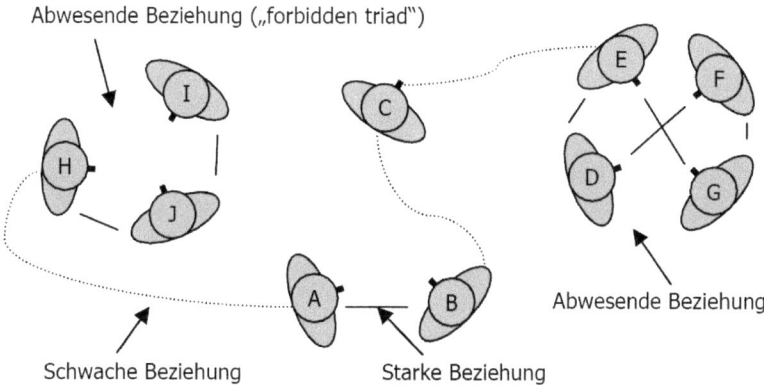

Abb. 7 Beziehungen in sozialen Netzen

Mit steigender Intensität einer Beziehung steigt dementsprechend auch die Anzahl gemeinsamer Freunde. Daraus resultiert, dass starke Beziehungen keine Brücke sein können bzw. alle Brücken schwache Beziehungen sind. Die Brücken spielen eine wichtige Rolle bezüglich des Informationsflusses zwischen unterschiedlichen Akteuren. Die besondere Bedeutung schwacher Beziehungen liegt darin, dass neue Informationen eher über schwache Beziehungen vermittelt werden, die größere soziale Distanzen überwinden müssen. Der Vorteil an schwachen Beziehungen liegt also darin, dass sie häufig in weiter entfernte soziale Kontexte reichen. Wird eine Information über starke Bindungen übertragen, ist es wahrscheinlich, dass die gleiche Person dieselbe Information mehrfach erhält, weil diese innerhalb des gleichen Netzwerkes kursiert. Bei der Übertragung über schwache Bindungen diffundiert Information auch in andere Netzwerke und weist dort als nicht-redundantes Wissen einen höheren ökonomischen Wert auf.

Während im engen Freundes- und Verwandtschaftskreis die Kontakte oftmals sehr homogen sind, reichen schwache Beziehungen auch nicht selten in statushöhere Netzwerke, die einen hohen ökonomischen Wert – z. B. für berufliche Belange – haben können. Entscheidend ist, dass schwache Kontakte Netzwerke, die anderenfalls strukturell getrennt wären, verknüpfen können. Dieser Umstand führt zu Granovetters These, dass insbesondere schwache Bindungen für die Verbreitung von Informationen (z. B. offene Stellen) besondere (ökonomische) Bedeutung haben.

2.3 Burts Studie „Structural Holes" (1992)

Der amerikanische Soziologe Ronald S. Burt vertritt die Auffassung, dass Netzwerke in erster Linie ökonomisch-instrumentelle Zwecke haben. Individuen mit vielen Kontakten verfügen über soziales Kapital und können daraus vielerlei ökonomische Vorteile ableiten. Mit einer Analyse von unternehmensinternen Karrieremustern von Managern eines amerikanischen Technologiekonzerns untersuchte Burt Ego-Netzwerke und prägte damit das Konzept der „strukturellen Löcher" (Burt 1992, vgl. auch Jansen 2006, 260ff.).

Ronald Burt befragte in seiner Studie 547 Manager aus einem Konzern nach ihren persönlichen Netzwerken. Die deskriptive Analyse ergab eine durchschnittliche Netzwerkgröße von 12,6 Personen, wovon 84 % firmeninterne Kontakte ausmachten. 6 % der Kontakte waren Familienangehörige, Freunde außerhalb des Unternehmens umfassten knapp 10 % der Beziehungen. 22 % der genannten Kontakte waren über formale Weisungsbeziehungen mit dem Manager verbunden. Über die Beziehungsstärke zwischen Ego und den genannten Kontaktpersonen (von 1= sehr eng bis 4= distanziert) wurden die strukturellen Löcher ermittelt. Um Aussagen über den Zusammenhang zwischen Netzwerkposition und Berufserfolg machen zu können, erhob Burt noch eine Reihe weiterer biografischer Daten, wie Alter bei der letzten Beförderung, Verweildauer in der aktuellen Position und die jetzige Hierarchiestufe. Seine Hypothese ist, dass Manager, die viele strukturelle Löcher überbrücken und weniger strukturellen Zwängen ausgesetzt sind, schneller Karriere machen und früher eine vergleichsweise hohe Karrierestufe erreicht haben.

In seinen ersten Analysen zeigte sich allerdings nur ein sehr schwacher Zusammenhang, der zwar das gewünschte Vorzeichen aufwies und signifikant war, insgesamt aber nur einen geringen Teil der Varianz aufklärte. Bei genaueren Analysen für verschiedene Teilgruppen arbeitete Burt heraus, dass für verschiedene Managergruppen auch verschiedene Netzwerkpositionen vorteilhaft waren. Den größten Vorteil aus strukturellen Löchern konnten Manager auf sehr hohen Hierarchieebenen und aus sog. Frontstellungen ziehen. Darunter fielen Positionen, die sich durch hohe Aufgabenunsicherheit, Neuheit und viel Kontakt zu externen Geschäftspartnern auszeichneten.

Darüber hinaus wurden zwei abweichende Gruppen identifiziert, bei denen die Korrelationen zwischen strukturellem Zwang und Karriereerfolg nicht negativ, sondern positiv ausfielen. Dazu zählten wie bereits erwähnt Frauen und Jung-Manager. Für diese beiden Typen schien es vielversprechender zu sein, auf strukturelle Unabhängigkeit zu verzichten und sich stattdessen Kontakte zu höherrangigen Personen zu verschaffen. Beiden Gruppen war gemein, dass sie typischerweise über eine geringe Legitimitätsbasis verfügten. Sie mussten ihre Leistung stärker unter Beweis stellen als langjährige (männliche) Betriebszugehörige. Um Legitimation zu erhalten, konnte es deswegen förderlich sein, sich Anerkennung von „oben" zu beschaffen, von Personen, die sich in übergeordneten Positionen mit Protektionsmöglichkeiten befanden. Das wirkte sich auch auf ihre Beförderungschancen aus: Eine Beförderung von Frauen und Jungmanagern war am wahrscheinlichsten, wenn sie in ein hierarchisches Netzwerk um eine anerkannte Person, die allerdings nicht der direkte Vorgesetzte war, eingebunden waren. Umgekehrt waren hochrangige männliche Manager tendenziell eher in flache Netzwerkstrukturen involviert, die viele Chancen und Aushandlungsmöglichkeiten durch strukturelle Löcher boten.

Ronald Burt hat in mehreren bedeutenden Studien den Begriff „strukturelle Löcher" geprägt, um auf wichtige Aspekte von vor- bzw. nachteilhaften Positionen der Akteure innerhalb eines Netzwerkes aufmerksam zu machen. Burt hat aus seinen Studien zahlreiche Konzepte und Maße zur Bestimmung der Positionsqualität von Akteuren abgeleitet, die viele weitere Arbeiten zu den Möglichkeiten und Zwängen von Individuen in bestimmten Netzwerkkonstellationen angeregt haben. Die grundlegende Idee ist recht einfach und soll im Folgenden anhand eines Netzwerks mit drei Akteuren (A, B, C) grafisch veranschaulicht werden (Abb. 8, vgl. dazu auch Hanneman & Riddle 2005).

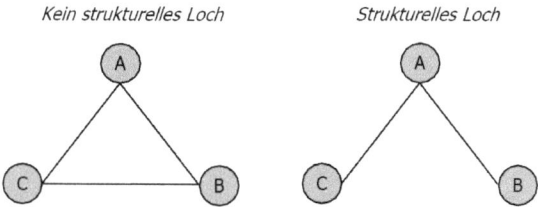

Abb. 8   Netzwerke mit und ohne strukturelle Löcher

Im linken Soziogramm der Abbildung 8 sind alle drei Akteure miteinander verbunden – es sind keine strukturellen Löcher vorhanden. Alle drei Akteure haben die gleiche Netzwerkposition inne. Wenn z. B. A mit einem anderen Akteur etwas tauschen möchte, und B und C ebenfalls ein Interesse am Austausch untereinander haben, befindet sich A nicht in einer sonderlich guten Verhandlungsposition. Die beiden potenziellen Austauschpartner von A (B und C) haben nämlich Alternativen zum Austausch mit A; sie könnten A sogar isolieren und nur untereinander handeln.

Im rechten Soziogramm der Abbildung 8 öffnet sich jetzt ein strukturelles Loch zwischen B und C. Es ist keine Beziehung zwischen diesen beiden Akteuren vorhanden, so dass B und C nicht direkt miteinander in Austausch treten können. Vielleicht sind B und C einander auch nicht bekannt oder es müssten sehr hohe Transaktionskosten in Kauf genommen werden, um einen Handel zu bewerkstelligen. In dieser Situation befindet sich A in einer vorteilhaften Position, weil er ein strukturelles Loch zwischen B und C überbrückt. A hat zwei alternative Austauschpartner, während B und C jeweils nur einen Partner zum Verhandeln haben, den sie wählen können bzw. müssen.

Reale Netzwerke sind i. d. R. größer und komplexer. In dem Maße wie die Netzwerkgröße steigt, nimmt die Dichte der Beziehungen ab, und es eröffnen sich mehr strukturelle Löcher, die überbrückt werden müssen. Die Anzahl und Verteilung der strukturellen Löcher sind eine zentrale Quelle für soziale Ungleichheit unter Netzwerkakteuren und zentrales Thema der Theorie der strukturellen Löcher.

Burts Studien können auch mit dem zuvor dargestellten Zentralitätskonzept verknüpft werden. In diesem Zusammenhang lassen sich Netzwerkpositionen identifizieren, die Akteure mit unterschiedlichem Machtpotenzial ausstatten. In Abbildung 9 sind drei gängige Akteursrollen dargestellt: Gatekeeper, Hub und Pulsetaker.

Ein Hub ist eine Person mit vielen direkten Verbindungen; sehr wahrscheinlich ist diese Person gleichzeitig auch ein Broker. Ein Broker verbindet wiederum Subgruppen, die sonst nicht miteinander in Kontakt treten könnten. Ein Pulsetaker hat nur wenige direkte Verbindungen zum Netzwerk; der Vorteil an dieser Position ist, dass sie eher wenige Ressourcen erfordert, um das Netzwerk aufrecht zu erhalten. Dennoch ist sie eine relativ effektive Position, weil sie direkt mit dem Hub verbunden ist, der wiederum mit vielen anderen Akteuren verbunden ist. So lassen sich mit wenig Aufwand zumindest indirekt auf vielen Wegen Ressourcen aus dem Netzwerk generieren. Der Gatekeeper ist mit wenigen Akteuren verbunden, dabei handelt es sich aber um strategisch wichtige Kontakte: diese kennen die „richtigen" Akteure und können entscheiden, wer Zugang zum Netzwerk erhält und wer nicht. Es handelt sich um ein strukturelles Loch zwischen zwei Kontexten, das von einem (lachenden) Dritten überbrückt wird. Der Gatekeeper besitzt

2.3 Burts Studie „Structural Holes" (1992)

auch deshalb soziales Kapital, weil er theoretisch die unverbundenen Kontexte gegeneinander ausspielen kann. Burt belegte in späteren Studien (2000; 2001) den positiven Zusammenhang zwischen der Gatekeeper-Rolle und dem Erfolg von Führungskräften in der Wirtschaft.

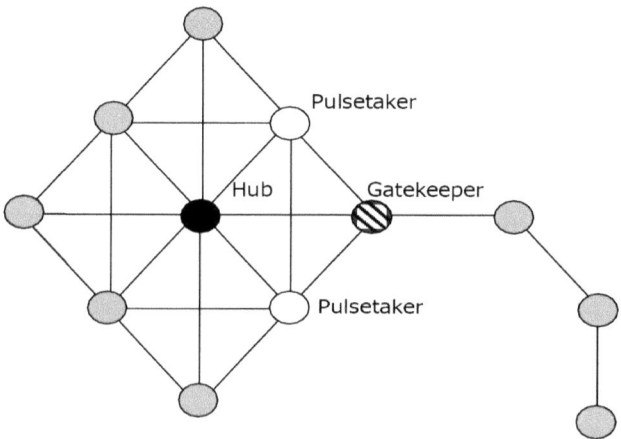

Abb. 9 Gatekeeper, Hub und Pulsetaker
Quelle: in Anlehnung an Stephenson (2004)

Diese stark instrumentell ausgerichtete Sichtweise auf Netzwerkrollen ist auch kritisiert worden. Podolny und Baron (1987) problematisieren die einseitig ökonomisch orientierte Betrachtungsweise, die Burts Studien zugrunde liegt. Ihrer Auffassung nach werden dadurch unterschiedliche Beziehungsinhalte und Netzwerkfunktionen außer Acht gelassen. Während Burt in den strukturellen Löcher die Hauptquelle für soziales Kapital und Macht sieht, weisen Podolny und Baron (1987) darauf hin, dass auch dichte, homogene und nach außen geschlossene Netzwerke eine wichtige Grundlage für soziales Kapital sein können. Insbesondere für die Identitätsbildung, Sozialisation und Normeninternalisierung, die für Jungmanager in Großunternehmen ebenfalls wichtige Erfolgskriterien sein können, spielen enge, stabile Kontakte eine wichtige Rolle, mit denen Loyalitäten abgesichert und Legitimität aufgebaut werden können.

2.4 Weiterführende Hinweise

Diese knappe Übersicht über grundlegende Ansätze und Befunde der sozialwissenschaftlichen Netzwerkforschung kann nicht beanspruchen, den aktuellen Forschungsstand zu repräsentieren. Netzwerkforschung, gerade auch im Kontext der sich rasant entwickelnden und gesellschaftsverändernden sozialen Medien, ist ein äußerst lebendiges und dynamisches wissenschaftliches Arbeitsfeld. Im Kontext dieses Lehrbuches, das sich fokussiert mit Netzwerken im Bildungswesen beschäftigt, soll jedoch auf eine weitere Skizzierung der allgemeinen Diskussionen und Entwicklungen verzichtet werden (vgl. aber Kapitel 4 für gesellschaftstheoretische Ableitungen, siehe auch aktuelle Handbücher wie Weyer 2011a; Stegbauer & Häußling 2010 oder Scott & Carrington 2011). Mit den gerade vorgestellten – inzwischen klassisch zu nennenden – Forschungsbeiträgen von Milgram, Granovetter und Burt sollte vor allem ein konzeptuelles Basisvokabular präsentiert werden, das heute und voraussichtlich noch für Jahre Relevanz beanspruchen kann und auch in der bildungssystembezogenen Netzwerkforschung immer wieder aufgegriffen wird.

Bildungswissenschaftliche Netzwerkforschung: Netzwerke als soziales Kapital

3

Überblicksbeiträge, die sich in den letzten Jahren mit der erziehungswissenschaftlichen Forschung zu sozialen Netzwerken auseinandergesetzt haben, kommen regelmäßig zu einer nüchtern-defizitären Einschätzung (vgl. Gruber & Rerl 2009; Berkemeyer & Bos 2010; Kulin u. a. 2012): Es gäbe recht wenige Beiträge und kaum systematisch fortentwickelte Themenstränge. Auszunehmen von dieser Einschätzung sind Begleit- bzw. Evaluationsforschungen zu Netzwerkprojekten wie z. B. zu „Lernenden Regionen" (vgl. Tippelt u. a. 2009), „Lokalen Bildungslandschaften" (vgl. Huber 2014) oder „Schulen im Team" (Berkemeyer u. a. 2011). Dieser Art von Netzwerkforschung werden wir uns im zweiten Teil dieses Lehrbuchs und insbesondere im Kapitel 8 ausführlich zuwenden. Wenn allerdings konkret Studien in den Blick genommen werden sollen, die – insbesondere mit Bezug zum deutschen Schulwesen – die gerade vorgestellten Konzepte und Instrumentarien der Netzwerkanalyse aufgreifen, so ist durchaus eine gewisse wissenschaftliche Zurückhaltung zu konstatieren.

Intensiver genutzt werden Ansätze der Netzwerkforschung in den stärker interdisziplinär ausgerichteten Themenfeldern der Sozialisations-, Kindheits-, Jugend- und Familienforschung. Dabei gerät auch die Schule als Sozialisationsinstanz und Erfahrungsraum, repräsentiert vor allem durch Schulklassen und innerschulische Peer-Beziehungen, immer wieder in den Blick (vgl. Oswald & Krappmann 2004; Maschke & Stecher 2010; Veenstra 2013; 2014; Windzio 2012). Einen besonderen Untersuchungsschwerpunkt bildet hier die individuelle soziale Einbindung von Schülerinnen und Schülern als ihr persönliches soziales Kapital. Der Umfang und die Qualität der individuellen Vernetzung werden als wichtige Ressource der Unterstützung und Orientierung in Bildungsprozessen identifiziert, die sich zudem je nach sozialer Schicht bzw. Herkunftsmilieu der Schülerinnen und Schüler unterschiedlich ausprägen. Das soziale Kapital gilt dabei in der aktuellen Ungleichheitsforschung sowohl als ein wesentlicher Faktor zur Erklärung oder auch

Vorhersage des individuellen Bildungserfolgs als auch als ein zentraler Mechanismus zur gesellschaftlichen Reproduktion sozialer Unterschiede.

Darüber hinaus finden sich im Bereich der Bildungsforschung bzw. Erziehungswissenschaft auch einzelne Studien zu Innovationsnetzwerken im Schulbereich: einerseits als Untersuchung von bildungspolitischen Policy-Networks (vgl. Traeger 2005; Ridderbusch 2012), andererseits als Analyse von Beziehungs- und Kommunikationsstrukturen zwischen Schulen bzw. Lehrkräften bei der Verbreitung von pädagogischen Reformideen (Killius 2008; Kollek 2012; Rürup 2012; programmatisch Fischbach & Kollek 2012). Allerdings bilden diese Arbeiten bisher keine erkennbare Forschungstradition, so dass in diesem Lehrbuch – zumindest in dieser Auflage – auf eine differenzierte Darstellung verzichtet werden soll.

Im folgenden Kapitel wollen wir uns auf die Theorie und Forschung zum sozialen Kapital konzentrieren, dem derzeit dynamischsten Feld von Netzwerkstudien im Bildungswesen.

3.1 Soziales Kapital als Entwicklungsressource in der Bildungsbiographie

Die gegenwärtige Bedeutung der Netzwerkanalyse in den Sozial- und Bildungswissenschaften ist vor allem auf ihre enge Verknüpfung mit dem theoretischen Konzept des Sozialkapitals zurückzuführen. Insbesondere in Deutschland und im Zuge der Large-Scale-Schulleistungsstudien der letzten Jahre (PISA, TIMSS, IGLU etc.) wurde das Sozialkapital der Schülerinnen und Schüler als ein wichtiger Prädiktor schicht- und migrationsspezifischer Disparitäten bei den Testleistungen identifiziert (z. B. Baumert u. a. 2001; Bos u. a. 2006).

Das Konzept des sozialen Kapitals selbst hat schon eine längere Geschichte (vgl. Lin 2001). Eingeführt wurde es 1916 von Hanifan, bekannt in den Sozial- und Bildungswissenschaften wurde es aber insbesondere durch Coleman (1988) und Bourdieu (1983).

Im europäischen Raum hat vor allem der französische Anthropologe und Soziologe Pierre Bourdieu den Begriff des sozialen Kapitals geprägt. Er beschreibt dieses als „die Gesamtheit der aktuellen und potenziellen Ressourcen, die mit der Teilhabe am Netz sozialer Beziehungen gegenseitigen Kennens und Anerkennens verbunden sein können. Es handelt sich dabei um Ressourcen, die auf der *Zugehörigkeit zu einer Gruppe* beruhen" (Bourdieu 1983, 190f.).

Der Umfang des Sozialkapitals einer Person hängt sowohl von der Größe als auch von der Qualität (der Intensität des Austauschs und der Macht der Netzwerkpartner) des sozialen Netzwerkes ab.

Eng verbunden mit dem Konzept des Sozialkapitals ist bei Bourdieu die soziostrukturelle Diagnose, dass die Verfügbarkeit von Sozialkapital bei Unter-, Mittel- und Oberschichten unterschiedlich ausgeprägt ist. Insbesondere Unterschichten seien durch ihre geringe oder ungünstigere soziale Vernetzung systematisch in ihren Karrierechancen und beim Zugang zu Machtpositionen benachteiligt, da diese nicht allein über Qualifikation und Leistung, sondern auch im Sinne eines „Vitamin B's" über Gruppenzugehörigkeiten vergeben werden (vgl. Braun 2001, 341).

Bourdieus Verknüpfung des Sozialkapitalkonzeptes mit dem der sozialen Schichtung impliziert schließlich noch, dass die Mitglieder sozialer Netzwerk eher ähnliche Charakteristika aufweisen, und zwar nicht nur ähnliche sozioökonomische Positionen, sondern auch ähnliche Wertvorstellungen und Verhaltensmuster, den sogenannten Habitus. Diese Homogenität führt aus Bourdieus Sicht zu einem Multiplikatoreneffekt: Der Zugang und die Teilhabe an einem sozialen Netzwerk ist nicht nur abhängig von bestimmten sozialen Merkmalen; über die Teilnahme am Netzwerk verstärken sich diese Merkmale zudem, da man sich immer mehr unter Gleichen bewegt, sich mit der eigenen Gruppe identifiziert und von anderen Gruppen abgrenzt, denen man dann auch immer weniger (mit immer weniger Verständnis) begegnet. Insbesondere „Eliten", so arbeitet Bourdieu an der modernen französischen Gesellschaft heraus, institutionalisieren und reproduzieren sich auf diese Weise.

Dies zeigt sich vor allem auch im Bildungssystem, das Bourdieu als wichtige Institution der Reproduktion sozialer Ungleichheit betrachtet (Bourdieu 1983). Kinder, deren Herkunftsfamilien über wenig Kapital verfügen (neben sozialen auch wenig kulturelles, symbolisches und ökonomisches), können den Ansprüchen des mittelschichtorientierten Bildungssystems – hier besonders der Schule – nicht entsprechen. Ihr Sozialisationsprozess vermittelt ihnen nicht den Habitus und die kognitiven Kompetenzen, wie z. B. ein adäquates Artikulationsvermögen, Interesse am Lesen, elaboriertes Sozialverhalten, um den Anforderungen der Schule Stand zu halten (ebd.).

Einen anderen Blickwinkel auf das soziale Kapital hat Coleman. In seinem Ansatz geht er kaum auf die soziostrukturelle Verbindung zu Schicht- bzw. Milieumodellen ein, so dass Mechanismen der Entstehung und Reproduktion sozialer Ungleichheit durch vorhandenes oder mangelndes soziales Kapital weniger hervorgehoben werden. Für Coleman, seiner akademischen Herkunft nach ein Chemiker, sind vor allem die konkreten Beziehungen zwischen einzelnen Akteuren von Interesse und wie über eine Verstetigung und qualitative Umformung bloßer Kontakte zu einer gegenseitigen Vernetzung ein Mehrwert – ein besonderes soziales Kapital – für alle Beteiligten entsteht.

Konzeptionell stützt sich Coleman in seinen Ansatz dabei auf den von Granovetter (1985) eingeführten Begriff der „embeddedness", als einer besonderen Beziehungsqualität zwischen mindestens zwei Personen, die durch gegenseitiges Vertrauen, geteilte Erwartungen und Normen geprägt ist (vgl. hierzu auch Abschnitt 2.2 und weiterführend Abschnitt 4.2).

Für Coleman ist soziales Kapital somit eine aus sozialen Beziehungen erwachsende Ressource (Coleman 1988), deren Nutzen über verschiedene Formen vermittelt ist, u. a. über

1. gegenseitige Verpflichtungen und Erwartungen, im Sinne eines „Wenn du mir hilfst, dann helfe ich auch Dir",
2. einem leichteren und besseren Zugang zu Informationen als Handlungsgrundlage, oder
3. die Garantie von Normen und Sanktionen, auf die sich gegenseitig verlassen werden kann.

Darüber hinaus kann soziales Kapital auch über etablierte Herrschaftsbeziehungen, die die Verantwortung für Kontroll- und Gewährleistungsaufgaben arbeitsteilig ausgestalten, oder über soziale Organisationen und deren strukturiert-zielgerichtete Tätigkeiten vermehrt werden.

Einen besonderen Fokus richtet Coleman in seiner Forschung auf das Sozialkapital von Familien und dessen Übertragung auf jüngere Generationen im Sozialisationsprozess. In diesem Kontext definiert er soziales Kapital dann auch als „the norms, the social networks, and the relationships between adults and children that are of value for the child's growing up" (Coleman 1995, 36).

Soziales Kapital wird hier vor allem als familiäre Entwicklungsressource verstanden und kann mit Youniss (1994) durch drei Charakteristika näher gekennzeichnet werden, durch die Intensität der Beziehung, die Strukturgeschlossenheit und die Zeitgeschlossenheit.

Der Aspekt der *Intensität der Beziehung* bezeichnet die Beziehungsqualität zwischen Eltern und Kind. Hierunter fallen u. a. die gemeinsam verbrachte Zeit, die emotionale Nähe der Familienmitglieder, Formen der Kommunikation oder die Empathie der Eltern. Alle diese Merkmale des familieninternen sozialen Kapitals sind wesentliche Prädiktoren der sozialen und kognitiven Entwicklung des Kindes (ebd.).

Der zweite Aspekt der *Strukturgeschlossenheit* beschreibt die Dichte des Netzwerkes von Erwachsenen, die in Kontakt mit dem Kind stehen. Die Erwachsenen, ob Eltern, Lehrer oder Bekannte, können die Handlungen des Kindes unter verschiedenen Umständen beobachten, miteinander über das Kind reden, Erfahrungen austauschen und Normen festsetzen. Je enger das soziale Netzwerk unter den Erwachsenen ist, desto effektiver können sie abweichendes Verhalten negativ sanktionieren und desto schneller ist auch die Einleitung präventiver Maßnahmen bei einem Leistungsabfall möglich (Coleman 1995). Neben der Qualität der Beziehung der Elternteile zueinander widmet Coleman vor allem der Eltern-Lehrer-Beziehung seine Aufmerksamkeit. Empirisch erfasst wird diese über das PTO (Parent Teacher Organization)-Netzwerk, das die Intensität des elterlichen Engagements in der Schule und die Häufigkeit der Schulbesuche sowohl bei obligatorischen als auch bei freiwilligen Aktivitäten misst.

Der dritte Aspekt umfasst die *Zeitgeschlossenheit* und somit die zeitliche Kontinuität der sozialen Beziehung. Vor allem im Hinblick auf Familienprozesse, in denen ein Elternteil aufgrund von Trennung, Tod oder Scheidung nicht mehr oder nur zeitbegrenzt die Beziehung zu dem Kind aufrechterhalten kann, sieht Coleman (1988) ein Defizit im Sozialisationspotenzial, das sich negativ auf die Persönlichkeitsentwicklung und den Bildungserfolg des Kindes auswirken kann.

Dass es neben Bourdieu und Coleman noch weitere Definitions- und Systematisierungsversuche von sozialem Kapital gibt – insbesondere auch in Abgrenzung zum Humankapital – sei hier nur der Vollständigkeit halber erwähnt. Für eine Einordnung des derzeit dominanten sozial- und bildungswissenschaftlichen Zugangs zur Netzwerkforschung ist vor allem relevant, dass der Umfang und die Qualität der sozialen Beziehungen einer Person (insbesondere eines Kindes) als wesentliche Entwicklungsressource verstanden werden, die eine Bildungsbiographie tiefgreifend prägen.

Im folgenden Abschnitt wollen wir, aufbauend auf diese – sowohl mit Bourdieu als auch Coleman fundierte – Diagnose, einen Überblick über das aktuelle Forschungswissen zur konkreten Bedeutung sozialen Kapitals im Sozialisationsprozess geben, ehe wir anschließend beispielhaft verdeutlichen, unter welchen weiterführenden Forschungsfragen und auf welche Weise das soziale Kapital bzw. das soziale Netz von Kindern zukünftig noch untersucht werden könnte.

3.2 Forschungsbefunde zur Bedeutung von sozialem Kapital im Sozialisationsprozess

In einer grundlegenden Systematik von Untersuchungsfeldern, in den Forschungsbefunde zur Bedeutung des sozialen Kapitals im Sozialisationsprozess vorliegen, lassen sich grob folgende vier Bereiche differenzieren:

1. die Beziehung zur Familie (zumeist der Eltern) – mit der Unterscheidung in Struktur- und Prozessmerkmale,
2. die Beziehung zu den Lehrern,
3. die Beziehung zu den Peers inner- und außerhalb der Schule und
4. die Beziehungen dieser Agenten (Eltern, Schule und Peers) untereinander.

3.2.1 Familiales Sozialkapital: Struktur- und Prozessmerkmale

Bezogen auf das familiale Sozialkapital wird in der Literatur zumeist zwischen familialen Struktur- und familialen Prozessmerkmalen unterschieden (Lösel &Linz 1975; Yoshikawa 1994; Matherne & Thomas 2001; Dunkake 2010). Familiale Strukturmerkmale umschreiben dabei soziodemografische Aspekte wie z. B. den sozioökonomischen Status oder den Migrationshintergrund. Als familiale Prozessmerkmale werden kommunikative und interaktive Aspekte betrachtet, wie z. B. die emotionale Beziehung zwischen Eltern und Kindern oder die Kommunikationsintensität und die Kommunikationsinhalte.

In Bezug auf die familialen Strukturmerkmale zeigen insbesondere die Large-Scale-Schülerleistungsstudien wie PISA, IGLU oder TIMSS, dass im Allgemeinen ein negativer Zusammenhang zwischen einer niedrigen sozioökonomischen Position der Herkunftsfamilie oder einem Migrationshintergrund und den Ergebnissen von Leistungstests besteht (z. B. Baumert & Schümer 2001; 2002; Ehmke u. a. 2004). Auch die Familienstruktur – hier besonders Kinder, die bei nur einem Elternteil leben – hängt erkennbar mit schlechteren Leistungsergebnissen zusammen (Jungbauer-Gans 2004).

Bezogen auf familiale Prozessmerkmale zeigt die empirische Bildungsforschung, dass diese sich mit Schulleistungen oder dem schulischen Verhalten wie z. B. der Anstrengungsbereitschaft verknüpfen lassen. So führen ein gutes Familienklima (Stecher 1996; Baumert u. a. 2002; 2003), eine ausgeprägte soziale Interaktion und Kommunikation und eine große elterliche Empathie (Zinnecker & Georg 1996) zu besseren Schulleistungen. Becker und Schubert (2006) finden im Rahmen einer Längsschnittanalyse, dass das soziale Kapital – hier als Unterstützung durch die Schule und in Form einer schulischen Disziplinorientierung – zusammen mit dem kulturellen und ökonomischen Kapital und der ethnischen Herkunft der Familie entscheidend zur sozioökonomischen Selektivität der Schülerschaft an deutschen Schulen beiträgt.

Weitere Hinweise auf die Bedeutung der familiären Beziehungen in Sozialisationsprozessen lassen sich auch der Devianzforschung entnehmen – insbesondere in Bezug auf abweichendes Verhalten im Schulkontext (z. B. Oberwittler u. a.

2001; Lösel & Bliesener 2003; Boers & Reinecke 2007). Je ausgeprägten die soziale Kontrolle, je geringer die elterliche Ablehnung und je intensiver die gemeinsamen Eltern-Kind-Aktivitäten sind, umso weniger wahrscheinlich ist ein abweichendes Verhalten der Kinder. Als weitere bildungsrelevante Prozessmerkmale von Familien ließen sich unter anderem die elterlichen Bildungsaspirationen, der Erziehungsstil und die Kommunikation zwischen Eltern und Kindern über bildungsrelevante Inhalte identifizieren (Dika & Singh 2002; Jeynes 2007).

3.2.2 Beziehungen zu Peers und Lehrern als Sozialkapital

Neben der Eltern-Kind-Beziehung sind die Beziehungen zwischen dem Schüler und seinen Peers (der Gruppe der Gleichaltrigen) sowie zwischen dem Schüler und den Lehrern ein wesentlicher Schwerpunkt der Untersuchungen zum sozialen Kapital im Sozialisationsprozess.

Als besonders erklärungskräftig für erfolgreiche Schulkarrieren hat sich im Bezug auf die Peer-Beziehungen die sogenannte Homophiliethese erwiesen. Diese These geht davon aus, dass sich soziale Netzwerke eher nach dem Prinzip „gleich und gleich gesellt sich gern" ausbilden. Mitglieder einer Freundschaftsclique verfügen somit über eher ähnliche Merkmale. Im Fokus stehen hierbei vor allem Aspekte, die auf einen ähnlichen sozioökonomischen Hintergrund zurückzuführen sind.

Die Folge solcher Gruppierungen nach ähnlichen Merkmalen ist die Verstärkung bestehender gruppen-, aber auch schichtspezifischer Normen und Werte, die, je nach Gruppenkonstellation, fördernd oder hinderlich für einen erfolgreichen Schulbesuch sein können. Epstein (1983) und Kandel (1978) stellen beispielsweise fest, dass Schüler mit ähnlichen Noten häufiger Freundschaftsbeziehungen eingehen. Gleiches gilt für die Aspiration eines Collegebesuches (Epstein 1983; Hallinan & Williams 1990; Kandel 1978), die in Hausaufgaben investierte Zeit (Cohen 1977) oder das allgemeine Engagement im Schulleben (Kindermann 1993).

Die empirische beobachtete Tendenz zur Homophilie wird nach jetzigem Forschungsstand über zwei Mechanismen hergeleitet: einerseits die gegenseitige Sozialisation bzw. Selbstverstärkung in den Peergruppen und andererseits die Selbstselektion von in ihren Lebenshaltungen eher differenten und konfligierenden Peers im Zeitverlauf.

Explizit mit Methoden der Netzwerkanalyse untersuchte Ryan (2001) die Entwicklung der Leistungsmotivation und -aspiration von Schülern in Abhängigkeit von der Motivation/Aspiration ihres Freundeskreises. Es zeigte sich, dass sich die individuelle Schulmotivation und die Leistungsaspirationen im Laufe eines Schuljahres an die Motivation der Peergroup angepasst; die individuelle Einstellung der

Schüler, ob Schule an sich einen Nutzen hat oder nicht, blieb hingegen unbeeinflusst. Flashman (2012) ermittelte, dass Schüler mit guten bzw. defizitären Leistungen auch primär Freundschaftsnetzwerke zu leistungshomogenen Schülern aufbauen.

Über die individuellen Freundschaftsbeziehungen von Kindern und Jugendlichen hinaus ist es ein wichtiger Befund der empirischen Bildungsforschung, dass auch die Beziehungsqualität zwischen Lehrkräften und Schülern für schulische Erfolge bedeutsam ist. Belegt ist z. B., dass Jugendliche, die zum Lehrer eine positive Beziehung haben, weniger zu dissozialem Verhalten neigen (Hirschi 1969; Murray & Greenberg 2000). Mit den PISA-Daten (2000) konnte demonstriert werden, dass eine positive Schüler-Lehrer-Beziehung negativ mit aggressivem Verhalten der Schüler einhergeht und positiv mit einem prosozialen Verhalten gegenüber anderen Schülern (Kunter & Stanat 2002).

Weitere Zusammenhänge konnten zwischen einer positiven Schüler-Lehrer Beziehung und dem Interesse an dem Lerninhalt (Czerwenka u. a. 1990) oder einem erhöhten Absentismus und Drop-Out Risiko und einer defizitären Schüler-Lehrer Beziehung (Baker u. a. 2001, Lee & Burkam 2003) aufgefunden werden. Prengel (2012) zeigt, dass die Relevanz der Anerkennung des Lehrers gegenüber dem Schüler eine wichtige Dimension der sozialen und kognitiven Entwicklung von Grundschülern darstellt. Jüngst betonte Hattie (2009) im Rahmen seiner einschlägigen Meta-Analyse die Relevanz der Lehrer-Schüler Beziehung auf den Leistungserfolg der Schüler.

Neben den Beziehungen, die ein Schüler direkt zu Lehrern und Peers im Schulkontext aufweist, ist auch die Frage nach der systemischen Verortung des einzelnen Schülers – insbesondere im sozialisationsrelevanten sozialen System seiner Schulklasse – wichtig. Oswald & Krappmann (2004) gehen zum Beispiel davon aus, dass die Schulklasse ein System sozialer Ungleichheit sei, das – entsprechend der gesamtgesellschaftlichen Strukturen – eine soziale Ordnung aufweist, die durch die Parameter Ansehen und Macht den einzelnen Schülern unterschiedliche und hierarchisch angeordnete Positionen, wie z. B. den „Populären" oder den „Außenseiter", mit einem differentem Ressourcenzugang zuweist. So können Schüler, die innerhalb der Klasse gut vernetzt sind, verstärkt auf verschiedene Kapitalien der Mitschüler zugreifen, die auch für eine positive Schullaufbahnentwicklung hilfreich sind (vgl. Epstein 1983; Maschke & Stecher 2010), z. B. die Nutzung des Bildungskapitals von Klassenkameraden und/oder deren Eltern (z. B. gemeinsames Lernen für eine Klassenarbeit), die „illegitime" Nutzung wie z. B. das Abschreiben der Hausaufgaben oder auch die sozioemotionale Unterstützung bei der Verarbeitung schulischer Leistungsanforderungen (vgl. Krüger & Deppe 2010).

Internationale Studien haben gezeigt, dass einst etablierte soziometrische Positionen in der Klasse von relativ hoher Beständigkeit sein können (Ollendick u. a.

1991; Terry & Coie 1991) und insbesondere niedrige Statuspositionen langfristig negative Folgen, wie z. B. niedrige Selbstwertgefühle, mit sich bringen (Cowen u. a. 1973; Kupersmidt & Coie 1990).

In der Forschung ist besonders der Zusammenhang zwischen Popularität und Schulleistungen bzw. Interesse am schulischen Geschehen gut dokumentiert: je besser die Schulleistungen, desto höher der Status in der Klasse (Berghout u. a. 1984; Coie ua. 1990; Green u. a. 1980; Wentzel & Caldwell 1997). Die Metaanalyse von Newcomb u. a. (1993) über Studien des Primarbereichs unterstreicht diese Befunde: Beliebte Kinder weisen bessere Noten und allgemein bessere schulische Kompetenzen auf, als durchschnittlich akzeptierte oder gar abgelehnte Kinder – und haben ein größeres Interesse an der schulischen Umwelt (vgl. auch Wentzel 1991).

Auch die Wahrscheinlichkeit des Überganges von der Sekundarstufe in den tertiären Bildungssektor bleibt von der soziometrischen Position nicht unberührt: Schüler mit einem hohen sozialen Status im Klassenverband treten signifikant häufiger in den tertiären Sektor ein als Schüler, die einen niedrigeren sozialen Status besitzen (Almquist u. a. 2010). Neben dem Status „populär" bzw. „akzeptiert" ist die Gruppe der abgelehnten Kinder diejenige, die besser erforscht ist. Abgelehnte Schüler wiederholen häufiger eine Klasse (Schwartz u. a. 2006), sind häufiger schulabstinent, zeigen schlechtere Schulleistungen (Berghout u. a. 1984; Coie u. a. 1990; DeRoisier u. a. 1994) und verlassen die Schule eher ohne Abschluss (z. B. Parker & Asher 1987). Für Schüler des deutschen Bildungssystems finden Cauce (1986), Fend (1991), Petillon (1991) sowie Oswald & Krappmann (2004) einen positiven Zusammenhang zwischen der sozialen Akzeptanz im Klassenverband und der Schulleistung.

Oswald & Krappmann (2004) gehen zudem der Frage nach, inwieweit die Beurteilung durch die Klassenkameraden einen Einfluss auf die Schulnoten hat. Selbst unter Kontrolle einschlägiger Prädiktoren der Schulleistungen – wie z. B. der sozialen Herkunft, dem Migrationshintergrund, der Eltern-Kind-Beziehung – bleiben die von den Mitschülern zugeschriebenen Eigenschaften signifikante Erklärungsgrößen. Demnach haben einflussreiche, hilfreiche und ideenreiche Schüler bessere Schulnoten (vgl. auch Czeschlik & Rost 1994; Stubbe u. a. 2007).

In Bezug auf die Beziehung zwischen soziodemografischen oder familienorientierten Prozessmerkmalen und der soziometrischen Position konnten positive Korrelationen zwischen der Popularität und einem hohen sozioökonomischen familialen Status (Almquist u. a. 2010; Oswald & Krappmann 2004), objektiviertem Kulturkapital und einem demokratischen Erziehungsstil (Oswald & Krappmann 2004) ermittelt werden. Ein Migrationshintergrund, geringe Unterstützung vom Vater (Patterson u. a. 1990) und eine defizitäre Interaktion mit der Mutter (Putallaz 1987) wirken sich dagegen negativ auf die soziale Präferenz durch die Mitschüler aus. Welche Mechanismen zwischen den familialen Struktur- und Prozessmerkmalen und der soziometrischen Position mediieren, ist allerdings bisher wenig erforscht, da Stichproben im Längsschnittdesign, die soziometrische Positionen beinhalten, kaum vorliegen.

Dennoch kann in Anlehnung an die schichtspezifische Sozialisationsforschung theoretisch postuliert werden, dass in Abhängigkeit von der sozioökonomischen Lage der Familie verschiedene familiale Prozessmerkmale (z. B. elterliche Kontrolle) einen Einfluss auf das Sozialverhalten und die Leistungen der Kinder nehmen, welche wiederum den soziometrischen Status mitbestimmen (z. B. Coie u. a. 1990; Wenztel 1991).

3.2.3 Die Beziehung der Sozialisationsagenten untereinander als soziales Kapital

Neben den direkten Beziehungen sind auch die indirekten Beziehungen, die Kontakte der Sozialisationsagenten untereinander (z. B. unter Eltern und Lehrern, unter Peers und Eltern) zentral, um den Schulerfolg und abweichendes Verhalten zu erklären. Studien aus dem angloamerikanischen Raum belegen die Relevanz der Beziehungen verschiedener Sozialisationsinstanzen auf das Ausmaß abweichenden Verhaltens und/oder auf die Schulleistungen.

Coleman und Hoffer (1987) fanden in ihrer einschlägigen Studie „Public and Private High Schools", dass Schüler, insbesondere katholischer Privatschulen, bessere Schulleistungen aufweisen und seltener die Schule abbrechen (Drop-Out) als Schüler öffentlicher Schulen. Dies führen die Autoren vor allem auf die unterschiedliche Qualität der sozialen Beziehung zwischen den Eltern und der Schule zurück. Eltern aus religiösen Gemeinden arbeiten enger mit der Schule zusammen, was einem Leistungsabfall ihrer Kinder vorbeugt.

McNeal (1999) konnte zeigen, dass eine geringe Interaktion zwischen Lehrern und Eltern schlechte Schulleistungen, Schulschwänzen und die Wahrscheinlichkeit des Schulabbruchs forcieren. Für den deutschen Raum konnten u. a. Rolff (1997) und Ditton (1987) berichten, dass die Interaktionsdichte zwischen Eltern und Lehrern je nach sozialem Status variiert, der wiederum mit den Schulleistungen korrespondiert. Merkens & Wessel (2002) hingegen konnten eine solche Beziehung nicht bestätigen.

Neben den Beziehungen der Sozialisationsagenten untereinander, können auch weitere Netzwerkbeziehungen der Agenten das soziale Kapital erhöhen und Einfluss auf die Entwicklung des Kindes/Schülers nehmen. Sheldon (2002) konnte zeigen, dass mit zunehmender Größe des elterlichen Netzwerkes die Integration bzw. das

Interesse der Eltern an schulischen Aktivitäten und schulischer Unterstützung des Kindes zu Hause zunimmt. Die Ergebnisse verdeutlichen weiter, dass Netzwerkbeziehungen zu Eltern anderer Schulkinder besonders mit dem schulischen Engagement korrespondieren und Kontakte zu schulexternen Personen (Verwandte, Bekannte etc.) das Engagement der häuslichen Unterstützung begünstigen. Auch die Intensität der Mobilisierung von Netzwerken bei Schulproblemen des Kindes variiert mit dem sozialen Status der Eltern. Eltern der sozialen Mittelschicht aktivieren Netzwerke auf kollektiver Ebene und handeln somit eher als Gruppe, um auf problematische Lagen in der Schule zu reagieren. Eltern benachteiligter Sozialschichten aktivieren keine Netzwerke, sondern agieren – wenn überhaupt – alleine und haben ferner im Vergleich zu Eltern der sozialen Mittelschicht Schwierigkeiten, relevante Informationen einzuholen und wichtige Informanten zu kontaktieren, um die Problemlage einzuschätzen und ggf. dagegen vorzugehen (Hovart u. a. 2003).

3.3 Forschungsfragen einer bildungswissenschaftlichen Netzwerkforschung

So sehr der vorgestellte Forschungsstand die Bedeutung des sozialen Kapitals von Kinder und Jugendlichen im Sozialisationsprozess aufzeigt und theoretische Vorerwartungen der Homphiliethese oder auch der sozialen Reproduktion gesellschaftlicher Ungleichheiten bestätigt, ist gerade aus netzwerkanalytischer Sicht ein erheblicher Forschungsbedarf zu konstatieren. Bisher – so wollen wir in einer etwas bildlichen Sprache formulieren – ist vor allem die Bühne gesetzt, d. h. die Relevanz dieses Forschungsfeldes und grundlegender Theoreme wurden bestätigt. In Zukunft gilt es diese Bühne zu nutzen – und zwar vor allem zu detaillierteren und differenzierteren Betrachtungen. Insbesondere wären empirische Beispiele der Kompensation fehlenden sozialen Kapitals genauer in den Blick zu nehmen: inwieweit ungünstige familiale Struktur- und Prozessmerkmale durch Peer-Beziehungen oder auch weitere soziale Erfahrungsräume (in der Schule, in Vereinen, im Internet ect.) ausgeglichen werden können.

Mit Abbildung 10 geben wir einen systematischen Überblick über die bisherige „Bühne" der Forschung zum sozialen Kapital im Sozialisations- und Bildungsprozess von Kindern und Jugendlichen.

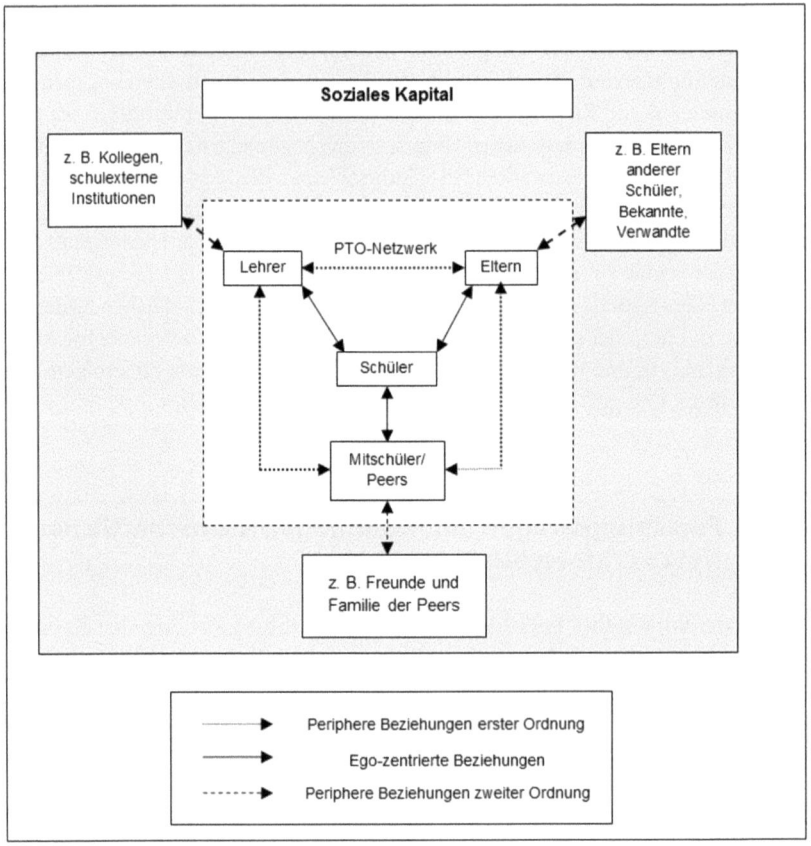

Abb. 10 Netzwerkbeziehungen eines Schülers als soziales Kapital

In der Terminologie der Netzwerkforschung (vgl. Kapitel 1) kann Abbildung 10 wie folgt beschrieben werden: Im Zentrum der Analyse stehen die wechselseitigen (dyadischen) Beziehungen des Schülers zu den Eltern, dem Klassenlehrer und den Peers. Dargestellt sind die direkten Beziehungen zwischen Ego und den Bezugspersonen (die e*gozentrierte* Netzwerkbeziehung, durchgezogene Linien).

Die Beziehungen der Sozialisationsagenten untereinander (gestrichelte Linien) werden als *periphere* Netzwerkbeziehungen bezeichnet (Stecher 2001). Coleman und Hoffer (1987) benennen die periphere Netzwerkbeziehung zwischen Eltern und Lehrern auch als PTO-Netzwerk (Parent-Teacher-Organization). Um begrifflich

3.3 Fragen einer bildungswissenschaftlichen Netzwerkforschung

auch weitere Unterstützungsnetzwerke einzuordnen, bietet es sich an, die peripheren Beziehung zwischen Eltern, Lehrkräften und Peers als Beziehungen erster Ordnung von weiteren Kontakte der Eltern zu Eltern anderer Schüler oder weiteren Bekannten und Verwandten als periphere Beziehungen zweiter Ordnung abzugrenzen.

Mit dieser Beziehungssystematik als Grundlage lassen sich wichtige, zukünftig noch zu vertiefende Forschungsschwerpunkte einer bildungswissenschaftlichen Netzwerkforschung herausstellen. Vergleichsweise gut belegt ist durch die bisherige Forschung, dass bezogen auf das soziale Kapital eines Schülers Verlust- bzw. Gewinnspiralen wahrscheinlich sind. Ungünstige bzw. günstige Bedingungen in einem Bereich (z. B. in der Eltern-Schüler-Dyade) führen scheinbar zu ähnlich ungünstigen Bedingungen auch in anderen Beziehungen (zu den Lehrkräften, zur Organisation Schule oder zu den Peers) und münden letztlich in voraussehbar ungünstige bzw. günstige Lebensverläufe.

Zukünftig wäre dabei noch stärker auf Ausnahmen und systematische Abweichungen von diesen Regelkreisen zu achten. Welchen Beziehungskonstellationen haben z. B. in Fällen des unerwarteten sozialen Auf- oder Abstiegs, beim „Ausbruch" aus solchen Verlust- und Gewinnspiralen geholfen? Inwieweit können soziokulturell plural und offen gestaltete schulische oder auch außerschulisch-kommunale Begegnungsräume dabei helfen, erwartungswidrige Kontakte herzustellen und hilfreiche Netzwerkbeziehungen auszubauen? Inwieweit sind in diesem Kontext auch zielgerichtete Trainings des sozialen Verhaltens oder der (schulisch eingeforderten) Bildungssprache sinnvoll – oder verstärken diese nicht womöglich sogar die sozialen Marginalisierungs- und Ausschließungstendenzen gegenüber Schülerinnen und Schülern, die ihrer Herkunft (ihrem familialen sozialen und kulturellem Kapital) nach, weder über ein Verständnis und/oder eine Bereitschaft verfügen, sich den mittelstandsorientierten Normen und Wertvorstellungen des Schulsystems anzupassen?

Tabelle 1 Befragungsthemen bei der Erhebung sozialen Kapitals

		Ego		
		Eltern	Lehrer	Peers/Mitschüler
Alteri	Eltern	• Quantität und Qualität der Paarbeziehung • Austausch über Erziehungsfragen • Partizipation am Schulgeschehen des Kindes (Arbeitsteilung)	• Kontakthäufigkeit mit den Eltern • Häufigkeit des Besuchs der Eltern • Beurteilung des schulischen Engagements • Formen und Beurteilung der Zusammenarbeit	• Kontakthäufigkeit mit den Eltern und Frequenz des Besuchs im Elternhaus des Freundes • Beziehung zu den Eltern • Beurteilung des Elternhauses
	Lehrer	• Kontakthäufigkeit mit dem Lehrer • Beurteilung seiner Tätigkeit • Häufigkeit des Besuchs beim Lehrer • Anlass des Besuchs • Formen und Beurteilung der Zusammenarbeit	—	• Beurteilung des Lehrers, v. a. im Umgang mit leistungsschwachen und verhaltensauffälligen Schülern • Beurteilung des Klassenklimas
	Peers/Mitschüler	• Kenntnis über den Freundeskreis • Häufigkeit des Besuchs der Freunde • Beurteilung der Freunde • Verhältnis zu den Freunden • Aktive Einmischung in den Umgang mit den Freunden	• Kenntnis über die soziale Einbindung der Schüler und seine sozialen Kontakte • Wahrnehmung von Problemen des Schülers in der Klasse • Interventionsstrategien bei möglichen Problemen	—

Wichtig wäre es in dieser Hinsicht auch der Frage nachzugehen, inwieweit unter variierenden gesellschaftlichen oder kulturellen Bedingungen bestimmte soziale Beziehungen eine andere Bedeutung bekommen. Sicherlich müssen z. B. die peripheren Beziehungen zweiter Ordnung (zu Freunden, zu Verwandten oder auch zur Religionsgemeinschaft) stärker berücksichtigt werden, wenn nicht nur westlich-modern-säkularisierte Gesellschaften mit ihrem dominanten Kleinfamilien-Modell beforscht werden. So konnte in einer Hauptschul-Studie in Niedersachsen aufgezeigt werden, dass für die Berufsorientierung von männlichen Schülern türkischer Abstammung neben den Lehrkräften auch ältere (männliche) Verwandte eine wichtige Stütze und Hilfe sind – anders als bei Schülerinnen generell oder bei Schülern mit einem nicht-türkischen Hintergrund (Schuchart 2009).

Grundsätzlich halten wir es für wichtig, zukünftig die verschiedenen sozialen Beziehungen der Schülerinnen und Schüler und ihrer Bezugspersonen differenzierter und reichhaltiger zu erfassen. Tabelle 1 gibt dazu basale orientierende Hinweise, welche Aspekte sinnvoll zu betrachten sind, wenn zumindest die peripheren Beziehungen erster Ordnung erfasst werden sollen.

3.4 Ansätze der Erfassung und Beschreibung von sozialen Netzwerken im Bildungswesen

Unsere Darstellung der Forschung zum sozialen Kapital und seinem Einfluss auf Sozialisations- und Bildungsprozesse ist auch zur Motivation weiterer (Nachwuchs-) Forscher gedacht, sich mit diesem Themenfeld intensiver auseinanderzusetzen. Im folgenden Abschnitt wollen wir dazu Vorgehensweisen und vertiefende Auswertungsmöglichkeiten vorstellen. In Anlehnung an Hennig (2010, 185) lassen sich drei zentrale Formen der Erhebung unterscheiden: a) die Gesamtnetzwerkerhebung, b) die Namensgeneratoren als Form der Erhebung von egozentrierten Netzwerken sowie c) die Positionsgeneratoren, über die der Zugang zu anderen Netzwerkmitgliedern mit bestimmten – hierarchisch vorteilhaften – beruflichen bzw. gesellschaftlichen Stellungen abgebildet wird.

Wir wollen im Folgenden nur Beispiele der ersten zwei Erhebungsformen – gegenständlich orientiert auf Schulklassen – präsentieren. Grundlage der Darstellung sind eigene Untersuchungen in Köln und Krefeld in den Jahren 2006 bis 2010 (vgl. Dunkake 2011).

3.4.1 Erhebung von Gesamtnetzwerken in Schulklassen

Die Schulklasse ist aus mehreren Gründen ein wichtiger und dankbarer Untersuchungsgegenstand der Forschung zu sozialen Netzwerken. Zum einen ist sie ein gut abgegrenztes soziales Gesamtnetzwerk. Zum anderen ist sie ein zentraler Sozialisationsagent. Die verbrachte Zeit in der Schule lässt sich, je nach Alter und Partizipation im offenen Ganztag auf etwa 10.000 bis 15.000 Stunden schätzen. Den größten Teil dieser Zeit davon hält sich der Schüler in der Klasse auf. Für manchen Schüler dürfte dies ein höheres Zeitbudget sein, als jenes, das er aktiv mit den Mitgliedern seiner Familie verbringt. Insbesondere unter Berücksichtigung des zunehmenden Ausbaus der Ganztagsschulen ist zu erwarten, dass die Zeit, die mit gleichaltrigen Mitschülern verbracht wird, noch weiter zunehmen wird.

Um die Vernetzung der Schüler innerhalb eines Klassensystems zu messen, kann sich eines relativ sparsamen Messinstrumentes bedient werden, das in Relation zu seinem Arbeitsaufwand einen großen Erkenntnisgewinn liefert.

Für die Erfassung der Schülerbeziehungen in einer Klasse werden diese gebeten, die Beziehung zu allen Mitschülern in Form eines Notenspiegels anzugeben (vgl. Abb. 11). Die notwendige Gewährleistung der Anonymität kann dabei dadurch gesichert werden, dass über eine der Befragung separat beiliegende Liste jedem Namen tabellarisch ein Code zugeordnet wird. Nach der Befragung werden diese Listen vernichtet, um die Möglichkeit der Identifikation konkreter Personen zu unterbinden.

Bitte benote in Schulnoten (1 bis 6) wie gut Du Dich mit Deinen Klassenkameraden verstehst! Schau dafür auf die Klassenliste, damit Du weißt, welcher Mitschüler welche Codenummer hat. Streich Deine eigene Nummer bitte durch.							
Schülercode	AB/01	BK/02	DF/03	FG/04	GG/05	IJ/06	MK/07
Benotung	1	4	3	1	6	4	2

Abb. 11 Beispiel der Erhebung eines Klassennetzwerkes (Auszug)

Wenn für jeden Schüler Angaben vorliegen, wie ihn die anderen Schüler beurteilen, dann können auf Basis dieser Information verschiedene soziometrische Positionen berechnet werden.

Die einfachste Variante besteht darin, das arithmetische Mittel (den Mittelwert) aus den Benotungen heranzuziehen, um so die Popularität zu erfassen: je niedriger der Wert, desto populärer ist der Schüler. Ferner kann dieser Mittelwert kategorisiert werden, um z. B. Werte im Bereich von 1 bis 2 als positive Beziehung zu interpretieren oder Werte im Bereich 5 bis 6 als negative Beziehung zu verstehen. Auch können alternativ Freundschaftsnennungen als Indikator einer positiven Beziehung verwendet werden (siehe unten Abschnitt 3.4.2).

Zu bedenken ist jedoch, dass Freundschaften sehr exklusive Beziehungen sind, die nicht zwingend den umfassenden Zugang zum Sozialkapital anderer Mitschüler widerspiegeln. Auch wenn mit Coleman (1988) angenommen werden kann, dass das Vertrauen ein wichtiges Element des Austausches von Sozialkapital ist und Vertrauen ein zentrales Element von Freundschaft ist, muss das nicht in jeder Hinsicht zutreffend sein. Es ist durchaus denkbar, dass Schüler Hilfe bei schulischen

3.4 Ansätze der Erfassung und Beschreibung von sozialen Netzwerken

Problemen von Mitschülern erhalten, zu denen sie zwar ein positives, aber nicht zwingend ein freundschaftliches Verhältnis pflegen.

Definieren wir z. B. als sehr positive Beziehungen die „sehr gut" Nennungen,[2] die die Schüler genannt haben, dann lässt sich ein Klassennetzwerk, basierend auf sehr positiven Bindungen, wie in Abbildung 12 darstellen. Diese Grafik wurde mit dem grafischen „Beiprogramm" von Ucinet Netdraw (vgl. Anhang 2) erstellt. Grundlage sind Excel-Matrizen, in denen die Beziehung der Schüler zueinander in binären Codierungen (0=keine positive Beziehung, 1=positive Beziehung zum Mitschüler) festgehalten sind. Diese Excel-Matrizen werden von dem Programm Ucinet eingelesen und können dann in Netdraw für die grafische Darstellung verwendet werden.

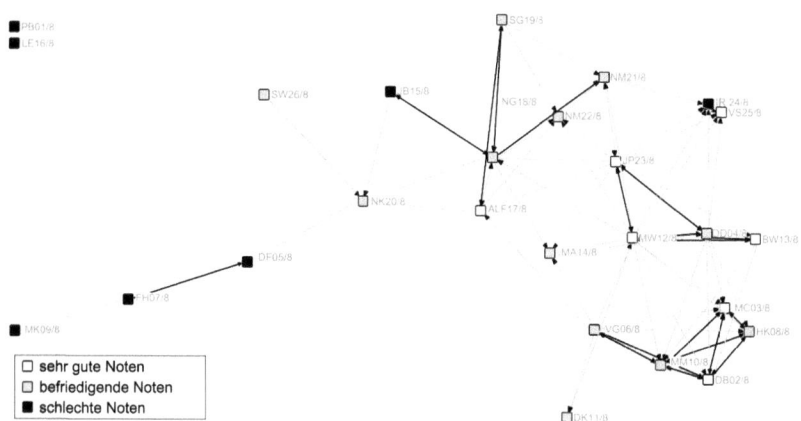

Abb. 12 Darstellung positiver Beziehungen im Klassennetzwerk (erstellt mit Netdraw)

Die Untersuchungsdaten stammen aus der Kölner Studie im Jahr 2006 und geben das Gesamtnetzwerk einer 8. Schulklasse wieder.

---

2 Da die Schüler im Mittel eher bessere Schulnoten an ihre Mitschüler vergeben und „gute" Bewertungen „inflationär" verteilt werden (Einsen und Zweien gemeinsam weisen eine starke rechtsschiefe Verteilung auf [M=8,02, SD=3,8]) im Gegensatz zu negativen Bewertungen (mangelhafte und schlechte Beurteilungen sind in ihrer Verteilung vergleichbar mit der „sehr gut" Verteilung), werden hier nur „sehr gute" Beziehungsmerkmale als Berechnungsgrundlage herangezogen.

In der Abbildung sind die dyadischen positiven Nennungen als schwarze Pfeile markiert, die einseitig gerichteten positiven Beziehungen grau. Ferner sind in der Abbildung die durchschnittlichen Schulnoten der einzelnen Schüler eingetragen, je nachdem ob es sich um sehr gut bis gute Noten (1 bis 2), befriedigende (3) oder schlechte Noten (4, 5 und 6) handelt. Unabhängig von diesem Schülermerkmal ist ersichtlich, dass die Schulklasse aus einer großen Clique mit einigen Ausläufern und einseitig sowie dyadisch gerichteten Freundschaften (links) besteht. Zwei Schüler erhalten keine positive Nennung von den Mitschülern (LE 16/8 und PB01/8) und sind in der Position des „Außenseiters".

Zentrale Maße, die sich nun auf Klassenebene berechnen lassen sind z. B. die in Kapitel 1.2 beschriebenen Kennziffern, wie die Dichte (die Anzahl aller möglichen Nennungen/die Anzahl der genannten Nennungen, Maximum=1, Minimum=0). In unserem Fall würde eine hohe Dichte für eine enge positive Verbindung der Schüler untereinander stehen und kann auch als ein Aspekt eines positiven Klassenklimas interpretiert werden.

Ein Vergleich der Dichte positiver und negativer Nennungen zwischen Gymnasial- und Hauptschulklassen hat in der Kölner Untersuchung z. B. gezeigt, dass die Dichte positiver Nennungen in gymnasialen Klassen signifikant höher liegt als bei Hauptschulklassen und – als Pendant – die Dichte negativer Nennungen (Bewertungen 5 und 6) in Hauptschulklassen signifikant höher ist als in Gymnasien (vgl. Dunkake 2011).

Diese Ergebnisse sprechen für die sehr unterschiedlichen Grundstrukturen der Sympathie und Antipathie nach Schulform. Aber nicht nur die Dichte verschiedener Beziehungen auf Klassenebene ist interessant, auch die Frage, wie viele Cliquen es in den Klassen gibt, wer die „Broker" (vgl. Kapitel 1.4.2) sind, die zwischen den Klassencliquen stehen, wie viele Außenseiter es in einer Klasse gibt, welche Schüler mit welchen soziodemografischen und sozialisationsrelevanten Merkmalen sich zu Cliquen oder Freundschaftsdyaden verbinden und zwischen welchen Gruppierungen strukturelle Löcher bestehen.

Damit schließt sich die Frage nach der Verbindung systemischer Muster in der Klasse und den Profilen der einzelnen Schüler an. Ein einfaches Beispiel können wir abermals Abbildung 12 entnehmen. Hier ist ersichtlich, dass die große Clique fast nur aus Schülern besteht, die sehr gute oder zumindest befriedigende Schulleistungen zeigen. Die einzelnen – zum Teil nur einseitigen – positiven Nennungen links erhalten vornehmlich Schüler mit sehr schlechten Leistungen. Gleiches gilt für die beiden Schüler in Außenseiterpositionen.

3.4.2 Erhebung von Namensgeneratoren

Eine nicht notwendig unabhängige, aber zumindest eine analytisch zu unterscheidende Form der Netzwerkerfassung ist die Erhebung von Namensgeneratoren.

Unter Namensgeneratoren werden Abfragen verstanden, die einzelne, fokussierte Akteure (Egos) dazu auffordern, eine begrenzte Anzahl von anderen Akteuren zu benennen, mit denen sie besonders positiv oder negativ verbunden sind – als Freunde oder auch Arbeitskollegen.

In der hier beispielhaft herangezogenen Kölner Studie wurde eine entsprechende Abfrage ergänzend zur Erhebungen von Sympathiebekundungen durchgeführt (s. oben Abschnitt 3.4.1). In einem weiteren Fragebogenteil wurden die Schüler aufgefordert die Code-Bezeichnungen ihrer fünf besten Freunde im Klassenverband einzutragen und anschließend vertiefende Fragen (sogenannte Namensinterpretatoren) zu diesen Freunden und ihrer Beziehung zueinander zu beantworten (vgl. Abb. 13).

	Code:	Code:	Code:	Code:	Code:
Triffst Du Dich mit den Mitschülern, mit denen Du befreundet bist, auch außerhalb der Schule?	Ja Nein	Ja Nein	Ja Nein	Ja Nein	Ja Nein
Sprecht Ihr über Probleme in der Schule? (z. B. Ärger mit einem Lehrer oder mit Mitschülern etc.)?	Nie Selten Eher oft Sehr oft	Nie Selten Eher oft Sehr oft	Nie Selten Eher oft Sehr oft	Nie Selten Eher oft Sehr oft	Nie Selten Eher oft Sehr oft
Kennst Du die Eltern dieses Mitschülers?	Ja Nein	Ja Nein	Ja Nein	Ja Nein	Ja Nein

Abb. 13 Erhebung für Namensinterpretatoren zu Freundschaften im Klassenkontext (Beispiel)

Eine zahlenmäßige Begrenzung der zu benennenden alteri ist ein übliches Vorgehen in der Netzwerkforschung (insbesondere eine Begrenzung auf fünf Personen, vgl. Burt 1994), da ansonsten die Befragung leicht zu aufwendig und umfangreich geraten kann.

Prinzipiell – wenn diese Freundes-Abfrage nicht für alle Mitglieder eines Gesamtnetzwerks durchgeführt wird – werden mit Namensgeneratoren Ego-Netzwerke erhoben; also um einzelne Akteure gelagerte Freundschaftsbeziehungen. Allerdings können diese Einzelabfragen auch zu einem Gesamt-Netzwerkbild zusammengeführt werden, in dem erfasst wird, welche Personen sehr oft als Freunde benannt werden und welche sehr selten bis gar nicht – oder auch inwieweit intensive Freundschaften beim Gegenüber als gleichfalls so intensiv wahrgenommen werden.

3.4.3 Weiterführende Auswertungsmöglichkeiten

Die Erfassung und Darstellung der Netzwerk- bzw. Freundesbeziehungen einzelner Schüler oder ganzer Schulklassen ist lediglich der erste Schritt, wenn die sozialen Beziehungen als individuelle Ressourcen (soziales Kapital) befragt werden sollen. Weiterführend wäre nicht nur zu fragen, wer in einer Schulklasse besonders beliebt/unbeliebt oder mit seiner Meinung besonders einflussreich/einflusslos ist, sondern auch welche sozialen Hintergrundmerkmale die Schüler (oder ihre Eltern) auf den verschiedenen Netzwerkpositionen besitzen. Solche Daten müssen dann innerhalb von Netzwerkstudien ebenfalls erhoben werden. In der Netzwerkgrafik (oben Abbildung 12) hatten wir zum Beispiel die Durchschnittsnoten der Schüler als ein solches Merkmal verwendet.

In der Krefelder Studie, in der die Gesamtnetzwerke von Sympathiebekundungen in zwölf Hauptschulklassen erhoben wurden (vgl. Dunkake 2011), wurde z. B. untersucht, inwieweit sich der soziometrische Status eines Schülers als populär, abgelehnt, unbeachtet, kontrovers oder ‚normal' (für diese Klassifizierung siehe Coie u. a. 1990) durch seine sozialen Hintergrundmerkmale erklären ließ (vgl. Tab. 2).

Für die soziographischen Merkmale des Geschlechts und des Migrationshintergrunds ergaben die Chi-Quadrat-Tests[3] keine relevanten Unterschiede.

Dagegen fanden sich signifikante Differenzen bezogen auf den Schulabschluss der Eltern und die familiale Struktur (getrennt vs. nicht getrennt lebende Eltern). Schüler, bei denen mindestens ein Elternteil eine Hochschulzugangsberechtigung hatte, waren deutlich seltener in der Position eines populären Schülers (12,5 %) als

---

3   Der Chi-Quadrat-Test – angewandt auf Kreuztabellen – ist ein gängiges Testverfahren, um zu prüfen, ob der Zusammenhang zwischen zwei Merkmalen „zufälliger" Natur ist oder nicht. Er wird bei der Überprüfung von Häufigkeitsverteilungen eingesetzt.

3.4 Ansätze der Erfassung und Beschreibung von sozialen Netzwerken

Schüler, deren Eltern einen niedrigeren Abschluss hatten. Gleichzeitig waren sie mit 29,2 % am häufigsten in der Position des kontroversen Mitschülers.

Tabelle 2 Soziometrische Positionen von Schülern in Krefelder Hauptschulklassen nach höchstem Schulabschluss der Eltern und familialer Struktur in %

	Höchster schulischer Abschluss der Eltern				Die Eltern leben …	
	Ohne / HS	RS	Abitur, FH	Weiß nicht	Nicht getrennt	Getrennt
Populär	21,0	28,6	12,5	21,7	24,6	19,1
Abgelehnt	16,1	17,5	16,7	19,3	13,8	23,4
Kontrovers	6,5	6,3	29,2	7,2	9,4	8,5
Unbeachtet	25,8	12,7	20,8	25,3	27,5	12,8
„Normal"	30,6	34,9	20,8	26,5	24,7	36,2
Gesamt	100	100	100	100	100	100
N	(63)	(63)	(24)	(83)	(138)	(95)

HS=Hauptschulabschluss, RS=Realschulabschluss, FH=Fachhochschulreife,

Diese Ergebnisse stehen im Kontrast zu Befunden über die soziometrische Position bei Schülern anderer Schulformen (Oswald & Krappmann 2004; Almquist u. a. 2010); dort zeigte sich ein positiver Zusammenhang zwischen einem hohen Bildungsniveau der Eltern und der Popularität eines Schülers.

Berücksichtigt man jedoch, dass Schüler, deren Eltern ein hohes Bildungsniveau aufweisen ein „untypisches" Hauptschulklientel bzw. eine Minderheit an den Hauptschulen darstellen, deutet dies darauf hin, dass die Position der „Minorität" dieser Schüler und damit einhergehend vermutlich auch Sozialisationserfahrungen, die untypisch für Hauptschüler sind, sie zu eher „fremdartigen Wesen" machen.

Im Vergleich: wenn ein Elternteil höchstens einen Realschulabschluss hat, dann sind die Schüler mit 12,7 % am seltensten in der Gruppe der Unbeachteten, dafür aber überproportional häufig in der Gruppe der Populären (28,6 %) und „Normalen" (34,9 %). Im Gegenzug zeigt sich, dass Schüler, deren Eltern nicht getrennt sind, mit 27,5 % mehr als doppelt so oft zu den Unbeachteten zählen, mit 24,6 % häufiger zu den Populären gehören und seltener zu den Abgelehnten (13,8 % vs. 23,4 %).

Solche Analysen auf deskriptiver Ebene reichen noch nicht aus, um adäquat theoriegeleitete Hypothesen zu testen, wie sie in der aktuellen Forschung zum sozialen Kapitel im Sozialisationsprozess diskutiert werden; sie dienen lediglich einem ersten Eindruck. Für weitere Analysen sind aber nicht nur Kenntnisse zur Erhebung und deskriptiven Betrachtung von Netzwerken erforderlich, sondern auch fortgeschrittene statistische Verfahren, wie. z. B. Regressionsanalysen oder

Mehrebenenanalysen, um den Klassenkontext zu berücksichtigen. Diese darzustellen würden den Rahmen dieses Lehrbuches sprengen (vgl. aber Jansen 2006). In der Forschungspraxis ist es zudem ausgesprochen schwierig bzw. zeitlich sehr aufwändig ausreichend viele und vor allem vollständige Netzwerkinformationen und Individualangaben von Schülern ausreichend großer Populationen zu erhalten, so dass Mehrebenenanalysen sinnvoll sind. Hier werden mindestens 20 Schulklassen (30 wären optimal) benötigt. Hinzukommt, dass der Umgang mit fehlenden Informationen bei Netzwerkanagaben bisher nur wenig erforscht ist.

Wohl auch deswegen stützen sich Netzwerkforschungen mit Schulbezug derzeit oft auf Sekundäranalysen vorliegender Datensätze aus groß angelegten Bevölkerungsbefragungen wie z. B. die „National Longitudinal Study of Adolescent Health" („Add Health Study") aus den USA, die Netzwerke von ca. 9.000 Schülern erfasst. Diese Studie hat der empirischen Netzwerkanalyse in der Jugend- und Lebenslaufforschung starken Auftrieb gegeben und bedeutsame Erkenntnisse in Bereichen wie Schulerfolg, Gesundheit, Sexualverhalten und Delinquenz erbracht (Haynie 2001; Bearman u.aa. 2004, Crosnoe u. a. 2004). Gleiches gilt im europäischen Raum für die „Dutch Social Behavior Study" (z. B. Baerveldt 2000; Houtzager & Baerveldt 1999; Baerveldt, van Rossem; Vermande & Weerman 2004; Snijders & Baerveldt 2004) und das „Utrecht Social Development Project" (z. B. van den Oord u. a. 2000; van den Oord & van Rossem 2002).

Netzwerke als Form der Handlungskoordination

4

Neben der Frage, wie sich Netzwerke als Phänomen methodologisch eingrenzen und empirisch beschreiben lassen, spielt für sozial- und erziehungswissenschaftliche Bezugnahmen auf das Konzept des Netzwerkes noch ein weiterer, für seine aktuelle Popularität besonders ausschlaggebender Aspekt eine wichtige Rolle: Netzwerkanalysen können Beziehungsstrukturen sichtbar machen, die jenseits der offiziellen und offensichtlichen Formen der Koordination von Akteuren und Handlungen in der Gesellschaft liegen, denen möglicherweise aber eine hohe Bedeutung für die Koordinationsleistung überhaupt zukommt.

Idealtypisch lässt sich dies an Organisationen als einer für die moderne Gesellschaft charakteristischen Form der Handlungskoordination zeigen. Organisationen wie Unternehmen, Behörden, Krankenhäuser, Geflügelzüchtervereine, politische Parteien, Nicht-Regierungs-Organisationen (NGOs) aber auch Schulen und Schulverwaltungen verfügen über klar geregelte (und in diesem Sinn: formale) Handlungsabläufe in ihrem inneren Aufbau. Unternehmen sind von oben nach unten durch ein hierarchisches Gefüge von Stellen, Positionen und damit verbundenen Entscheidungsbefugnissen gekennzeichnet; staatliche Behörden zeichnen sich durch klar geregelte hierarchisch gegliederte Weisungsbefugnisse aus. Vereine und Parteien wählen für begrenzte Zeiträume Vorsitzende und Kassenwarte; Krankenhäuser und Schulen können nur deshalb arbeiten, weil sie Personen beschäftigen, die aufgrund ihres Professionswissens für die Gewährleistung der Leistungserbringung dieser Organisationen sorgen: medizinisches Fachpersonal im einen, Lehrerinnen und Lehrer im anderen Fall. Kurz: Formal geregelte Machtverhältnisse und sachbezogenes Wissen spielen eine wesentliche Rolle, wenn es um den Aufbau von Organisationen geht. Diese *formale Organisation* (Luhmann 1976) ist wesentlich durch Stellenhierarchie und Fachkompetenz der Stelleninhaber (wer hat was wozu zu sagen?) gekennzeichnet und kann in Form eines Organigramms dargestellt werden.

Aber diese Formalstruktur mit ihren Regelungen, Satzungen, Befugnissen und Zuständigkeiten ist – empirisch gesehen – nur die ‚offizielle' Seite der Organisationswirklichkeit. Die andere, von außen nicht unmittelbar sichtbare Seite liegt in den informellen Beziehungen, die sich zwischen einzelnen Organisationsmitgliedern, zwischen den Abteilungen innerhalb einer Organisation oder auch zwischen Organisationsmitgliedern und organisationsexternen Akteuren bilden und mehr oder weniger dauerhaft bestehen. Diese informellen Beziehungen können – abermals empirisch betrachtet – eine viel größere Bedeutung für das erfolgreiche Bestehen eines Unternehmens auf dem Markt haben als seine ‚formalen' Hierarchien, weil sie eine bessere, schnellere und effizientere Koordination von Handlungsprozessen ermöglichen. Diese informellen Beziehungsstrukturen werden nun interessant, wenn es um die Frage geht, wie Handlungen gezielt *koordiniert* und Akteure in ihrem informellen Handeln *beeinflusst* werden können.

Die Intensität und Gerichtetheit von Kontakten zwischen Akteuren mag zwar auch durch hierarchische Positionen einzelner Akteure gut erklärbar sein. Mit der Netzwerkanalyse lassen sich aber zusätzlich Beziehungsgeflechte sichtbar machen, die nicht nur auf institutionellen Regelungen, Macht und Einfluss basieren, sondern vielmehr auf freiwilligen und wenig dauerhaften Zusammenschlüssen auf der Basis von Vertrauen, kurzfristigen gemeinsamen Zielen oder gleichen Interessen. Die Netzwerkanalyse kann entsprechend die Bedeutung indirekter, wenig stetiger und wenig gefestigter Beziehungen zwischen Personen und Organisationen für die Koordinationsleistungen innerhalb von sozialen Zusammenhängen hervorheben: gemeinsame Bekanntschaften, einmalige Begegnungen oder auch das Hörensagen. Diese hochgradig vermittelten, wenig fassbaren und oftmals wenig bewussten Kontakte leisten dennoch, das macht die Netzwerkanalyse sichtbar, einen substanziellen Beitrag zur Genese, Kontinuität und Dynamik sozialer Ordnungen. Dabei bedeutet diese Hervorhebung „lockerer" sozialer Bindungen nicht allein eine Abgrenzung gegenüber den gefestigten Strukturen formaler Organisation, sondern ebenso zu Bereichen bloßer einmaliger Begegnungen ansonsten eigenständiger Akteure, wie sie für Analysen von Markt- und Tauschbeziehungen typisch sind.

Netzwerkanalysen öffnen so den Blick für eine vielgestaltige und dynamische Zwischenwelt des Sozialen, die weder Markt noch Hierarchie ist, und für deren theoretische Reflexion sich schließlich ebenfalls der Begriff „Netzwerk" etabliert hat. Inwiefern Netzwerk in dieser theoretischen Perspektive etwas ganz Bestimmtes sind, oder doch nur eine „Leerstelle für das, was man sich erhofft, aber nicht herstellen oder nicht erklären kann" (Forneck & Wrana 2001, 125), ist Gegenstand dieses und des nachfolgenden Kapitels. Während wir hier im Kapitel 4 Netzwerke als besondere Form sozialer Ordnungsbildung vorstellen wollen, über deren Gelingensbedingungen durch die Netzwerkforschung schon ein grundlegendes Orientierungswissen erarbeitet wurde – werden wir im anschließenden Kapitel 5 die theoretische Bedeutsamkeit und Plausibilität des Netzwerkbegriffs thematisieren.

Denn – und das ist die implizite Botschaft dieses Argumentationsgangs – so sehr die sozialwissenschaftliche Netzwerkforschung auch als anregend, produktiv und dynamisch beschrieben werden kann, um in einem allgemein-fortdauernden Sinne relevant zu sein, darf sie nicht nur forschungspraktisch glänzen, sondern muss sich auch theoretisch – im Wettbewerb mit anderen, insbesondere soziologischen Beschreibungsansätzen – bewähren.

4.1 Netzwerke als gesellschaftliche Koordinationsform

Während Netzwerke bisher vor allem aus der Perspektive einzelner Akteure und ihrer Beziehungen – also einer Mikroperspektive – beleuchtet wurden, rücken andere Forschungsarbeiten die Makroperspektive ins Zentrum der Betrachtung (vgl. Wald & Jansen 2007; Holzer 2009). Unter diesem Blickwinkel gelten Netzwerke dann als eine spezielle Form der Koordination von interdependenten Handlungen, die kontrastierend und vergleichend anderen Steuerungsarten, insbesondere „Markt" und „Hierarchie" gegenübergestellt werden (vgl. Abb. 14).

Oft sind derartige Typologien als Kontinua aufgebaut, die auf der einen Seite den über Preise organisierten Markt darstellen und diesen von Bürokratien bzw. Hierarchien auf der anderen Seite abgrenzen, in denen ein Regime von Verträgen die Handlungen der Organisationsmitglieder festlegt. Als hybride – bzw. eigenständige – Koordinationsform sind zwischen den beiden Polen Markt und Bürokratie Netzwerke angesiedelt, die unter bestimmten Bedingungen Vorteile gegenüber den beiden anderen Formen aufweisen (vgl. Jones et al. 1997).

Das marktliche Koordinationsmodell ist die am wenigsten von sozialen Bindungen bestimmte Koordinationsform. Auf Märkten werden Tauschhandlungen vollzogen, die eng an Eigeninteressen und rationaler Nutzenmaximierung ausgerichtet sind. Der Steuerungsmechanismus des Marktes ist der Preis, auf dessen Basis zwischen Marktteilnehmern Leistungen getauscht werden. Das Verhalten von Akteuren wird ausschließlich über einen anonymen Wettbewerbsmarkt beeinflusst, der über Konkurrenz und vollständige Informationen funktioniert. Bei dieser Koordinationsform spielen die persönlichen Beziehungen der Akteure keine Rolle, ausschließlich das individuelle Rationalitätskalkül bestimmt die Tauschhandlung. Granovetter (1985) bezeichnet diese Sichtweise auch als untersozialisiert, da das Verhalten lediglich auf ökonomischen Faktoren beruht, aber keine kulturellen, politischen und sozialen Aspekte einbezieht.

	Markt	Netzwerk	Hierarchie
Beziehungen	ausschließlich transaktionsbezogen	nicht nur transaktionsbezogen	ausschließlich transaktionsbezogen
Inhalt	Geld, Dienstleistungen, Güter	beliebig, z. B. Geld, Freundschaft	Geld, Arbeit
Dauer	flüchtig, kurz Dauer	längerfristig	langfristig
Governancemechanismus	Preise	Vertrauen	Weisungen
Abbildung	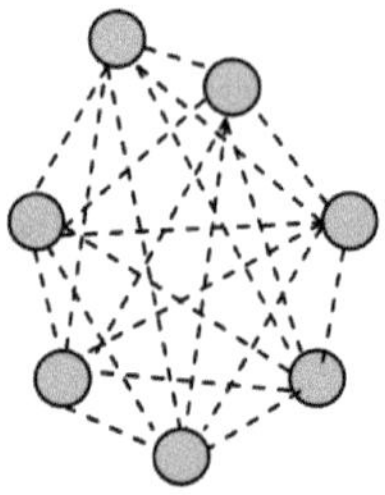	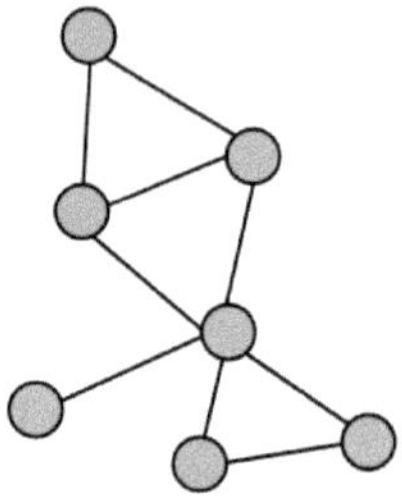	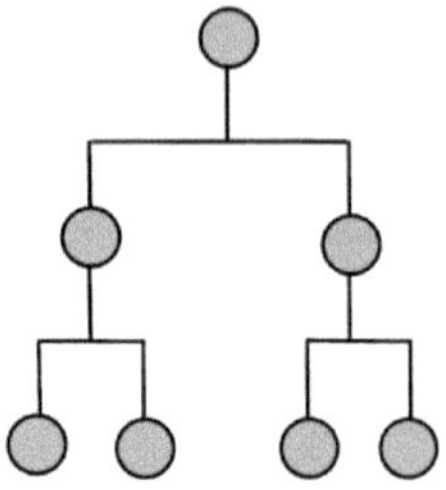

Abb. 14 Netzwerke zwischen Markt und Hierarchie
Quelle: Wald & Jansen 2007, 97

Netzwerke bilden in dieser Lesart einen „institutionellen Regelungsmechanismus" (Benz 2004; 20) aus, der eine hybride Steuerungsform zwischen Marktmechanismen und bürokratischer Steuerung darstellt. Allerdings ist der Vergleichshorizont hier etwas unklar: Während Hierarchie der Grundbaustein ist, der Organisationen wie etwa Unternehmen formal strukturiert, stellt der Markt die Umwelt dieser Unternehmen dar. Wenn Netzwerke ‚zwischen' Markt und ‚Hierarchie' angesiedelt werden, dann bewegen sie sich offenbar zwischen einem System (Organisation) und seiner turbulenten, unkontrollierbaren und Unsicherheit erzeugenden Umwelt. Und hierin scheint auch das ‚Geheimnis' für den Erfolg der Netzwerkidee zu liegen: Netzwerke unterstützen die Anpassungsleistungen dieser Systeme gegenüber Veränderungen in ihrer Umwelt, sie geben Handlungssicherheit.

In der Transaktionskostenökonomik werden Netzwerke ausgehend von der Unterscheidung zwischen Markt und Hierarchie als „diskreten Strukturalternativen" (s. Williamson 1996; Wald & Jansen 2007) konzipiert, die Eigenschaften beider Koordinationsformen miteinander verbinden. Powell (1996, 213) argumentiert, dass Netzwerken eine genuine „ökonomische Austauschform" eignet, die sich von marktförmigen und hierarchischen Tauschformen abgrenzt und darin besteht, „dass die Teilnehmer eines Netzwerkes darin übereinstimmen, auf ihr Recht, den eigenen

Vorteil auf Kosten anderer zu nutzen, verzichten" (ebd., 224). Handlungssicherheit bieten Netzwerke „durch die rekursive Verknüpfung von Reziprozitätserwartungen" (Bommes & Tacke 2006, 58). Akteure in Netzwerken handeln daher prinzipiell im Modus der Kooperation und im Medium wechselseitigen Vertrauens.

Für bestimmte Transaktionen scheint ein marktvermittelter Tausch effektiver zu sein (vgl. Williamson 1991). Wenn Produkte gehandelt werden, die wenig spezifische Investitionen erfordern, für deren Herstellung nur ein geringer Abstimmungsbedarf erforderlich ist und die durch geringe Unsicherheit gekennzeichnet sind, kann der Markt eine effizientere Lösung schaffen als andere Koordinationsformen. Z. B. werden immer häufiger im Servicebereich von Großorganisationen Dienstleistungen über den Markt eingekauft, die nicht in das Kerngeschäft des Unternehmens fallen, weil sie wenig spezifisch sind und ohne viel Koordinationsaufwand und Risiko am Markt beschafft werden können. Hierzu zählen meist Reinigungs-, Transport-, IT, Wartungs- und Cateringdienstleistungen. Anders verhält es sich im Fall von Technologieentwicklungen: Dann kann es weniger riskant sein, wenn sich Unternehmen vernetzen, um sich durch exklusiven Austausch von Know-how Vorteile gegenüber Konkurrenten zu verschaffen. Wenn der Automobilkonzern X ein sehr gutes Chassis baut, Konzern Y aber über die besseren Motoren verfügt, kann eine Vernetzung zwischen beiden Konzernen möglicherweise zu einem erfolgversprechenden Pkw-Modell führen und beide können wechselseitig auf die Qualität der beigesteuerten Fahrzeugkomponenten Einfluss nehmen, mit anderen Worten: mittelbar Kontrolle ausüben.

Die Beeinflussung von Akteuren durch Hierarchie bietet demgegenüber nicht nur Konstanz, sondern auch Sicherheit; der Preis, den die Akteure dafür jedoch zu zahlen haben, besteht in einer geringen Autonomie und Handlungsflexibilität. Die spezialisierten Verrichtungen einzelner Akteure sind durch Regeln, Sanktionen und Verträge eng miteinander gekoppelt, um gemeinsame Organisationsziele zu erreichen. Damit lässt sich, aus der Perspektive der ökonomischen Netzwerktheorie betrachtet, gleichzeitig eine hohe interne Kontrolle der Leistungserbringung erreichen und egoistisches und opportunistisches Verhalten reduzieren (Williamson 1991, 274ff.). Hierarchien sind dann vorteilhaft, wenn die Tauschhandlungen zwischen Akteuren spezifische Investitionen erfordern und daraus wiederum eine hohe Unsicherheit bezüglich der Mess- und Kontrollierbarkeit der Leistung resultiert (vgl. Williamson 1985, 74f. u. 78; 1991, 279ff.).

Auch eher in die Politikwissenschaft einzuordnende Netzwerktheorien wie der ‚Akteurszentrierte Institutionalismus' (vgl. Mayntz & Scharpf 1995) gehen von nur zwei Basisformen Markt und Hierarchie aus, sodass Netzwerke ebenfalls als eine Mischform der Koordination erscheinen: „Märkte sind durch das Nicht-Vorhandensein von struktureller Kopplung zwischen den Elementen gekennzeichnet,

Hierarchie durch feste Kopplung, und Netzwerke, per definitionem lose gekoppelt, liegen dazwischen." (Mayntz 1996, 477) Während Tauschbeziehungen zwischen Marktakteuren per definitionem anonym und kurzfristig erfolgen, Hierarchien demgegenüber auf der zweckgerichteten Verstetigung von Handlungen durch formale, personenunabhängige Regeln beruhen, versprechen Netzwerke mehr Erwartungssicherheit als Märkte und mehr Flexibilität als bürokratische Regelungen. Netzwerke werden in diesem politischen und staatsbezogenen Feld der Beeinflussung und Steuerung von gesellschaftlichen Akteuren vor allem dort favorisiert, wo spezifische Sachprobleme anfallen, die nur staatlich oder nur ökonomisch nicht zu lösen sind. Politisch initiierte Netzwerke entstehen daher „issue-bezogen" (Fürst 2004, 54), allerdings haben sie nur solange eine Funktion, solange die involvierten Akteure das Problem als noch nicht gelöst und Vernetzung als eine sinnvolle Art der Problembearbeitung erachten.

Sowohl der Markt als auch die Bürokratie werden im Bildungswesen mit Skepsis betrachtet. Angesichts der spezifischen Regulationsanforderungen des Bildungssystems attestiert man beiden Koordinationsformen eine hohe Versagenswahrscheinlichkeit (Kuper 2004, 240). Während das Marktmodell mit dem Vorwurf der unerwünschten sozialen Selektion konfrontiert ist, unterliegt die Bürokratie dem Verdacht, die pädagogische Kreativität und Eigenverantwortlichkeit vor Ort zu unterbinden. Angesicht dieses Dilemmas wird die Koordinationsform des Netzwerkes propagiert. Netzwerke kombinieren marktliche und hierarchische Steuerungselemente und sind insbesondere für Transaktionen geeignet, die durch mittlere Unsicherheit, mittlere Spezifität der Investitionen und gegenseitigen Anpassungsbedarf gekennzeichnet sind (Williamson 1991, 281 ff.).

Im Fokus des Netzwerkmodells liegen Beziehungen zwischen autonomen, aber gleichzeitig interdependenten Akteuren, deren Mitglieder sich über reziproke, wechselseitige Formen der Unterstützung koordinieren. Die Funktionsweise des Netzwerkes hängt damit wesentlich von Vertrauen ab, das gleichzeitig die Basis für den zuverlässigen Austausch von Ressourcen schafft (vgl. dazu auch Embeddedness, Abschnitt 4.2).

Unter bestimmten Bedingungen haben Netzwerke eine Reihe von Vorteilen, die weder Markt noch Bürokratie mitbringen. Netzwerke ermöglichen eine größere Marktnähe, weil sie schneller auf Nachfrageänderungen reagieren können als Bürokratien; darüber hinaus fallen niedrigere Verhandlungs- und Koordinationskosten gegenüber der Markttransaktion an, weil die Akteure bereits vertrauensvolle Beziehungen ausgebildet haben. Zudem können bei wiederholten Transaktionen Lernprozesse zwischen den Austauschpartnern ausgelöst werden, die sich positiv auf die Lösung zukünftiger Koordinationsprobleme auswirken können (Jones u. a. 1997).

Im Netzwerkmodell gilt das Vertrauen als zentrale Variable, das an die Stelle des kompetitiven Preismechanismus auf Märkten tritt. Der Koordinationsmechanismus in Netzwerken ist daher die vertrauensvolle Koordination, welche insbesondere dort an Bedeutung gewinnt, wo – ähnlich wie in Bürokratien – Leistungen und Gegenleistungen nicht genau messbar sind und wo keine hierarchischen Weisungsbeziehungen bestehen. Das macht diese Koordinationsform auch besonders attraktiv für die Analyse von Bildungseinrichtungen, weil hier typischerweise Leistungen mit eingeschränkter Objektivierbarkeit und Technisierbarkeit getauscht werden (vgl. Kuper 2005, 242).

Wie Vertrauen im Rahmen der Netzwerkarbeit entsteht und aufrechterhalten werden kann, hat Granovetter (1985) in seinem Konzept „Embeddedness" thematisiert, das im Folgenden vertieft wird – auch in Fortführung der Darstellungen zum sozialen Kapital im Sozialisationsprozess im Kapitel 3, wo zumindest im Ansatz von Coleman ebenfalls auf das Konzept der „Embeddedness" zurückgriffen wurde.

4.2 Granovetters Konzept der „Embeddesness"

Das Konzept der Embeddedness wurde von Granovetter (1985) in einem programmatischen Aufsatz beleuchtet. Seine Kernidee knüpft an der Kritik der zuvor beschriebenen Steuerungsmodelle Markt und Bürokratie an. Zur Überwindung der Dichotomie zwischen Markt und Hierarchie bzw. Bürokratie nutzt er den Begriff Embeddedness. Nach Granovetter sind Akteure in soziale Kontexte eingebunden, die über unterschiedliche Arten von Beziehungen Akteure miteinander verbinden:

"Embeddedness refers to the fact that economic action and outcomes, like all social action and outcomes, are affected by actors' dyadic relations and by the structure of the overall network of relations. As a shorthand, I will refer to these as the relational and the structural aspects of embeddedness" (Granovetter 1992, 33).

Das Handeln wird nicht ausschließlich über Preise oder Routinen koordiniert, sondern über ein soziales Beziehungsgefüge, in das die Akteure eingebettet sind. Dabei spielt das Vertrauen in die Interaktionspartner eine entscheidende Rolle. Vertrauen ist sozusagen ein eigenständiges Regulationsmedium, das die Funktionsweise und Leistungsfähigkeit von Netzwerken maßgeblich beeinflusst. Vertrauen wiederum hängt von der Struktur und Qualität des Beziehungsgefüges ab. Akteure bevorzugen solche Interaktionspartner, die sie aus eigener Erfahrung als ehrlich und zuverlässig einschätzen. Sollten eigene Erfahrungen mit einem Akteur nicht möglich sein, tritt an diese Stelle häufig die Signalwirkung der Reputation eines Akteurs. Die Reputation kann auch über die strukturelle Einbettung vermittelt werden. Um Unsicherheiten in der Geschäftsanbahnung zu vermeiden, wird die Leistungsqualität eines Akteurs anhand von Informationen eingeschätzt, die z. B. aus der Erfahrung mit vertrauensvollen Dritten resultieren (Helfen 2009, 206).

Ist eine Organisation in ein Netzwerk von Kunden, Zulieferern und Mitanbietern eingebunden, ist es leichter, über bereits bestehende Kontakte neue Interaktionspartner zu gewinnen, weil man sich schon direkt oder indirekt kennt und Vertrauen gewonnen hat. Z. B. fällt es leichter, mit jemandem in Austausch zu treten, von dem man weiß, dass er mit einem guten Freund oder Partner bereits in Kontakt steht. Eine relationale Einbindung kann deshalb auch sogenannte Spill-over-Effekte nach sich ziehen, die zu weiteren netzwerkvermittelten Aufträgen führen können, die über die bestehende Kundschaft hinaus gehen. Empirisch konnten diese Zusammenhänge für Softwareanbieter (Coviello & Munro 1997) und Ingenieurbüros nachgewiesen werden (Glückler u. a. 2006).

Das Embeddedness-Argument erklärt auch, warum Unternehmen, die in viele Netzwerke eingebettet sind, ihre Geschäftspartner nicht unbedingt über einen anonymen Wettbewerbsmarkt gewinnen, sondern über vertrauensbasierte Netzwerke. Individuen bevorzugen oft Geschäfte mit Partnern, zu denen Freundschafts- oder Verwandtschaftsbeziehungen bestehen gegenüber Anbietern auf dem offenen Markt (Uzzi 1996). Nach dem Embeddedness-Argument weichen Ressourcenflüsse innerhalb von Organisationen nicht selten von rein ökonomischen Kalkülen ab. Organisationsmitglieder neigen dazu, Freunde, Bekannte und Verwandte bei wichtigen Informationen, rechtzeitigen Hinweisen, interessanten Projekten und Karrieremöglichkeiten zu bevorzugen. Einfach einen Kontakt in eine Firma zu haben, kann die Jobwahrscheinlichkeit erhöhen (Fernandez & Weinberg 1997) und Verdienstmöglichkeiten erheblich steigern (Seidel u. a. 2000).

Umgekehrt leiden manche Organisationen von der „liability of unconnectedness" (Powell u. a. 1996) in dem Sinne, dass es ihnen misslingt, starke und vertrauensvolle Beziehungen zu anderen Akteuren aufzubauen. Für Organisationen kann eine zu schwache soziale Einbettung eine schwere Bürde sein, weil sie von der netzwerkvermittelten Ressourcenverteilung abgeschnitten sind. Es muss aber auch berücksichtigt werden, dass starke relationale Einbettungen ebenfalls Gefahren mit sich bringen können (s. Uzzi 1996; 1997; 1999). Eine starke relationale Einbettung kann z. B. mit einer höheren Abhängigkeit von wenigen starken Beziehungen verbunden sein, die eine Gefahr der Einkapselung mit sich bringt. Die Folgen davon sind eingeschränkte Vermarktungsgelegenheiten, Inflexibilität und Innovationsträgheit. Eine zu starke Einbettung scheint sich daher ebenfalls negativ auf die Veränderungsfähigkeit auszuwirken.

Insbesondere in der Managementliteratur wird diese – theoretisch-systematisierende – Sichtweise auf Netzwerke zu empirischen Analysen genutzt, unter welchen Bedingungen eine netzwerkartige Handlungskoordination eher gelingt. Als entscheidend für eine erfolgreiche Netzwerkarbeit gilt dabei die Nähe zwischen den Akteuren, die – wie im Folgenden gezeigt wird – auf unterschiedliche Art und Weise forschend operationalisiert oder auch praktisch gesichert werden kann.

4.3 Gelingensbedingungen für Netzwerke

Wenn Akteure in funktionierende Netzwerke eingebunden sind, stehen sie sich typischerweise auch in irgendeiner Form nahe. Diese Nähe wird in der Netzwerkforschung mit dem Proximity-Konzept beschrieben. Proximity bedeutet „Nähe" und wird in erster Linie mit geografischer Nähe assoziiert. Viele Studien aus der Wirtschaftsgeografie konnten zeigen, dass Wissenstransfer, Interaktion und Lernfähigkeit zwischen Organisationen durch ihre geografische Nähe zueinander positiv beeinflusst werden (vgl. Amin & Wilkinson 1999). Neben geografischer Nähe lassen sich aber noch weitere Formen von Nähe unterscheiden, z. B. in kognitiver, organisatorischer, sozialer und institutioneller Hinsicht (vgl. Boschma 2005).

> Die Kernthese des Proximity-Konzepts ist, dass ein bestimmtes Maß an Nähe in unterschiedlichen Dimensionen sich positiv auf interaktives Lernen und die Innovationsfähigkeit von Akteuren auswirkt, dass aber umgekehrt zu viel Nähe auch Nachteile für den Innovationsprozess nach sich ziehen kann.

In diesem Kapitel werden verschiedene Dimensionen von Nähe vorgestellt und im Hinblick auf die Gelingensbedingungen der Netzwerkarbeit diskutiert.

Kognitive Nähe. Wenn Organisationen versuchen, neues Wissen zu erlangen, gehen sie typischerweise von ihrer bestehenden Wissensbasis aus. Sie haben sich über Jahre eine Expertise auf einem bestimmten Gebiet aufgebaut, die sie von anderen Organisationen unterscheidet. Neues Wissen von externen Quellen kann nur insoweit in die bestehende Wissensbasis aufgenommen werden, solange es nicht zu weit entfernt ist von der vorhandenen kognitiven Struktur. Um neues Wissen als relevant einstufen zu können, zu interpretieren und es zu nutzen, ist es notwendig, dass die Austauschpartner miteinander kommunizieren können, sich verstehen und erfolgreich das Wissen weiterverarbeiten. Eine gewisse kognitive Nähe zwischen den Netzwerkpartnern ist für den erfolgreichen Wissenstransfer daher unabdingbar.

Boschma (2005) betont, dass die Akteure kognitiv wiederum nicht zu nah sein dürfen, und führt dafür drei Argumente an:

1. Das Wissen zweier Akteure darf nicht identisch sein – es muss ausreichend vielfältig sein und sollte sich idealerweise ergänzen, um gemeinsam neue Ideen und kreative Lösungen zu finden.
2. Zu viel kognitive Nähe kann zu kognitiven Lock-in-Effekten führen, wie sie sich beispielsweise in Routinen wiederfinden lassen, die möglicherweise den Blick für neue Technologien oder Angebote versperren. Levitt und March (1996) sprechen von einer „Kompetenz-Falle", die das Resultat von erfolgreichen Praxen der Vergangenheit sein kann und sich im Zeitverlauf als selbstverständlich eingeschliffen haben. Um ausreichend viel kognitive Distanz zu bestehenden Routinen zu wahren, kann es sich für Netzwerkpartner als sinnvoll erweisen, sich möglichst vielfältige Quellen zum Informationsaustausch mit externen Partnern zu öffnen.
3. Ein weiterer Grund hängt mit unfreiwilligen Spill-over-Effekten zusammen. Unmittelbare Konkurrenten, die im gleichen Geschäftsfeld anbieten und demzufolge eine sehr ähnliche kognitive Wissensbasis aufweisen, werden typischerweise weniger Interesse an einer Kooperation haben. Sie werden aufgrund des gleichen Geschäftsfeldes tendenziell weniger Möglichkeiten haben, miteinander komplementäres Wissen auszutauschen; stattdessen steigt die Gefahr, unfreiwilliger Spill-overs, z. B. durch die Übertragung wettbewerbsrelevanter Kundeninformationen o. ä.

Daraus lässt sich schlussfolgern, dass eine nicht zu große kognitive Distanz zwischen Organisationen hinsichtlich ihres Wissens und ihrer Fähigkeiten eine effektive Netzwerkarbeit ermöglicht und damit Lernprozesse begünstigt, während eine zu geringe kognitive Distanz die Gefahr einer Einkapselung mit sich bringen könnte. Noteboom (2000, 153) schreibt dazu: „...a tradeoff needs to be made between cognitive distance, for the sake of novelty, and cognitive proximity, for the sake of efficient absorption. Information is useless if it is not new, but it is also useless if it is so new that it cannot be understood".

Organisatorische Nähe. Damit ist in erster Linie die Organisation des Herstellungsprozesses gemeint. Der lässt sich nach der Transaktionskostenökonomie entweder über die organisationsinterne Hierarchie, über den externen Markt oder über Netzwerke koordinieren. Ein Weiterbildungskurs kann z. B. von festangestellten Dozenten durchgeführt werden (Hierarchie), er kann von freiberuflichen Dozenten angeboten werden, die nur für den Kurs über den „Markt" rekrutiert werden,

4.3 Gelingensbedingungen für Netzwerke

oder der Kurs wird durch eine Kooperation zwischen einer Hochschule und einem privaten Weiterbildungsanbieter gemeinsam organisiert (Netzwerk). Die interne Abwicklung von Herstellungsprozessen über die Organisationshierarchie reduziert am besten die Unsicherheit und erhöht gleichzeitig die Kontrollmöglichkeit, weil keine Abhängigkeit von Zulieferern oder anderen Kooperationspartnern besteht. Stattdessen sind die Beziehungsstrukturen stark ausgeprägt; die Zusammenarbeit basiert typischerweise auf Vertrauen und gemeinsam geteiltem Wissen. Diese Art von Nähe findet sich häufig innerhalb einer Organisation oder zwischen eng kooperierenden Organisationen mit reziproken und vertrauensvollen Beziehungen zueinander.

Organisatorische Nähe lässt sich demnach definieren als Ausmaß, in dem Beziehungen im Herstellungsprozess geteilt werden, entweder innerhalb oder zwischen Organisationen (Boschma 2005, 65).

Auf einem Kontinuum betrachtet variiert die organisatorische Nähe zwischen dem einen Extrem – der hohen organisatorischen Nähe über die interne Hierarchie oder über ein eng gekoppeltes Kooperationsnetzwerk – zum anderen Extrem, der schwachen organisatorischen Nähe, bei der Austauschprozesse typischerweise mit anonymen Partnern über einen Markt koordiniert werden. Dazwischen liegen lose gekoppelte Netzwerke, in denen die Akteure über schwache Beziehungen miteinander verbunden sind, wie z. B. in Joint Ventures oder Allianzen. In Bezug auf die Innovations- und Lernfähigkeit für Organisationen wird argumentiert, dass einerseits ein gewisses Maß an organisatorischer Nähe vorhanden sein muss, damit Unsicherheit kontrolliert und opportunistisches Verhalten ausgeschlossen werden kann.

Andererseits bringt zu viel organisatorische Nähe häufig den Nachteil mit sich, dass Organisationshierarchien oder enge Allianzen mit ausgeprägten gemeinsamen Organisationsstrukturen nicht flexibel genug auf Veränderungen reagieren können und oft nicht genügend Variabilität für Neuheiten aufweisen.

Soziale Nähe. Soziale Nähe wird definiert als sozial eingebettete Beziehungen zwischen Akteuren, die Vertrauen beinhalten und auf Freundschaft, Verwandtschaft oder auf Erfahrung basieren (Boschma 2005, 66). Diese Form von Nähe ist eng mit dem Embeddedness-Konzept verknüpft, das davon ausgeht, dass ökonomische Handlungen in soziale Kontexte eingebunden sind und die Verhaltensweisen der Akteure beeinflussen (Granovetter 1985). Eine gewisse soziale Nähe wird auch mit Lern- und Innovationsprozessen in Zusammenhang gebracht. Insbesondere wenn es sich um sogenanntes implizites, schwer kodifizierbares Wissen handelt (sog. tacit knowledge), sind herkömmliche Kommunikations- und Disseminationswege, z. B. über Datenbanken, Konferenzen oder anonym über das Internet, tendenziell ungeeignet (Maskell & Malmberg 1999). Für interaktives Lernen ist soziale Nähe wichtig, weil es eine offenere Haltung in der Kommunikation ermöglicht und in dieser Hinsicht dem eng fokussierten, auf Kostenreduktion angelegten Marktmechanismus überlegen ist. Darüber hinaus reduziert auch soziale Nähe die Gefahr opportunistischen Verhaltens. Effektives, gemeinsames Lernen kann daher nur erreicht werden, wenn die Interaktionspartner über verbindliche, langfristig angelegte Beziehungsstrukturen verfügen.

Zu viel soziale Nähe kann sich ebenfalls negativ auswirken. Wenn z. b. viel Loyalität in den Beziehungen involviert ist (z. B. emotionale Verwandtschafts- oder Freundschaftsbeziehungen), kann das zur Unterschätzung von opportunistischem Verhalten führen (Uzzi 1997). Zu viel Engagement und langfristige Verbindungen können die Akteure dazu verleiten, in bestehenden Routinen zu verharren auf Kosten der eigenen Innovations- und Lernfähigkeit. Möglicherweise gewähren hoch kohäsive soziale Netzwerke Externen mit neuartigen Ideen oder kreativen Unternehmern keinen Zugang (vgl. Boschma 2005, 66).

Institutionelle Nähe. Im Unterschied zur sozialen Nähe, die auf individueller Ebene die Beziehungen zwischen den Akteuren in den Blick nimmt (Mikro-Ebene), richtet die institutionelle Perspektive den Blick auf die Makro-Ebene, auf den institutionellen Rahmen einer Gesellschaft. Unter Institutionen verstehen Edquist und Johnson (1997, 46) z. B. gemeinsame Gewohnheiten, Routinen, bestimmte gesellschaftlich etablierte Praktiken, Regeln, Gesetze, die die Beziehungen und Interaktionen zwischen Individuen und Gruppen regeln. Institutionen fungieren als „Klebstoff" für gemeinsame Handlungen, weil sie Unsicherheiten reduzieren und Transaktionskosten senken. Formale Institutionen (z. B. schriftlich fixierte Gesetze und Regeln) sowie informelle Institutionen (kulturelle Normen und Gewohnheiten) beeinflussen die Art und Weise, wie Akteure ihre Handlungen koordinieren. In Bezug auf den Wissenstransfer und das interaktive Lernen zwischen Organisationen ermöglichen und beschränken Institutionen zugleich das Ergebnis. Gleiche Gewohnheiten, die gleiche Sprache, ein einheitliches Rechtssystem bereiten zunächst eine wichtige Basis für gemeinschaftliche Austauschprozesse und können dadurch Lern- und Innovationsprozesse begünstigen.

Institutionen können aber auch eine beschränkende Wirkung haben. Institutionen gelten als „taken for granted", als selbstverständlich und werden deshalb nicht infrage gestellt. Dies schränkt den Möglichkeitsspielraum der Akteure ein und verleitet dazu, immer in der gleichen routinierten Weise zu handeln. In anderen Worten: Zu viel institutionelle Nähe behindert neue Ideen und Innovationen aufgrund der Tatsache, dass man sich in bestehenden institutionellen Kontexten nur schwer alternative Perspektiven vorstellen kann. Auf der anderen Seite ist zu wenig institutionelle Nähe hinderlich für eine vertrauensvolle, gemeinsame Zusammenarbeit, weil es an gemeinsamen Werten und sozialer Kohäsion mangelt.

Geografische Nähe. Darunter wird die räumliche Distanz zwischen den Interaktionspartnern gefasst. Viele Studien haben gezeigt, dass geografisch benachbarte Akteure vom Wissensaustausch profitieren. Zum Beispiel zeigen Firmen, die in der Nähe von Wissensquellen angesiedelt sind, eine höhere Innovationstätigkeit als andere Unternehmen (Jaffe u. a. 1993). Kurze Distanzen führen die Akteure zusammen, sie begünstigen den Informationsaustausch und fördern auch den Austausch von implizitem Wissen.

Kritiker dieser Sichtweise heben hingegen hervor, dass räumliche Nähe nicht unbedingt eine Voraussetzung für gemeinsames Lernen sein muss. Ohne eine gewisse kognitive Nähe seien z. B. Lernprozesse zwischen benachbarten Akteuren kaum denkbar; zudem ermöglichen moderne Informations- und Kommunikationstechnologien den Wissensaustausch auch zwischen weiter entfernt liegenden Organisationen. Rallett und Torre (1999) konnten z. B. zeigen, dass implizites Wissen auch durch andere Formen von Nähe über große Distanzen transferiert werden kann. Die geografische Nähe verliert in dem Maß an Bedeutung, in dem die kooperierenden Akteure über eine klare Arbeits- und Aufgabenteilung verfügen, die über eine stark zentralistisch ausgerichtete Instanz (organisatorische Nähe) und über gemeinsame kognitive Erfahrungen (kognitive Nähe) koordiniert wird. Zwar wird betont, dass gelegentlicher face-to-face-Austausch förderlich für den impliziten Wissenstransfer ist, dieser persönliche Kontakt aber nicht über permanente Nachbarschaft realisiert werden muss (Boschma 2005, 69).

Geografische Nähe kann ebenfalls Lock-in-Effekte bewirken: Wenn lernende Regionen z. B. zu stark auf ihr internes Netzwerk fokussiert sind, kann die Lernfähigkeit und ihre Innovationskapazität beeinträchtigt werden, weil neue Entwicklungen in der Umwelt des Clusters nicht oder zu spät wahrgenommen werden. Dieses Problem kann insbesondere in hoch spezialisierten Innovationsnetzwerken auftreten, in denen Akteure durch ihr spezialisiertes Wissen Gefahr laufen, einen „Tunnelblick" einzunehmen bei gleichzeitiger Vernachlässigung der externen Entwicklungen in der Netzwerkumwelt. Unabhängige, auf sich selbst gestellte Organisationen sind hingegen tendenziell empfänglicher und anpassungsfähiger an neue Entwicklungen, weil sie nicht in regionalen Clustern eingeschlossen sind (Pouder & St. John 1996).

Von der Netzwerkforschung zur Netzwerktheorie 5

Netzwerke als alternative Form gesellschaftlicher Ordnungsbildung neben Markt und Hierarchie zu betrachten, das ist eine Untersuchungsperspektive, die zwar auf Forschungsergebnissen zu sozialen Netzwerken aufbaut (nicht zuletzt durch die Nutzung von auch handlungspraktisch orientierenden Konzepten wie Embeddedness und Proximity), die aber genauer besehen, nicht mehr in den Bereich der empirischen Netzwerkforschung gehört. Es handelt sich um Netzwerktheorien, die – vor allem in Abgrenzung zu den Darstellungen in den Kapiteln 1 und 2 dieses Lehrbuchs – nicht mehr jegliche Beziehung zwischen Akteuren als Vernetzung betrachten, sondern Netzwerke als besondere, nähe- und vertrauensbasierte Beziehungen kennzeichnen.

Dass dieser netzwerktheoretische Blickwinkel produktiv sein kann, wenn z.B. das soziale Kapital von Schülerinnen und Schülern analytisch eingeordnet oder Unternehmensnetzwerke gestaltet werden sollen, das dürften die Kapitel 3 und 4 grundsätzlich demonstriert haben. Allerdings müssen sich wissenschaftliche Theorien nicht nur an ihrem empirisch-praktischen Anregungsreichtum messen lassen, sondern sich auch in der Auseinandersetzung mit anderen, konkurrierenden – sozialwissenschaftlichen – Theorien bewähren. Aufgeworfen sind damit grundlegende Fragen nach der Passung des Netzwerk-Begriffs zu bisherigen soziologischen Theorien und Konzepten. Diesen wollen wir uns im folgenden Kapitel zuwenden.

Analytisch gesprochen, geht mit der Thematisierung und Erforschung von Netzwerken zumindest implizit die begriffsstrategische Aussage einher, es sei wissenschaftlich wichtig und hilfreich *auch* soziale Netzwerke zu betrachten und nicht nur theoretisch etablierte Konzepte wie soziale Gruppen, Rollen oder Interaktionsbeziehungen. Aus soziologischer Perspektive rückt damit die Frage in den Vordergrund, welcher Ausschnitt gesellschaftlicher Wirklichkeit mit dem Netzwerkbegriff beschrieben wird und ob es sich dabei um eine Wirklichkeit handelt, die nicht bereits durch andere soziologische Theorien oder Begriffe hinreichend erfasst werden kann. Zur Diskussion und Disposition steht folglich der Gegenstandsbezug eines soziologischen Netzwerkbegriffs sowie seine Fähigkeit, die durch ihn beschriebene soziale Wirklichkeit von anderen Wirklichkeiten und vor allem von anderen sozialwissenschaftlichen Beschreibungen dieser Wirklichkeit unterscheiden zu können. Kurz: Wenn die Soziologie im Modus einer Netzwerktheorie Gesellschaft beobachtet, was sieht sie dann und was sieht sie auf dieser Grundlage mehr oder anders als vorher?

5.1 Gesellschaft beobachten: Netzwerke als sozialwissenschaftlicher Gegenstand

Emile Durkheims soziologische Elementarfrage ‚Wie ist soziale Ordnung möglich?' bildet auch für die soziologische Netzwerktheorie den Referenzpunkt: Theorien über Netzwerke sollten erklären können, dass und weshalb alltägliche soziale Prozesse in einer überkomplexen modernen Gesellschaft relativ stabil, d. h. in einer für soziale Akteure relativ überschaubaren und erwartbaren Form ablaufen. Netzwerke, so lässt sich das grundlegende Deutungsangebot der Netzwerktheorie reformulieren, scheinen ein – nicht generell neuer, aber aktuell besonders relevanter – Mechanismus, um die Komplexität der sozialen Welt zu reduzieren. Sie erzeugen soziale Nähe und soziale Sicherheit oder stellen nützliche Informationen bereit, bspw. wo und wie eine attraktive Arbeitsstelle zu finden ist. Aus der Perspektive des einzelnen sozialen Akteurs – eines Individuums oder auch einer Organisation – konstituieren Netzwerke folglich eine egozentrierte soziale Welt. Allerdings kann unterstellt werden, dass auch alle anderen Akteure Sicherheit oder auch hilfreiche Informationen von ‚ihrem' Netzwerk erwarten. Netzwerke beruhen daher auf Wechselseitigkeit (Reziprozität) und nicht darauf, dass nur einige wenige profitieren. Soziale Sicherheit entsteht durch das Vertrauen in diese Reziprozität: Man erwartet, dass Informationen ausgetauscht werden und nicht einseitig von Akteur A zu Akteur B fließen. Aus soziologischer Perspektive steht, wenn es um soziale Ordnungsbildung geht, somit vor allem die Frage nach der Gesamtstruktur eines sozialen Netzwerkes bzw. der Gesellschaft als Netzwerk im Vordergrund.

Niemand ist allerdings ‚offiziell' und öffentlich sichtbar Mitglied eines Netzwerkes, man kann ihnen nicht beitreten oder sie verlassen. Aus soziologisch-analytischer Sicht sind Netzwerke keine ‚freiwillige' Angelegenheit, weil sie, wie die Familie, soziale Institutionen oder auch Peer-Groups für die Integration des Individuums in die Gesellschaft sorgen. Dies gilt mittlerweile sogar für das Internet: Wenn ich nicht über die technischen Voraussetzungen und das entsprechende Know-how verfüge, bleiben mir durch das Internet monopolisierte Kommunikationsformen und Informationsquellen, die für die Orientierung in der modernen Welt hilfreich und notwendig sind, verschlossen. Auch treten Netzwerke nicht selbst als soziale Akteure oder klar abgrenzbare soziale Gebilde wie Familien, soziale Gruppen oder auch Organisationen in Erscheinung (im Unterschied zu Unternehmen wie Facebook). Wenn bspw. im Fall der vermuteten Al Kaida-Strukturen nicht von einer Gruppe oder einer Organisation, sondern von einem ‚Terror-Netzwerk' gesprochen wird, drückt der Netzwerkbegriff hier primär die Unsichtbarkeit dieser Strukturen aus. Netzwerke scheinen daher eine Art latenten gesellschaftlichen Zwischenraum zu bilden, der jenseits der gesellschaftlich sichtbaren Strukturen der Institutionen und Organisationen liegt und der mehr ist als das bloße, mehr oder weniger zufällige Zustandekommen von Kontakten oder Interaktionen. Sichtbarkeit erlangen Netzwerke aus der Perspektive des einzelnen Akteurs vor allem in Form von Adressensammlungen: Erst wenn ich weiß, wen ich adressieren kann, z. B. um wichtige Informationen zu bekommen, ‚hilft' mir das Netzwerk. Als Antwort auf die wissenschaftliche Frage, was ein Netzwerk als solches ist und woraus es besteht, genügt dies aber nicht.

5.2 Das Allgemeine und das Besondere gesellschaftlicher Netzwerke

Das Thema Netzwerke hat in der deutschsprachigen gesellschaftstheoretischen Diskussion bis in die 1990er Jahre hinein eine eher untergeordnete Rolle gespielt. Die Idee, Netzwerke als eine Form gesellschaftlicher Ordnungsbildung zu betrachten, hat zwar Vorläufer in unterschiedlichen sozialwissenschaftlichen Disziplinen gehabt (vgl. Holzer 2006; Schnegg 2010), eine einheitliche und allgemeine Theorie sozialer Netzwerke ist daraus jedoch nicht entstanden. Dies mag sich nicht zuletzt damit erklären lassen, dass an der Theorieentwicklung seit den 1960er Jahren vor allem Forschergruppen gearbeitet haben, die sich in erster Linie für soziometrische und graphentheoretische Modelle interessierten und in der Soziologie eher eine exzentrische Position einnehmen. Das prominenteste Beispiel hierfür dürfte Harrison C. White sein, ein Mathematiker aus Harvard, der seine Netzwerktheorie über mehrere Jahrzehnte entwickelt hat und mittlerweile als Begründer einer eigenen Soziologie – der ‚Relationalen Soziologie' (Fuhse & Mützel 2010) – gilt.

Erst seit Mitte der 1980er Jahre lassen sich breitere Bemühungen um eine genuine, aber an den soziologischen Diskurs anschlussfähige Netzwerktheorie ausmachen, allen voran haben die Arbeiten Mark Granovetters (1973; 1985), eines Schülers von H. C. White, hierbei Bedeutung erlangt. Gleichwohl bleibt nach wie vor umstritten, ob und in welcher Hinsicht die vorliegenden Entwürfe zu einer allgemeinen Theorie sozialer Netzwerke einen Anspruch darauf erheben dürfen, elementare Primärformen der gesellschaftlichen Ordnungsbildung entdeckt zu haben, die bisherigen gesellschaftstheoretischen Ansätzen verborgen geblieben sind. Einige Autoren behandeln Netzwerke dann als etwas historisch Neues und weisen sie als epochales Merkmal einer (post-)modernen Informationsgesellschaft aus (vgl. Castells 1998) oder stellen die Bedeutung von wissenschaftlichen Netzwerken für die Produktion von Erkenntnissen heraus (vgl. Besio 2011), während andere versuchen, aus der mathematischen Idee des Netzwerks eine eigene, epistemologisch neu begründete allgemeine Soziologie abzuleiten (vgl. White 1992; Latour 2007). Das Theorieproblem besteht vor diesem Hintergrund ersichtlich darin, dass der Begriff Netzwerk „nicht die Bedeutung der Konstitution von Sozialität schlechthin annehmen und zugleich ein besonderes, in seinem Vorkommen kontingentes soziales Phänomen" beschreiben kann (Bommes & Tacke 2011, 27).

Wenn man einen Blick in die in den letzten Jahren erschiene soziologische Netzwerkliteratur wirft, zeigt sich eine Ausdifferenzierung von Problemstellungen und Forschungsrichtungen (Hollstein & Strauss 2006; Stegbauer & Häußling 2010; Fuhse & Mützel 2010), die den soziologischen Netzwerkdiskurs gegenwärtig prägen. Aber gerade dies macht es notwendig danach zu fragen, was das kleinste gemeinsame Vielfache netzwerksoziologischer Zugangsweisen ist, welches sie gerade nicht mit anderen Theorien – wie etwa der soziologischen Systemtheorie – teilen. Die Beantwortung dieser Frage fällt nicht leicht, stellt doch gerade das, was Netzwerktheorien als ihren Gegenstand definieren, nämlich gerichtete Beziehungen zwischen sozialen Entitäten, den Gegenstand aller soziologischen Gesellschaftstheorien dar. Bereits die mikrosoziologischen Elementarbegriffe ‚soziales Handeln' und Interaktion gehen davon aus, dass Ego und Alter, indem sie handeln, eine Beziehung konstituieren, die wiederum ihren weiteren Interaktionsprozess strukturiert. Und auch makrosoziologisch betrachtet resultieren Gesellschaftsstrukturen aus Relationen zwischen Gruppen, Klassen oder Systemen. So dürfte die Entdeckung netzwerktheoretischer Anklänge bei den Klassikern des Fachs wie etwa Emile Durkheim, Georg Simmel, Norbert Elias oder auch bei eher zeitgenössischen Autoren wie Pierre Bourdieu (vgl. Häußling 2010) und Anthony Giddens (1997) auf den Sachverhalt hinweisen, dass soziologische Netzwerktheorien ihr Grundlagenproblem mit allen soziologischen Theorien teilen. Die Frage ist daher nicht, ob gesellschaftliche Ordnungsbildungen auf soziale Beziehungen und deren Dynamik zurückzuführen sind, sondern welche Beziehungsebenen und welche elementaren Beziehungsformen sich unterscheiden lassen.

Netzwerke müssen entsprechend etwas anderes sein als z. B. soziale Gruppen, Familien, Gemeinschaften, Staaten, Institutionen, Klassen, Milieus oder soziale

Systeme und es ist Aufgabe einer Theorie sozialer Netzwerke, diese Unterschiede herauszuarbeiten – oder darzulegen, dass es sich bei all diesen gesellschaftlichen Phänomenen um Netzwerke handelt. Eine solche Diskussion ist im Rahmen der soziologischen Netzwerktheorie bislang nur in Bezug auf die Frage geleistet worden, worin sich soziale Netzwerke und soziale Systeme, die den Gegenstand von Niklas Luhmanns (1994) Arbeiten bilden, unterscheiden (vgl. Bommes & Tacke 2011; Holzer & Fuhse 2010). Die Diskussion dreht sich in erster Linie darum, ob Netzwerke als eine primäre oder sekundäre Form der gesellschaftlichen Ordnungsbildung beschrieben werden sollten, weil sie immer schon existierende soziale Strukturen voraussetzen müssen, auf denen sie aufbauen können.

Trotz der vorangehend referierten Versuche theoretisch zu klären, was unter dem Begriff ‚Netzwerk' soziologisch zu fassen ist, besteht innerhalb der Netzwerktheorie(n) diesbezüglich keine Einhelligkeit. Ob er eher mikro- oder makrosoziale Phänomene bezeichnet, ob er flüchtige oder zeitlich stabile soziale Gebilde beschreibt, ob soziale Netzwerke aus Akteuren, Interaktionen oder Kommunikationen bestehen, sind viel diskutierte aber nach wie vor ungelöste Probleme der sozialwissenschaftlichen Netzwerktheorie. Selbst auf die Frage, wer oder was überhaupt als ein sozialer Akteur anzusehen ist, gibt es mehrere Antworten: Akteure können Individuen sein aber auch soziale Gebilde wie Gruppen oder Organisationen; entscheidend ist lediglich, dass sie ‚adressierbar' sind und ihnen Handlungen zugeschrieben werden können (vgl. Tacke 2000). ‚Netzwerke' lassen sich folglich nicht aus besonderen Elementen ableiten, aus denen sie exklusiv bestehen, weil Akteure, Interaktionen und Kommunikationen auch in anderen Formen der gesellschaftlichen Strukturbildung grundsätzlich vorkommen. Daher wird der soziale Gegenstandsbereich ‚Netzwerk' generell durch die Form der Beziehung und nicht aufgrund seiner exklusiven Elemente definiert.

Eine Radikalisierung dieser Perspektive stellt sicher der Akteursbegriff dar, wie er in der sogenannten Akteur-Netzwerk-Theorie (ANT) entwickelt wurde: Der Hauptvertreter dieses Ansatzes, Bruno Latour (2007), spricht nicht mehr von Akteuren, sondern von Aktanten, und meint damit, dass z. B. auch Tiere, Maschinen oder auch das Ozonloch als Teil des gesellschaftlichen Handlungsnetzwerkes betrachtet werden müssen, sofern sie einen Faktor für das Handeln in der Gesellschaft darstellen und in diesem Sinn einen ‚Unterschied' für soziale Akteure machen. Ein oft zitiertes Beispiel ist, dass eine Pistole von selbst nicht schießt und eine Person erst dann zu einem Schützen wird, wenn er/sie mit der Pistole eine Handlungseinheit bildet – letztlich ‚schießt' aber die Pistole, nicht die Person. Ähnlich verhält es sich im Grunde mit allen technischen Apparaten, Maschinen, Werkzeugen etc., sodass z. B. Autofahren als Handlung nur in Form des Aktanten Auto/Fahrerin realisiert werden kann. Im Zeitalter der Computerisierung weiter gesellschaftlicher Lebensbereiche erfährt eine derartige Perspektive auf die Realität gesellschaftlicher Netzwerke sicher eine besondere, auf zukünftige gesellschaftstheoretische Fragestellungen gerichtete Relevanz.

5.3 Relationale Soziologie: Netzwerke als kulturelles Substrat der Gesellschaft

Unter dem Namen ‚Relationale Soziologie' hat sich in den letzten Jahren auch im deutschsprachigen Raum eine avancierte gesellschaftstheoretisch fundierte Netzwerktheorie etabliert, die im Wesentlichen auf Arbeiten Harrison C. Whites seit den 1990er Jahren zurückgeht. Whites epochales Werk ‚Identity and Control' (1992; 2008) steht für eine kulturtheoretische oder ‚phänomenologische' Wende in der Netzwerkanalyse, mit der die Anschlussfähigkeit der Netzwerkidee an soziologische Theorie- und Forschungstraditionen erreicht werden soll. Im Wesentlichen basiert diese Wende darauf, dem Umstand Rechnung zu tragen, dass sozial Handelnde die Welt, in der sie und in Bezug auf die sie handeln, interpretieren müssen. Die klassische soziologische Unterscheidung zwischen Handlungspraxis und Deutungspraxis als den beiden Ebenen der gesellschaftlichen Herstellung von Wirklichkeit ist damit auch in der Netzwerktheorie angekommen – und mit ihr die erkenntnistheoretischen Probleme, die mit der Frage, wie beide Ebenen miteinander verbunden sind, einhergehen. Der Relationalen Soziologie wird mittlerweile allerdings ein „paradigmatischer Charakter" zuerkannt, der darin besteht, dass sie – im Gegensatz zu allen anderen Soziologien – „relationale Muster" oder auch „relationale Konstellationen und Prozesse" in den Blick nimmt, sich also primär für „Beziehungen, Beziehungsgefüge, Netzwerkstrukturen und -dynamiken" interessiert (Häußling 2011, 63).

Die Theorieentwicklung Harrison Whites ist insofern hoch interessant, als er ursprünglich einer der zentralen Protagonisten der Harvard-Schule der formalistischen und rein strukturalistisch denkenden Netzwerkanalytiker war. White merkte aber – und dies war der wichtige Schritt für die Weiterentwicklung der Netzwerkanalyse zu einer soziologischen Theorie – dass die Art und Weise, in der die Netzwerkanalyse ihren Gegenstand empirisch beobachtet, zwar zur Konstruktion komplizierter, jedoch statischer Verbindungsmuster zwischen Entitäten führt, von denen aber nicht klar ist, ob diese Muster für die beobachteten Entitäten überhaupt ‚Sinn' machen. Zugespitzt und etwas ironisch formuliert bleibt eine rein formale Netzwerkanalyse ‚sinnlos', solange nicht die Sinnhaftigkeit sozialer Interaktionen zwischen denjenigen Entitäten berücksichtigt wird, die das Netzwerk handelnd konstituieren. White übt also von einem methodologischen Standpunkt aus Kritik, denn eine rein formal durchgeführte Analyse von Knoten und Kanten führt dann zu einem Forschungsartefakt, wenn nicht gleichzeitig empirisch Aussagen darüber getroffen werden können, wie realistisch die Strukturmuster überhaupt konstruiert sind.

‚Relationale Soziologie' im Anschluss an White bedeutet, dass die Art und Weise, in der soziale Wirklichkeit gestaltet wird, in der Kommunikation und der Vernetzung von Kommunikationspunkten besteht. Deshalb ist nicht von Individuen oder Akteuren als gegebenen (und unhinterfragten) Entitäten auszugehen, sondern davon, dass diese erst in der Vernetzung von Kommunikationsakten entstehen. Whites Elementarbegriffe sind deshalb abstrakt gehalten und der alltäglichen Erfahrung entzogen: identity, control, stories, ties und netdoms etc. (vgl. White 2008). Mit ‚Identität' wird jeder Attributionspunkt für Kommunikationen definiert, während ‚Kontrolle' zunächst nichts weiter meint als das Streben nach Orientierung und Erwartungssicherheit; ‚Bindungen' entstehen durch Redundanz von Kommunikationsakten, während ‚Geschichten' als Landkarten der sozialen Bedeutung fungieren und diese Bindungen allererst mit Sinn ausstatten, ihnen sozusagen eine sozialen Ort und eine soziale Position zuweisen. ‚Netdom' ist ein aus den Worten network relations und domain of topics zusammengesetzter Neologismus (ebd., 8), den White benutzt, um das Phänomen zu bezeichnen, dass auf diesen Landkarten sich wandelnde Grenzziehungen zwischen unterschiedlichen Bedeutungsdomänen als Kontexten erkennbar werden, in denen Identitätsbildungen ‚eingebettet' sind. Individuen gehören – und dies ist der fundamentale Unterschied zu einer auf Akteur/Beziehung aufbauenden rein strukturalen Netzwerkanalyse – den Netzwerken nicht an, sie bewegen sich – kommunizierend – in ihnen. Netzwerke stellen daher – folgt man den Argumenten Whites – so etwas wie das kulturelle Substrat der Gesellschaft dar.

5.4 Perspektiven der Netzwerktheorie

Im Rahmen der netzwerktheoretischen Entwicklungen der letzten Jahre zeichnet sich eine Tendenz ab, nach Anschluss- und Verknüpfungsmöglichkeiten mit anderen soziologischen Gesellschaftsbeschreibungen zu suchen. Wenn sich zeigen lässt, dass konkurrierende soziologische Theorieansätze ihrerseits Ähnlichkeiten mit netzwerktheoretischem Denken aufweisen, dann kann damit einerseits die universelle Bedeutung einer allgemeinen Theorie des Netzwerkes auch in Bezug auf den Gegenstandsbereich Gesellschaft belegt, andererseits können ‚Lücken' in den etablierten Gesellschaftstheorien aufgezeigt werden. Wir können diese soziologische Theoriediskussion hier nicht in ihrer gesamten Breite aufgreifen, wollen aber – schlaglichtartig – auf die Verbindung von Netzwerk- und Systemtheorie eingehen.

Nicht nur Harrison White selbst hat in der überarbeiteten Neuauflage von Identity and Control (2008) auf Ähnlichkeiten zwischen seinem Netzwerkansatz und der Systemtheorie Luhmanns hingewiesen, mittlerweile lassen sich auch ambitionierte Versuche erkennen, Systemtheorie und Netzwerktheorie zu verbinden – tritt doch Luhmanns Theorie sozialer Systeme mit dem Anspruch auf, die Realität der Gesellschaft als eine Realität sinnhaft ‚vernetzter' Kommunikation zu konzipieren (vgl. Luhmann 1994). Theoretische Ähnlichkeiten, die z. B. zwischen der Differenzierung sozialer Kommunikationssysteme bei Luhmann und der Differenzierung von ‚netdoms' bei White zu bestehen scheinen, haben Bemühungen hervorgerufen, beide Ansätze partiell miteinander zu vergleichen (vgl. Fuhse 2009). Sowohl in der Netzwerktheorie Whites als auch in Luhmanns Theorie sozialer Systeme kann dabei ein soziologischer Konstruktivismus erkannt werden, sodass beide Theorien die Erzeugung von sozialer Wirklichkeit von einem gemeinsamen erkenntnistheoretischen Standpunkt aus zu beschreiben scheinen.

Auch Luhmann versucht die Soziologie von ihrer Fixiertheit auf sozial sichtbare Entitäten – Individuen, Gruppen, Institutionen, Organisationen – zu lösen und seine Grundbegriffe so zu fassen, dass mit ihrer Hilfe diejenigen gesellschaftlichen Prozesse beschrieben werden können, die jene Entitäten und ihre soziale Sichtbarkeit allererst entstehen lassen. Auch für Luhmann stellt die Ausbildung von Sinngrenzen (bei White: domains of topics) in der gesellschaftlichen Kommunikation das wesentliche Strukturbildungsmoment der modernen Gesellschaft dar: Die Ausdifferenzierung gesellschaftlicher Teilsysteme wie Wirtschaft, Politik, Recht, Moral, Wissenschaft oder Erziehung basiert darauf, dass beispielsweise Kommunikation und Handeln im Wirtschaftssystem unabhängig davon auf Dauer gestellt werden kann, was politisch, wissenschaftlich oder auch moralisch ‚Sinn' macht. Für das Fortbestehen des Wirtschaftssystems ist dann nur noch wirtschaftliche Rationalität maßgeblich, aber nicht, ob eine Finanz-Transaktion moralisch vertretbar ist. Und ebenso wenig macht es für das pädagogische Handeln im Erziehungssystem Sinn, danach zu fragen, ob Lehr-Lern-Prozesse effektiver verlaufen, wenn Schülerinnen und Schüler dafür bezahlt werden, dass sie in die Schule kommen. Auch die Systemtheorie kennt folglich ‚domains of topics' die auf der Vernetzung von Kommunikationen basieren und Voraussetzung für die Genese von Identitäten sind – mit dem Unterschied, dass bei Luhmann die Systeme selbst – und nicht etwa Akteure im System – als Identitäten behandelt werden.

Welche neuen und ertragreichen netzwerktheoretischen Perspektiven sich aus derartigen Versuchen ergeben, Anschlüsse zu anderen soziologischen Theorietraditionen zu suchen, lässt sich gegenwärtig nicht absehen (vgl. dazu kritisch Tacke 2009; Holzer 2010). Festgehalten werden kann aber an dieser Stelle, dass Bemühungen, eine allgemeine Theorie gesellschaftlicher Netzwerke zu formulieren, nicht zur Neuentwicklung einer allgemeinen Gesellschaftstheorie zu führen scheinen, sondern eher den Status einer sachlich begrenzten Theorie ‚mittlerer Reichweite' besitzen.

5.5 Resümee: Netzwerke als sekundäre Form gesellschaftlicher Ordnungsbildung

Welcher Ertrag der vorangehenden Auseinandersetzung mit Netzwerktheorien lässt sich nun resümierend festhalten? Zunächst muss deutlich gemacht werden, dass der Anspruch zwar darin besteht, eine gültige Beschreibung für Phänomene der Ordnungsbildung in der Gesellschaft sowie Erklärungen für das Zustandekommen dieser Phänomene zu liefern; allerdings hat die Diskussion der unterschiedlichen Netzwerk-Ansätze gezeigt, dass das, was mit ‚Netzwerk' gemeint ist, selbst erklärungsbedürftig ist. Denn Kommunikation, Handeln, Interaktion, Akteur, Position, Relation sind allgemeine soziologische Konzepte zur Beschreibung sozialer Wirklichkeit, auf die Netzwerktheorien aufbauen, die sie selbst jedoch nicht ‚erfunden' haben.

Netzwerktheorie ist vor diesem Hintergrund zunächst nur eine Möglichkeit neben anderen, soziale Wirklichkeit zu beschreiben und an diese angeschlossene empirische Netzwerkanalysen konstruieren das, was sie beobachten, auf Grundlage ihrer eigenen Leitunterscheidungen, Knoten/Kanten oder auch Relationen/Positionen. Diese Unterscheidungen machen, so könnte man sagen, vor allem für Netzwerktheoretiker ‚Sinn'; ob dies auch für die sozialen Akteure gilt, die von Netzwerkanalytiker/innen beobachtet werden, ist eine andere Frage, die gleichwohl empirisch beantwortet werden kann und muss. So kann es nämlich sein – um einen Ausblick auf die folgenden Kapitel zu Netzwerken im Bildungswesen zu geben – dass Planer/innen von Innovationsprojekten oder Bildungsreformen davon überzeugt sind, dass Netzwerke zwischen Schulen ein brauchbares Instrument zur Implementation neuer Handlungsstrukturen sind, während in den Schulen der Sinn und Zweck von Vernetzung nicht unbedingt gesehen wird.

Ein zweiter Aspekt, der sich aus den speziellen Netzwerktheorien der Ökonomie oder aus den politikwissenschaftlichen Perspektiven ergibt, liegt darin, dass Netzwerke nicht nur Akteure in soziale Strukturen einbetten, sondern selbst ‚embedded' sind – und zwar in übergeordnete oder primäre soziale Ordnungsstrukturen. Sie lassen sich dann nur unter Berücksichtigung dieser Strukturen überhaupt charakterisieren: Organisationen, Institutionen, Märkte, Staaten usw. gibt es, bevor es Netzwerke zwischen diesen Entitäten geben kann, ohne dass die Netzwerktheorie das Entstehen dieser Entitäten beschreiben könnte. Netzwerke wären in diesem Sinn als eine ‚parasitäre' Form oder besser: Sekundärform sozialer Ordnungsbildung zu begreifen, die darauf angewiesen ist, dass die Entitäten, die relationiert werden, bereits vorhanden sind.

Ein dritter Aspekt resultiert aus den beiden unterschiedlichen Zugängen zum Thema soziale Netzwerke: Während deskriptiv-analytische Ansätze die Vergangenheit des Netzwerkes beobachten, d. h. das Netzwerk als etwas, das aus zurückliegenden Interaktionen oder Kommunikationen besteht, rekonstruieren, besteht die Grundidee der normativ-präskriptiv formulierten ökonomischen und politischen Netzwerkperspektive darin, Zukunft vorhersehbarer zu machen: Netzwerke sind soziale Strukturen, die Potentialität erzeugen und auf der Möglichkeit gründen, dass Akteure oder Identitäten Interaktionschancen realisieren können – wenn nötig. Das Konzept der ‚Kontrolle' der sozialen Welt durch Netzwerke, wie es von White entworfen wurde, beschreibt im Kern diese spezifische Zeitlogik von Netzwerken, denn Kontrolle bedeutet immer, dass zukünftige Ereignisse vorhersehbarer gemacht werden können.

Auch wenn Netzwerke als ‚diskrete' Koordinationsalternativen gegenüber Märkten und Hierarchien abgegrenzt werden, setzten sie Hierarchie voraus, ohne die es keine modernen Organisationen gäbe und sie setzten die Existenz eines ausdifferenzierten Wirtschaftssystems voraus, ohne das es keine marktvermittelten Tauschakte gäbe. Zudem ‚schalten' Netzwerke weder Markt noch Hierarchie aus, sondern vermischen sich mit diesen zu den bereits beschriebenen Hybridformen. Auch wenn es einer Schule freigestellt ist, sich mit anderen Schulen zu vernetzen, unterliegt sie mitunter dem Erwartungsdruck hierarchisch höher gestellter Schulbehörden, dass sie ein Netzwerk aufbauen sollte, um bspw. Unterstützung für die Qualitätsentwicklung zu bekommen oder pädagogische Probleme kooperativ besser lösen zu können, damit sie auf dem ‚Bildungsmarkt' erfolgreicher agieren kann. Auch ohne direktive Vorgaben (Hierarchie) kann der indirekte Druck auf Schulen, freiwillig teilzunehmen, einen erheblichen Einfluss gewinnen.

Teil II
Netzwerkgestaltung im Bildungswesen

Nachdem wir in den bisherigen Kapiteln verschiedene sozialwissenschaftliche Forschungsansätze, Befunde und Theorien zu Netzwerken vorgestellt haben, wechseln wir nun in einer zweifachen Weise die Darstellungsperspektive. Einerseits gehen wir im Folgenden von konkreten Praxen der Gestaltung von Netzwerken aus. Wir verlassen also die distanziert-analytische Untersuchungsperspektive der Wissenschaft, die unabhängig von der eigenen Wahrnehmung der beteiligten Personen, jegliche Beziehungen zwischen Akteuren (s. Kapitel 1 bis 3) oder bestimmte Formen dieser Beziehungen (s. Kapitel 4 und 5) als Netzwerke analysiert und wenden uns den Bemühungen von konkreten Personen oder Organisationen zu, selbst und unter dieser oder synonymen Bezeichnungen Netzwerke einzurichten und weiterzuentwickeln. Ob als Ergebnis dieser Bemühungen wirklich Netzwerke, im bisher erörterten wissenschaftlichen Sinn, entstehen, ist dabei eine Frage, die wir zunächst zurückstellen wollen (wir kommen darauf im dritten Teil unseres Lehrbuchs zurück).

Zumindest geht es immer um Praxen der Nutzung, des Aufbaus oder der Ausweitung von Kontakten zwischen ansonsten nicht oder nicht so intensiv kommunizierenden Akteuren zur Erreichung bestimmter Zwecke.

Andererseits gehen wir im Folgenden nicht von irgendwelchen sozialen Praxen der Netzwerkgestaltung aus, sondern legen den Schwerpunkt auf Netzwerke im Bildungsbereich. In Kapitel 6 werden wir die Praxen von Netzwerken vorstellen, wie sie sich in aktuellen bildungssystembezogenen Projekten finden und in Kapitel 7 werden wir uns mit den Möglichkeiten und Konzepten des Netzwerkmanagements auseinander setzen. In Kapitel 8 werden wir schließlich Forschungsbefunde zur Wirksamkeit von Netzwerkprojekten erörtern und Konsequenzen diskutieren, ehe wir mit Kapitel 9 zu einer ideologiekritischen Außensicht auf die Praxis der Netzwerkgestaltung einladen.

Praxen der Netzwerkgestaltung im Bildungsbereich 6

Netzwerke im Bildungswesen sind spätestens seit der zweiten Hälfte der 1990er Jahre im politisch-administrativen Kontext und in der interessierten Öffentlichkeit ein wichtiges Reformthema. Ausschlaggebend für diese zeitliche Einordnung ist – wie so oft – dass ein schon länger in der Weiterbildung oder beruflichen Bildung vorhandener Diskussionsgegenstand und Gestaltungsansatz nun auch im allgemein bildenden Schulwesen aufgegriffen wird (Emmerich & Maag Merki 2009, 13; Kuper 2004; Czerwanski 2003c, S. 19). Insbesondere die Aktivitäten der Bertelsmann Stiftung zum Aufbau eines Netzwerkes innovativer Schulen in den Jahren 1998 bis 2003 bzw. innovativer Schulsysteme (1997 bis 2005) können als eigentlicher Beginn bildungs- und schulbezogener Netzwerkgestaltung in Deutschland angesehen werden (vgl. Stern 2001; Dedering 2007). Nicht nur hat die Bertelsmann Stiftung im Rahmen der öffentlichkeitswirksamen Vergabe des Carl-Bertelsmann-Preises an innovative Schulen und Schulsysteme das Thema Netzwerke gesetzt, mit ihren Netzwerkprojekten hat sie auch grundlegende Orientierungen für die Anlage der Netzwerkarbeit im deutschen Schulwesen gegeben, die bis heute einflussreich sind (s. z. B. Beyer & Janzen 2004; Dedering 2007; Berkemeyer u. a. 2008b).

> Netzwerke im deutschen Schulwesen sind so – wie die Projektleiterin des „Netzwerks innovativer Schulen in Deutschland" (NIS) Annette Czerwanski (2003c, S. 14) in einer Arbeitsdefinition vorschlug – vor allem als „Unterstützungssysteme auf Gegenseitigkeit" anzusehen. „Die Beteiligten tauschen sich aus, kooperieren im Rahmen gemeinsamer Angelegenheiten, Ziele, Schwerpunkte oder Projekte. Sie lernen voneinander und miteinander." (ebd.)

Wenn man Netzwerke in diesem Sinn programmatisch gegen Hierarchien abgrenzt und die Freiwilligkeit sowie Reziprozität der Austauschbeziehung betont, dann rücken die folgenden konstitutiven Merkmale für Netzwerke im Bildungswesen in den Vordergrund (angelehnt an Czerwanski 2003c, S. 14, die sich wiederum vor allem an Weyer 2000 orientiert, s. auch Beyer 2004):

- das Vorhandensein gemeinsamer Absichten,
- die im Modus eines gleichberechtigten Gebens und Nehmens (des Tausches)
- im Rahmen weitgehend selbstorganisierter Kommunikationsstrukturen
- auf Basis einer – vertrauensvollen – Personenorientierung und
- im Kontext einer prinzipiellen Freiwilligkeit der Teilnahme, d. h. der beständigen Möglichkeit des Austritts (des Exits) der Beteiligten aus der Kooperationsbeziehung verfolgt werden.

Diese Begriffsdefinition ist sicherlich noch sehr abstrakt und zeigt eher Anschlüsse an die sozial- und betriebswissenschaftlichen Diskussionen um Netzwerke auf (s. oben Kapitel 4) als dass sie schon Einblick in praktische Anwendungen im Schulsystem und im Schulalltag bietet. Wie sehen Schulnetzwerke nun konkret aus, welche Funktion haben sie und welche Probleme oder Themen sind hierbei zentral? Dies wollen wir – exemplarisch – anhand von drei Netzwerkprojekten erläutern. Die Auswahl dieser Projekte erfolgte dabei einerseits nach dem Prinzip der Einschlägigkeit: wir präsentieren große und breit kommunizierte Netzwerk-Projekte, die auch wissenschaftlich begleitet und evaluiert wurden. Andererseits stellen wir Modellprojekte aus verschiedenen Bildungsbereichen vor, der allgemein bildenden und der beruflichen Schule sowie der Weiterbildung, um die breite Anwendbarkeit des Netzwerkgedankens sowie bildungsbereichsspezifische Unterschiede aufzeigen zu können. Und nicht zuletzt haben wir die Netzwerkprojekte auf Basis einer Typologie verschiedener Funktionen ausgewählt, die die Netzwerkarbeit jeweils spezifisch begründen: Austausch, Entwicklung und Innovation, Transfer und Koordination. Empirisch lässt sich gleichwohl beobachten, dass die Netzwerke in diesen Modellprojekten einen Überschneidungsbereich dieser unterschiedlichen Funktionen bilden, sodass in Bezug auf diese Netzwerk-Typologie eher von einer ‚Einheit in der Vielfalt' gesprochen werden muss.

- Das „Netzwerk innovativer Schulen in Deutschland" (NIS) der Bertelsmann-Stiftung fasst Netzwerke als weitgehend ergebnis-, aber problemspezifisch enggeführte Kommunikationsgelegenheiten, in denen die gegenseitige Begegnung von Schulen und Lehrkräften mit der Aufgabe der schulischen Qualitätsentwicklung in den Vordergrund gerückt ist (Austauschnetzwerke, Abschnitt 6.1 und Entwicklungsnetzwerke, Abschnitt 6.2). Ein daran ebenfalls von der Bertelsmann Stiftung initiiertes Programm, das Netzwerke als Steuerungsinstrument nutzt,

„Regionale Bildungslandschaften", wird ebenfalls in diesem Zusammenhang vorgestellt.
- Die Nutzung von Netzwerken (Schulsets) als Implementationsstrategie, die auf der Initiierung von Entwicklungs- und Transfer-Räumen zur Qualitätsentwicklung von Schule und Unterricht basiert, stellen wir anhand des Innovationsprogramms Chemie im Kontext (CHiK) dar (Transfer-Netzwerke, s. Abschnitt 6.3).
- Mit dem BMBF-Programm „Lernende Regionen" wechseln wir aus dem allgemein bildenden Schulbereich in den Bereich der Weiterbildung und Berufsbildung bzw. auf die Frage der Gestaltung von Übergängen und Koordination zwischen verschiedenen schulischen und außerschulischen, staatlichen und privaten Bildungsträgern (Abschnitt 6.4). Wir möchten diesen Netzwerk-Typus in erster Linie als Koordinations-Netzwerk bezeichnen, das auf die Abstimmung von Einzelinstitutionen zur Optimierung gemeinsam-arbeitsteiliger Leistungserbringung orientiert ist.

Die Möglichkeiten der Typisierung von Netzwerken sind mit diesen drei Beispielen keineswegs erschöpft – unsere Darstellung zielt lediglich darauf, die gegenwärtig dominanten Netzwerkformen im Bildungswesen hervorzuheben. In dem dieses Kapitel beschließenden Abschnitt 5.5 verweisen wir dementsprechend noch auf weitere Beispiele und Typen von Netzwerken, die in den vorherigen Darstellungen nicht erwähnt wurden und schaffen so die Basis für eine zusammenfassende Diskussion und Begriffsbildung.

6.1 Austauschnetzwerke

Die gemeinsame Zielstellung von Austauschnetzwerken ist das Lernen von und miteinander, es geht also um den Austausch und die Reflexion von Erfahrungen und Konzepten. Typisch für dieses Netzwerk-Konzept ist der Bedarf an symmetrischen, d. h. ungerichteten und nicht-hierarchisch überformten Beziehungen zwischen den beteiligten Akteuren wie etwa Schulen, Lehrkräften und Schulleitern, die zu weitgehend selbst gewählten Themen und zu selbst gewählten Gelegenheiten miteinander kommunizieren sollen. Angesichts der klassisch bürokratischen Hierarchien, die zwischen diesen Akteuren bestehen, stellen derartige Netzwerke Zonen einer ‚Als-ob'-Freiwilligkeit innerhalb eines ansonsten auf Unfreiwilligkeit basierenden Schulwesens dar, die sich in dieser idealtypischen Form nicht immer realisiert. Austauschnetzwerke werden allerdings in der Regel über einen asymmetrisch hervorgehobenen zentralen Anlaufpunkt koordiniert, z. B. ein ‚Bildungsbüro' oder eine Website, die von einem hauptverantwortlichen Initiator getragen wird. Auch werden sie durch zentral organisierte Ereignisse wie Tagungen, zeitlich begrenzte Initiativen, Rückmeldeaufgaben oder Dokumentationen beeinflusst, rhythmisiert und orientiert.

Die grundlegende Idee besteht darin, dass die freiwilligen und in ihrer Häufigkeit und Intensität nicht definierten und unverbindlichen Kontakte zwischen dezentralen Netzwerkmitgliedern eine Entwicklungsarbeit ‚von unten' ermöglichen und das vorhandene, aber verborgene Innovations-Potenzial von Akteuren nutzbar gemacht werden kann. Der zentrale Initiator mag einen Anfang für ein Netzwerk setzen, Themen vorschlagen und Rahmenbedingungen der Arbeit definieren. Dass indes mit dem möglichen Ende seines Engagements die entstandenen dezentralen Vernetzungen ebenfalls „abreißen" oder dass die Netzwerk-Entwicklung ausschließlich seinen Vorgaben folgt, ist nicht formal gesetzt. Der Austausch kann auch ohne den zentralen Koordinator weitergehen, soweit sich Kontakte etabliert haben oder Kontaktadressen von Netzwerkmitgliedern weiter verfügbar sind.

Ein Beispiel für ein solches Austauschnetzwerk ist das „Netzwerk innovativer Schulen in Deutschland" (NIS), das die Bertelsmann-Stiftung 1998 gründete und bis 2003 finanziell und organisatorisch förderte (vgl. Stern 2001; Czerwanski 2003b; Dedering 2007, 44f.).

Ursprung und Anfangsimpuls des „Netzwerks innovativer Schulen in Deutschland" (NIS) war die Ausschreibung des Carl-Bertelsmannpreises 1996 für „Innovative Schulsysteme im internationalen Vergleich". Gesucht wurden vorbildhafte schulübergreifende politisch-administrative aber auch zivilgesellschaftliche Gestaltungs- und Unterstützungsstrukturen von Schule (Hauptpreisträger war damals der Durham District School Board in Ontario/Kanada). Ein paralleler Sonderpreis „Innovative Schulen" war indessen national eingegrenzt und auf Einzelschulen und ihre innovativen Konzepte gerichtet. Während die Bertelsmann Stiftung mit den beim Internationalen Schulpreis berücksichtigten beteiligten Ländern bzw. Regionen 1997 das „Internationale Netzwerk innovativer Schulsysteme" (INIS) gründete, initiierte sie im Jahr 1998 auf Basis der eingegangenen ca. 300 Bewerbungen für den national und schulbezogenen Innovationspreis das „Netzwerk innovativer Schulen in Deutschland". Dabei waren auch weitere Schulen eingeladen, dem Netzwerk beizutreten, sofern sie sich mit dessen grundlegenden Anliegen identifizierten. Zielstellung des Netzwerkes war es (nach Rauscher 1998, 17): „den Informationsfluss und Know-How-Transfer zwischen den einzelnen Schulen [zu] fördern und besonders gute Beispiele aus der Schulentwicklung und der innovativen Unterrichtspraxis öffentlich zu machen. Im Detail sollen durch das Netzwerk:

6.1 Austauschnetzwerke

a. die Selbstständigkeit und Profilbildung der Schulen gefördert
b. Transparenz hergestellt, die Kontakte und vielfältigen Erfahrungsaustausch ermöglicht
c. Handreichungen und ‚Werkzeuge' zur Innovation im Internet bereitgestellt,
d. weitere regionale Vernetzung zwischen den Schulen und vielfältige persönliche Kontakte ermöglicht werden."

Deutlich wird, dass das Netzwerk innovativer Schulen thematisch nicht gänzlich ungebunden war. Darauf verweist auch die Münsteraner Erklärung, die auf dem Gründungskongress 1998 verabschiedet wurde (vgl. Rauscher 1998, 18f; Stern 2001). In ihr wurden mehr lokale Eigenverantwortung, mehr Vielfalt im Schulwesen und ein Wettbewerb um beste Lösungen eingefordert. Das „Netzwerk innovativer Schulen" ebenso wie das Parallelnetzwerk „Innovativer Schulsysteme" diente so, zumindest für die Bertelsmann Stiftung, auch der anhaltenden Kommunikation und Präsentation eines bestimmten Schulreformgedankens, der die Einzelschulen in ihren lokalen Kontexten als Motoren der Schulentwicklung hervorhob und die Politik zu entsprechenden rechtlichen und finanziellen Rahmensetzungen bewegen sollte.

Die Initiative der Bertelsmann Stiftung steht damit zugleich für die Nutzung von Preisausschreiben und Preisverleihungen an Schulen mit besonderen Konzepten als politisches Steuerungsinstrument, mit dem bestimmte Themen (Innovation, Qualität, Gesundheit, Demokratie, individuelle Förderung, Integration, Ganztagsschule, Berufsorientierung) medienwirksam gesetzt und über Anschlussaktivitäten wie z. B. Netzwerkbildungen verstetigt werden können. Ein weiteres bundesweites Beispiel wäre der Deutsche Schulpreis der Robert-Bosch-Stiftung (s. http://schulpreis.bosch-stiftung.de/, Stand 26.07.2014), der unter Schirmherrschaft des Bundespräsidenten vergeben wird. Wie im Fall des NIS-Netzwerkes der Bertelsmann-Stiftung werden auch im Rahmen des Deutschen Schulpreises allgemeine Austausch- Kontaktmöglichkeiten über eine Website geboten, die alle Bewerbungen systematisch publik und recherchierbar macht.[4] Ebenfalls finden regelmäßige Tagungen statt, auf denen gelungene Innovationsbeispiele vorgestellt werden (Exzellenzforen).

---

4 Im NIS-Projekt wurden die Kontaktdaten über eine Online-Plattform und eine Loseblattsammlung kommuniziert. Beide sind inzwischen eingestellt. Auch die Website www.toolbox-bildung.de, über die noch länger die Praxisbeispiele der NIS-Schulen präsentiert wurden, ist inzwischen (Stand 26.07.2014) nicht mehr existent. Die frühere Projekt-Homepage www.netzwerk-innovativer-schulen.de wird inzwischen zur Selbstdarstellung von Alternativ-Schulen genutzt. Soviel als Hinweis auf die Nachhaltigkeit des Informationszugangs zu den Arbeitsergebnissen von Austauschnetzwerken, insbesondere wenn diese von Stiftungen unterhalten werden, deren Arbeits- und Interessenschwerpunkte regelmäßig wechseln.

Von solchen, wenig formalisierten, durch einen zentralen Organisator höchstens initiierten und prozessual gerahmten Austausch-Netzwerken sind begrifflich und systematisch Entwicklungsnetzwerke zu unterscheiden (s. Czerwanski 2003b, 29). Das „Netzwerk innovativer Schulen in Deutschland" bietet ebenfalls mit der Einrichtung sogenannter Lernnetzwerke ein Beispiel für diesen Netzwerk-Typ.

6.2 Entwicklungsnetzwerke

Im Jahr 1998 – und daraufhin in den Jahren 1999 und 2000 erneut – lud die Bertelsmann Stiftung die Schulen ihres „Netzwerkes innovativer Schulen" ein, sich zeitlich befristet und im Rahmen bestimmter thematischer Zielstellungen zu Lernnetzwerken zusammenzuschließen. Die Lernnetzwerke der Bertelsmann-Stiftung waren dabei gedacht als ein organisatorischer Rahmen für jeweils vier bis sechs Schulen, „die sich gemeinsam für Schulentwicklung engagieren und die über einen Zeitraum von bis zu drei Jahren voneinander und miteinander lernen wollen." (Czerwanski 2003b, 20). Interessierte Schulen sollten sich mittels der Internet-Datenbank, der Loseblatt-Sammlung oder weiterer Interessenten-Listen des Austausch-Netzwerkes eigenständig zusammenzufinden und eigene Fragestellungen im Rahmen vorgegebener Themen entwickeln. Im eigentlichen Auswahlverfahren entschied dann die Projektleitung der Bertelsmann Stiftung auf Basis der Bewerbungen über Bewerbungsgespräche, welche Lernnetzwerke gefördert werden sollen (edb., 22f).

Schließlich wurden 13 Lernnetzwerke eingerichtet, in denen insgesamt 62 Schulen aus allen Teilen Deutschlands überregional zu Themenstellungen wie der Förderung von Lernkompetenz für lebenslanges Lernen (4 Netzwerke), der Förderung schulmüder bzw. hochbegabter Schülerinnen und Schüler (je 2 Netzwerke), der Erziehung zur Gemeinschaftsfähigkeit im Schulalltag (zwei Netzwerke) und der Personalentwicklung als Aufgabe der Schulleitung (zwei Netzwerke) zusammen arbeiteten. Mit Beginn 2001 wurde ein letztes Lernnetzwerk zum Thema „Organisations- und Kommunikationsformen in der Schule als Wegbereiter innovativer Gesamtentwicklung" gegründet (ebd., 20).

Wie bei Austausch-Netzwerken stehen auch bei den Lern- bzw. Entwicklungsnetzwerken die gegenseitige Anregung und das gemeinsame Lernen der beteiligten Schulen, Schulleitungen und Lehrkräfte im Mittelpunkt. Anders – und dies begründet die Bezeichnung Entwicklungsnetzwerke – ist jedoch die stärkere thematische Fokussierung und die Produktorientierung. Ein gemeinsames Arbeitsergebnis (erprobte Ansätze aus der Praxis für die Praxis) soll in einem bestimmten Zeitraum entstehen. Insofern sind Entwicklungsnetzwerke auch durch eine zielgerichtetere

6.2 Entwicklungsnetzwerke

Arbeits- und Maßnahmenplanung geprägt, die deutliche Parallelen zur Projektarbeit aufweist (Janzen 2004, s. unten Abschnitt 7.2). Nach einer Konstitutions- und Austauschphase zum gegenseitigen Kennenlernen und zur Koordination werden gemeinsam oder abgestimmt arbeitsteilig bestimmte Themen vertiefend bearbeitet und Konzepte, Maßnahmen, Materialien und ähnliches entwickelt. Deren Umsetzung und Erprobung im Schulalltag ist dann Gegenstand der Implementationsphase, aus der weitere Anregungen für die Arbeit an den Konzepten, Maßnahmen und Materialien gewonnen werden können. Spätestens in der Auflösungsphase des Netzwerkes, die formal durch den Förderzeitraum des Projektträgers gesetzt ist, geht es schließlich um die Ergebnissicherung und Außenkommunikation der Netzwerkarbeit gegenüber der Öffentlichkeit oder anderen Schulen und Interessenten.

Die Kontakte zwischen den Netzwerkpartnern in Entwicklungsnetzwerken sind im Vergleich zu Austausch-Netzwerken häufiger, regelmäßiger und intensiver. Vor allem sind sie auch persönlicher. Direkte Gesprächsforen wie Sitzungen, Hospitationen, gemeinsame Fortbildungen und Tagungsteilnahmen haben ein größeres Gewicht und werden durch den gemeinsamen – finanziell untersetzten – Projektrahmen auch leichter organisierbar.

Eine direkte Folge der stärkeren Ergebnisorientierung ist schließlich die stärkere Formalisierung der Netzwerkarbeit und der Netzwerkstrukturen. Während Austausch-Netzwerke eher lose, virtuell über eine gemeinsame Kommunikations-Plattform und letztlich nur auf Basis einer anfänglichen einmaligen Zustimmung verbunden sind, konstituieren sich Entwicklungsnetzwerke über konkrete Arbeits- und Zielvereinbarungen zwischen Projektträger und den Schulen, aber auch zwischen den Schulen des Netzwerkes, die Erwartungen und gegenseitige Verbindlichkeiten festlegen und damit auch – zumindest kommunikativ – einklagbar machen. Zudem werden – zum Zwecke der eindeutigen und zügigen Ansprechbarkeit (Adressierbarkeit) der Netzwerke und Netzwerkpartner – Koordinations- und Sprecherrollen geschaffen. Obschon sich daraus noch keine formalen Hierarchien oder Weisungsbefugnisse ergeben, verfügen Lernnetzwerke anders als Austausch-Netzwerke über funktionale Aufgabenteilungen, die Informationszugänge und Einflussmöglichkeiten ungleich verteilen. Dennoch bleibt die Symmetrie der Akteure grundsätzlich bestehen. Zum gemeinsamen Entwicklungsanliegen können alle Netzpartner gleichermaßen und gleichberechtigt mit ihrem je spezifischen Erfahrungshintergrund beitragen.

Zur stärker formalisierten Struktur der Lernnetzwerke gehört auch die zentrale Koordinationsstelle, die über Ressourcenzuweisungen oder über Rückmeldeanforderungen auf Basis der Zielvereinbarungen steuernd eingreifen kann (vgl. Berkemeyer u. a. 2008b, 41ff.; Beyer & Rieger 2004, 146f.). In großen Schulnetzwerken oder zur Koordination mehrerer Teilnetzwerke, die an ähnlichen Themen arbeiten, werden auch eigenständige Koordinationsgremien (Steuergruppen) eingeführt (Beyer & Rieger 2004, 147). Ähnlich wie innerschulische Steuergruppen dienen diese Gremien vor allem als Kommunikationsraum für die Interessierten und Aktiven, die die einzelschulisch anstehenden Arbeitsprozesse durch ihr Engagement besonders zu prägen und voranzutreiben vermögen. Zugleich haben diese überschulischen (regionalen und überregionalen) Steuergruppen aber auch Entscheidungsfunktionen für Planungen und Mittelverteilungen, da ihnen keine separaten Entscheidungsgremien wie Lehr- oder Schulkonferenzen zur Seite stehen. Die Legitimation der Steuergruppe-Entscheide ist dann durch eine Repräsentation aller Netzwerkpartner im Gremium gesichert, indem aus jeder Schule ein oder zwei Vertreter delegiert werden.

Schließlich und nicht zuletzt wird die Arbeit der Lern- und Entwicklungsnetzwerke auch dadurch strukturiert und orientiert, dass die beteiligten Schulen und Lehrkräfte in ein Fortbildungsprogramm eingebunden werden. Neben inhaltlichen Impulsen zum Thema des Lernnetzwerks stehen immer wieder Methoden des Projekt-, Zeit- und Konfliktmanagements, der Organisationsentwicklung und Personalführung im Zentrum, die in der Netzwerkarbeit genutzt werden sollen (Jäger & Reese 2008; Rolff 2008).

Inwieweit die Lernnetzwerke im Rahmen der – durch den Projektträger vorgegebenen – Ziele erfolgreich arbeiten, bleibt aber von der Teilnahmebereitschaft der Netzwerkpartner abhängig. Die prinzipielle Freiwilligkeit der Mitgliedschaft ist durch die stärkere Durchorganisation und formale Regulation der Netzwerkarbeit nicht aufgehoben – ebenso wenig wie die Selbstbestimmungsmöglichkeiten der Netzwerkpartner, welche ihre eigenen Fragestellungen im Rahmen des Netzwerkes einbringen und verfolgen wollen. Am Beispiel der Lernnetzwerke der Bertelsmann Stiftung wird dies implizit sichtbar, wenn bei den Lernnetzwerken zwischen solchen unterschieden wird, bei denen dann doch (nur) der Austauschgedanke im Vordergrund stand, und solchen, die konzentriert Entwicklungsaufgaben verfolgten (Czerwanski 2003b, 29).

Aktuelle Beispiele der Initiierung von Entwicklungsnetzwerken im Schulwesen gibt es unübersichtlich viele und vielfältige. Unterschiede finden sich in der Enge der vorgegebenen Themenstellungen, dem Umfang der konkreten Selbstorganisationsmöglichkeiten der Netzwerke, ihrer Berichts- und Rechenschaftspflichten sowie in den verfügbaren Ressourcen und Unterstützungen. Auch ihre „personelle" Zusammensetzung unterscheidet sich: Entwicklungsnetzwerke können – je nach Themenstellung – unterschiedlich homogen oder heterogen zusammengesetzt sein. So können sie aus Schulen bzw. Schulvertretern der gleichen oder unterschiedlicher Schulformen bestehen, neben Lehrkräften auch andere Experten für Schule und Unterricht als Verwaltung und Wissenschaft einbeziehen oder auch Schulen mit

6.2 Entwicklungsnetzwerke

außerschulischen Partnern (Musikschulen, Volkshochschulen, Vereinen, Jugendhilfe, Kirchen) ins Gespräch bringen. Zu unterscheiden sind zudem eher regional verortete oder überregionale (bundesweite oder auch internationale) Netzwerke. Auch die Bezeichnungen variieren von Lernnetzwerken über Schulsets bis zu schulübergreifenden oder regionalen Lerngemeinschaften.

Ein weiteres Modellprogramm, „Schulen im Team", hat die Mercator Stiftung zusammen mit dem Land NRW, den Kommunen Essen und Duisburg und dem Institut für Schulentwicklungsforschung an der Technischen Universität Dortmund von 2007 bis 2010 durchführt.[5] Gegründet wurden 10 Netzwerke mit jeweils vier Schulen aus Essen und Duisburg, die gemeinsame Konzepte für Übergänge zwischen Grundschulen und weiterführenden Schulen, den Mathematik- und Englischunterricht sowie die Förderung von Lesekompetenz entwickeln wollen. Nach den vorliegenden Projektberichten scheint „Schulen im Team" eher ein strikterer Ansatz zugrunde zu liegen: neben dem deutlichen Fokus auf Unterrichtsentwicklung, deren Erfolg auch empirisch gemessen werden soll, wurden die Schulen den Netzwerken durch die Projektleitung zugeordnet – Kooperationswünsche wurden nur soweit möglich berücksichtigt und die Zuweisung von Finanzressourcen über ein differenziertes Beantragungsverfahren wird bewusst als Steuerungsmittel der Projektleitung eingesetzt (vgl. Berkemeyer et al 2008b, S. 41ff).

Austausch- und Entwicklungsnetzwerke richten sich beide an Schulen und Lehrkräfte, die entweder schon Innovationserfahrungen gesammelt haben oder ihre Innovationsbereitschaft in einer Arbeitsgruppe ähnlich Interessierter einbringen möchten. Von diesen Kommunikationsräumen prinzipiell ähnlicher (gleich gestimmter und gleich fähiger) Akteure, die gleichberechtigt und gleichermaßen geben und nehmen, sind konzeptuell und begrifflich Netzwerke abzugrenzen, die konstitutiv von einer Asymmetrie der Netzwerkpartner und ihrer Teilnahmeinteressen ausgehen. Zwei im Bildungsbereich wichtige Ansätze wollen wir im Folgenden vorstellen; zuerst die Transfer-Netzwerke.

---

5 Das Projekt „Schulen im Team" war auch Anlass für die Gestaltung einer Buchreihe Netzwerke im Bildungsbereich im Waxmann-Verlag, in der sich viele weitere Beispiele von Netzwerkprojekten im Schulwesen (Berkemeyer u. a. 2008a; 2009a; Goldenbaum & Kuper 2011) als auch konzeptionelle Bezüge zur sozialwissenschaftlichen Netzwerkforschung dokumentiert finden (Berkemeyer u. a. 2010a; Kulin u. a. 2012a).

6.3 Transfernetzwerke

Der Transfer, d. h. die Verbreitung, von Innovationsideen in die Breite des Schulwesens, ist immer auch schon Anliegen von Austausch- und Entwicklungsnetzwerken, zumindest in den Zielstellungen der Projektträger. Die Inhalte und Ergebnisse der Arbeitsprozesse in den Netzwerken sollen möglichst anschaulich und öffentlich dokumentiert und in ihrer Anwendbarkeit und Übertragbarkeit aufgezeigt werden, so dass interessierte Schulen und Lehrkräfte darauf leicht zugreifen können. Netzwerkprojekte verfügen deswegen über Internetplattformen, Zeitschriften und Buchreihen, produzieren Materialsammlungen, Steckbriefe, Portfolios und Handreichungen und präsentieren sich vielfältig auf Tagungen und Fortbildungen. Nachteilig an diesen Formen der Transfergestaltung ist, dass die Rezeptions- und Übernahmeprozesse dieses vielfältigen Informationsangebots bei den Adressaten – allen bisher nicht beteiligten Schulen und Lehrkräften – weitgehend unbeeinflussbar und dem Zufall überlassen bleiben.

Kritische Nachfragen nach den längerfristigen – den nachhaltigen – Effekten beziehen sich nicht allein auf Netzwerke, sondern auf Projekte und Modellprogramme im Schulwesen generell. Wie kann, so die Grundfrage, besser gesichert werden, dass sich erfolgreiche und erprobte Neuerungen dauerhaft und flächendeckend in Schule und Unterricht verankern? Die entsprechenden politisch-administrativen und wissenschaftlichen Diskussionen werden seit Ende der 1990er Jahre vorrangig unter dem Transferbegriff geführt (Brockmeyer 1999). Neben einer Reihe von Expertisen zum Forschungsstand (Gräsel, Jäger & Willke 2006; Oelkers & Reusser 2008) hat sich die Debatte vor allem in eine Neuorganisation der Modellversuchsförderung der ehemaligen[6] Bund-Länderkommission für Bildungsplanung und Forschungsförderung niedergeschlagen. Schon bei deren Konzeptualisierung sollte der Transferauftrag berücksichtigt werden. Dies führte unter anderem zu einer zweiphasigen Organisation der Ende der 1990er Jahre aufgelegten Modellprogramme wie SINUS oder BLK 21. Während in einer ersten Projektphase Konzepte entwickelt und erprobt wurden – eines verbesserten mathematisch-naturwissenschaftlichen

---

6 Mit der Grundgesetznovelle 2006 wurde u. a. Artikel 91b geändert, der die Bildungsplanung – neben der Forschungsförderung – als eine Gemeinschaftsaufgabe von Bund und Ländern festsetzte. Während die Gemeinschaftsaufgabe der Förderung von Forschung und Lehre beibehalten wurde, wurde die gemeinsame Bildungsplanung durch ein Zusammenwirken bei internationalen Leistungsvergleichen zum Bildungswesen und darauf aufbauende Empfehlungen ersetzt. Die BLK wurde zum Jahresende 2006 in die Gemeinsame Wissenschaftskonferenz von Bund und Ländern (GWK) überführt. Seitdem gibt es u. a. keine gemeinsam getragene Modellversuchsförderung von Bund und Ländern im Schulwesen.

Unterrichts (SINUS) oder einer Bildung für nachhaltige Entwicklung (BLK 21), stand in der zweiten Projektphase die Erprobung von Ansätzen im Vordergrund, die Projektergebnisse der ersten Arbeitsphase weiteren Schulen und Lehrkräfte nahe zu bringen bzw. sie in den politisch-administrativen Regelstrukturen (Erlasse, Curricula, Fortbildungen) zu verankern. Dem neuen Auftrag gemäß hießen die Modellprogramme dann SINUS-Transfer und Transfer-21 (vgl. Nikolaus u. a. 2008).

Netzwerke – als Schulsets bzw. schulübergreifende Lerngemeinschaften bezeichnet – sind in beiden Projektphasen eine wichtige Arbeitsform gewesen (vgl. Ostermeier 2004, Krebs & Prenzel 2008). In der ersten Projektphase fungierten sie als Entwicklungsnetzwerke, in der zweiten Projektphase dann als Transfer-Netzwerke. Entsprechend ähnlich sind sich auch beide Netzwerktypen. Wie Entwicklungsnetzwerke haben auch Transfernetzwerke Projektcharakter. Sie sind ebenfalls finanziell und organisatorisch unterstützte überschulische Arbeitsforen, in denen sich eine geringe Anzahl von Schulen, Lehrkräften und eventuell auch schulexternen Projektpartner zusammenfinden. Anders als Entwicklungsnetzwerke sind Transfernetzwerke aber nicht Kommunikationsräume prinzipiell gleicher Akteure. Während eine Gruppe von Netzwerkmitgliedern schon ein erhebliches Vorwissen und Vorerfahrungen mitbringt, ist eine andere Gruppe von Netzwerkmitgliedern eher über ihre Lernbedürftigkeit und Lernwilligkeit definiert. Die Transfernetzwerke dienen zwar ebenfalls dem Erfahrungs- und Informationsaustausch. Strukturell sind sie aber so gestaltet, dass die einen Netzwerkmitglieder mehr zu geben und die anderen mehr zu nehmen haben. Statt als prinzipiell ergebnisoffene Entwicklungsräume sind sie als Lernforen konzipiert, in denen sowohl der Vermittlungsgegenstand als auch die Rollenverteilung (Lehrender/Lernender) weitgehend fixiert sind. Es handelt sich vom Typ her um besonders intensive, über einen längeren Zeitraum angelegte Fortbildungsveranstaltungen mit einem Kleingruppenkonzept, bei dem sich Vermittlungs-, Anwendungs- und Reflexionsphasen abwechseln.

Ein Beispiel für Transfernetzwerke bietet das Innovationsprogramm Chemie im Kontext (CHiK), das ebenfalls zweiphasig durch das Bundesministerium für Bildung und Forschung (BMBF) gefördert wurde: von 2002 bis 2005 als Entwicklungs- und Erprobungsprojekt CHiK, von 2005 bis 2008 als Transferprojekt CHiK-Transfer (vgl. Demuth u. a. 2008). Neben dem BMBF als Förderer und mehreren Universitäten (Dortmund, Kiel/IPN, Oldenburg, Wuppertal) als Projektträger waren Schulen und Lehrkräfte aus zwölf Bundesländern in das Projekt einbezogen. Übergeordnetes Ziel des Projekts und damit thematischer Rahmen der Setarbeit war die Erprobung eines bestimmten Chemie-didaktischen Konzepts: der Vermittlung der Fachinhalte in der Form von Basiskonzepten über kontextualisierte, an komplexen, alltagsbezogenen und handlungsorientierten Themen ausgerichteten Unterrichtseinheiten.

Die Projektarbeit war bundeslandbezogen über Schulsets organisiert, die aus jeweils zwei Lehrkräften aus 4-6 Schulen, einem Setkoordinator sowie einem Setbetreuer gebildet wurden. In den anfänglichen Entwicklungsnetzwerken handelte es sich bei den Setkoordinatoren um Vertreter der Schulaufsicht, der Lehrerbildungseinrichtungen oder besonders engagierte Lehrkräfte des jeweiligen Bundeslandes. Sie verantworteten die organisatorische Betreuung der Sets und den Austausch zwischen Projekt und Bildungsverwaltung des Landes. Setbetreuer waren hingegen Wissenschaftler mit chemiedidaktischem Hintergrund. Sie sollten für die Entwicklung, Erprobung und Überprüfung der Umsetzung von CHiK inhaltliche Anregungen geben, Materialien bereit stellen und die Kommunikation mit dem Projektträger gewährleisten. Organisatorisch erfolgte die Setarbeit über regelmäßige persönliche Treffen, auf denen Unterrichtskonzepte und Materialien entwickelt und diskutiert wurden. Parallel zu den Treffen erfolgte die Erprobung der Lerneinheiten im Unterricht.

In den Transfernetzwerken der zweiten Projektphase änderte sich vor allem die personelle Zusammensetzung der Sets (vgl. Abb. 15).

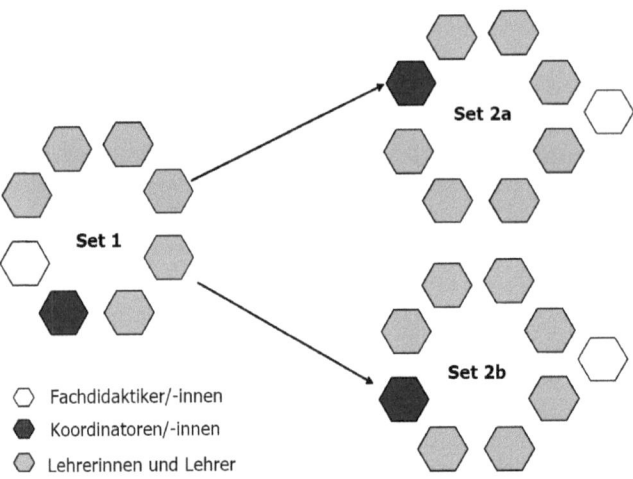

Abb. 15 Entwicklungs- und Transfersets im Projekt CHiK
Quelle: In Anlehnung an Fußangel u. a. 2008, 63

Die Setleitung bestand nunmehr aus einem Fachmoderator, d. h. einem „landestypischen" Vertreter der Schuladministration mit Verantwortlichkeiten für den Chemieunterricht, und einer erfahrenen CHiK-Lehrkraft, die bereits im ersten Projekt beteiligt war. Ergänzt wurden diese Experten durch interessierte Lehrkräfte interessierter Schulen, die an den Erfahrungen der Entwicklungsnetzwerke partizipieren wollten. Diese veränderte personelle Zusammensetzung schließt erneute Hinterfragungen und Weiterentwicklungen der vorliegenden Unterrichtskonzepte und -einheiten nicht aus, verschiebt aber zumindest den Arbeitsschwerpunkt von Entwicklung auf kritische Rezeption. Die prinzipielle Offenheit der Netzwerkarbeit als freiwilliger und selbstorganisierter Zusammenschluss eigenständiger Akteure wird durch die strategische Zielstellung des Transfers überlagert.

Im Projekt CHiK wurde für dieses Vorgehen der Begriff der symbiotischen Implementation geprägt (vgl. Gräsel & Parchmann 2004), bei der es anders als bei Top-Down-Strategien der Implementation von Neuerungen im Schulwesen darum gehe, persönliche Kommunikationsräume von Urhebern und potentiellen Anwendern von Innovationen zu schaffen. Damit solle sowohl eine angemessene (Top-Down)-Vermittlung der Grundgedanken der Innovation garantiert, als auch eine erprobte praktische Tragfähigkeit der Innovationsidee gewährleistet werden. Schon in den ursprünglichen CHiK-Entwicklungssets ist ein entsprechender Implementationsgedanke sichtbar. Die Chemiefachdidaktiker in den Sets fungieren nicht einfach nur als Gesprächspartner mit einer besonderen Expertise, sondern sind in den Sets Vertreter eine bestimmten Unterrichtskonzeption, die schon begrifflich fixiert, von einem englischen Vorbildprojekt adaptiert und mit ersten Beispielen von Lerneinheiten untersetzt war (s. Parchmann u. a. 2008, 9ff.). In den CHiK-Transfersets wird dieser Implementationsgedanke nur noch sichtbarer, indem die wissenschaftlichen Ideegeber sich aus der konkreten Projektarbeit zurückziehen und die weitere Erprobung, Konkretisierung und Diffusion ihrer Ursprungsidee den Praktikern überlassen.

Die Gestaltung von Transfernetzwerke ist variantenreich. Neben der organisatorischen Strenge der Projektarbeit und der Zusammensetzung der Netzwerke finden sich insbesondere Unterschiede dahingehend, wie fixiert die durch die Netzwerkarbeit zu kommunizierenden Innovationsideen von vornherein schon sind. Ein aktuelles Beispiel für eine thematisch eher offene Variante von Transfernetzwerken ist das Projekt „Reformzeit – Schulentwicklung in Partnerschaft", das zunächst für drei Jahre, von 2006 bis 2009 durch die Robert Bosch Stiftung und die Deutsche Kinder- und Jugendstiftung initiiert wurde (vgl. Gottmann 2009; Killus 2008). In sieben Schulbündnissen arbeiten 28 Schulen aus Berlin, Brandenburg, Niedersachsen und Nordrhein-Westfalen an dem Ziel „tragfähige Konzepte für eine angemessene individuelle Förderung von Schülern zu entwickeln und zu erproben.

[…] Konzeptgemäß arbeitet immer eine Beraterschule, die bereits Lösungen für die individuelle Förderung ihrer Schüler entwickelt und erprobt hat, mit drei Projektschulen zusammen, die ihre pädagogische Praxis verändern wollen" (Gottmann 2009, 34) Ergänzt wird diese Netzwerkstruktur um einen externen Schulberater, „der Unterstützung beim Prozess- und Konfliktmanagement, bei Selbstevaluation oder der Koordinierung von Aktivitäten und Terminen gibt." (ebd.)

Auch das Angebot von systematischen Hospitationen bei ausgezeichneten Schulen und Lehrkräften ist als eine Form der Gestaltung von Transfernetzwerken anzusehen. So vergibt die Robert-Bosch-Stiftung im Rahmen des Deutschen Schulpreises Hospitationsstipendien, um die sich lernwillige Schulen und Lehrkräfte bewerben können (vgl. http://schulpreis.bosch-stiftung.de/, Stand 27.07.2014)

6.4 Kooperationsnetzwerke

Kooperationsnetzwerke sind ähnlich wie Transfernetzwerke durch eine stärker fixierte Zielstellung gekennzeichnet, zu deren Verfolgung sie eingerichtet wurden. Es geht nicht nur um irgendeinen, weitgehend durch den Netzwerkpartner selbst definierten und organisierten gegenseitigen Erfahrungsaustausch, der sich eventuell in bestimmten gemeinsamen Ergebnissen dokumentiert. In Transfernetzwerken soll eine bestimmte – vorher schon bestehende und bekannte – Idee, Erfahrung oder Fähigkeit von „Könnern" zu „Nicht-Könnern" übertragen werden.[7] In Kooperationsnetzwerken hingegen soll eine systematische, nicht nur auf Netzwerktreffen begrenzte, themenbezogene Zusammenarbeit zwischen zuvor weitgehend getrennt und unabgestimmt handelnden Akteuren etabliert werden. Ziel ist eine (verbesserte) Koordination, mitunter sogar die Ausbildung einer gemeinsamen Identität.

Beispiele für solche Koordinationsnetzwerke im Bildungsbereich gibt es viele. Überwiegend steht der geografische oder gebietskörperschaftliche Bezug auf eine bestimmte Region als Raum für Koordinationshandlungen und Identitätsbildungen im Zentrum (vgl. Huber 2014). Entsprechende Netzwerkprojekte laufen unter Titeln wie Regionale Bildungslandschaften oder lernende Regionen. Aber auch Projekte zur Öffnung von Schule und zur Einbeziehung externer Partner in die

---

7 Anpassungen und Veränderungen der Transferinhalte sind sicherlich möglich. Insofern sind Transfernetzwerke auch durch Austauschs- und Entwicklungsprozesse geprägt. Diese sind aber weder Grund für die Einreichung noch das Fortbestehen dieses Netzwerkes. Erst wenn sich Zielstellung und asymmetrische Kommunikationsstruktur des Transfernetzwerkes ändern, es also aufhört ein Transfernetzwerk zu sein, können der Austausch- und Entwicklungsgedanke eigenständige Bedeutung erhalten.

Schularbeit, wie zum Beispiel „Schule & Co" in NRW (s. Bastian & Rolff 2002), stehen für diesen Netzwerktyp. Hervorzuheben ist, dass Koordinationsnetzwerke nicht allein, nicht zuerst und auch nicht überwiegend auf das allgemein bildende Schulwesen bezogen sind. Der Aufbau von Regionalen Bildungslandschaften war ursprünglich insbesondere ein Thema in der Berufsbildung (Bundesinstitut für Berufsbildung 2008, Daußer & Longmuß 2010, Wilbers 2004), der Erwachsenenbildung und beruflichen Weiterbildung (Reupold u. a. 2009, Tippelt u. a. 2009, Faulstich & Wilbers 2002), der Jugendhilfe (Kuper 2004) und im regionalen Innovations- und Hochschulmanagement (Backhaus 2001, Lompe & Oberbeck, 2003, Rennie & Mason 2007). Erst in letzter Zeit wurden entsprechende Gestaltungsansätze von kooperativen Bildungslandschaften – insbesondere zur Koordination von Übergängen im Bildungswesen (von der Kita zur Grundschule und von der Grundschule in die Sekundarstufe I) und schulischer und außerschulischer Partner in der Ganztagsbildung eingeführt (vgl. Mack 2008, Bleckmann & Durdel 2009, Bleckmann & Schmidt 2012, Baumberger, Fortmann & Warsewa 2013)

Lernende Regionen sind sogar – im Ursprung – kein originär mit dem Bildungswesen verbundener Ansatz. Er fußt auf der wirtschaftsgeografischen Diagnose, dass die kulturelle Vielfalt und Offenheit einer Region, ihr kreatives Milieu (Adrian 2003, 16ff., Crevoisier & Maillat 1991, Fromhold-Elsebieth 1995, 1999), die wirtschaftliche Entwicklung oder touristische Attraktivität beeinflusst (Graf 2006, 2011, Koch u. a. 2005). Entsprechend sollen in lernenden Regionen nicht allein Bildungseinrichtungen vernetzt werden, sondern alle denkbaren regionalen Akteure, Anbieter und Nutzer von Wohnraum, Arbeitsplätzen, Kultur, Bildung und Dienstleistungen, um ein in sich stimmiges, attraktives, identifikationsfähiges Gesamtbild der Kommune oder Region zu entwerfen und – über kommunalpolitische Entwicklungsmaßnahmen oder kommunales Marketing – zu verwirklichen (s. Stahl & Schreiber 2003, Deitmer 2004, Gerstlmeyer 2004). Lernende Regionen sind also ein Ansatz der Regional-, Kommunal- und Stadtentwicklung, der u. a. auf einen Einbezug möglichst vieler Interessenten in möglichst ergebnisoffenen Foren (runden Tischen etc.) gerichtet ist. Bildungseinrichtungen spielen hierbei sicherlich eine wichtige Rolle, standen aber ursprünglich nicht im Mittelpunkt.

Anders ist dies im Programm „Lernende Regionen – Förderung von Netzwerken" (vgl. Emminghaus & Tippelt 2009, Reupold u. a. 2009, Tippelt 2005, Wolf & Matalik 2006), das vom Bundesministerium für Bildung und Forschung (BMBF) und durch den Europäischen Sozialfond im Rahmen des Aktionsprogramms „Lebensbegleitendes Lernen für alle" von 2001 bis 2009 gefördert wurde. Wir möchten es als exemplarisches Beispiel für Kooperationsnetzwerke etwas detaillierter vorstellen.

Programmatischer Bezugspunkt des Projekts war die – nicht zuletzt auf EU-Ebene formulierte politische Zielstellung – das „Lernen den Lernenden auch räumlich näher zu bringen" (Europäische Union 2000, S. 22) und eine alltagsweltlich vertraute und nutzerorientierte Lerninfrastruktur aufzubauen. Diese soll es – im normativen Kontext einer Wissensgesellschaft und des lebenslangen Lernens –ermöglichen, auf breiter Basis die Bildungsbeteiligung zu erhöhen, Bildungsabbrüche zu vermeiden, die individuelle Beschäftigungsfähigkeit und Teilhabechancen zu fördern und zu sichern und zudem die Wettbewerbsfähigkeit von Regionen zu steigern (nach Tippelt u. a. 2009, 26). Lernzentren müssten dort gebildet werden, „wo die Menschen täglich zusammenkommen – nicht nur in Schulen, sondern auch z. B. in Gemeindezentren, Einkaufszentren, Bibliotheken, Museen, Kirchen, Parks, öffentlichen Plätzen, Bahnhöfen, Busbahnhöfen, Gesundheitszentren, Freizeitzentren und Werkskantinen" (Europäische Union 2000, S. 23).

Im Programm „Lernende Regionen – Förderung von Netzwerken" sollten entsprechend Bildungsinstitutionen, Verbände, Unternehmen, Politik und auch zivilgesellschaftliche Akteure zusammenwirken. Entstehen sollten dauerhafte Partnerschaften in Form von bildungsbereichsübergreifenden regionalen Netzwerken, die die Verantwortung für die Entwicklung regionaler Lern- und Bildungsmöglichkeiten erkunden und auch Aufgaben der regionalen Organisation und Steuerung im Bildungsbereich übernehmen (vgl. Tippelt u. a. 2009, 26).

Von 2001 bis 2008 wurden insgesamt 76 regionale Netzwerke gefördert, wobei in einer einjährigen Planungsphase zuerst thematisch stärker fokussierte regionale Projektideen entwickelt wurden. Diese wurden anschließend in einer vierjährigen Durchführungsphase umgesetzt. Von 2006 bis 2008 wurden besonders vielversprechende Projektvorhaben weiter gefördert, „um Leuchttürme zu schaffen" (ebd., 33). Handlungsschwerpunkte dieser Modell-Netzwerke waren

- der Aufbau von „Bildungsberatungsagenturen" zur Herstellung eines transparenten Bildungsangebots,
- die Etablierung von „Lernzentren" als Antwort auf individualisierte Bildungsansprüche,
- eine bessere Gestaltung des „Übergangsmanagements" zwischen einzelnen Bildungsanbietern bzw. zwischen Bildung und Beschäftigung,
- die bedarfsgerechte und maßgeschneiderte Organisation der Aus- und Weiterbildung in und für kleine und mittelständische Unternehmen (KMUs) sowie
- die Untersuchung der generellen Bedeutung kommunaler Kooperationen für Lernende Regionen.

Netzwerkprojekte, die unter dem Oberbegriff „Regionale Bildungslandschaften" (vgl. Solzbacher & Minderop 2007) oder kooperative Bildungslandschaften (Huber 2014) laufen, haben ähnliche inhaltliche Orientierungen (vgl. auch Abschnitt 9.2).

6.4 Kooperationsnetzwerke

Es sind letztlich synonyme Begriffe. Immer soll über eine stärkere Absprache von Bildungsanbietern untereinander, aber auch von Bildungsanbietern und anderen lokal-regionalen Akteuren, die Qualität des verfügbaren Bildungsangebots verbessert werden. Zum Teil geht es (nur) um die Schaffung von Gesprächsgelegenheiten, um z. B. unterschiedliche Erwartungen an das Wissen und die Fähigkeiten der Lernenden zwischen aufnehmenden und abgebenden Bildungsinstitutionen ansprechen zu können, aber auch um die direkte Absprache von schulinternen Curricula und verwendeten Lehr- und Lernmaterialien zwischen benachbarten Schulen. Zum Teil werden aber auch Netzwerke mit einer eigenen Infrastruktur aufgebaut, z. B. regionale oder kommunale Bildungsbüros oder regionale Steuergruppen (Höfler & Madelung 2008, 136). Diese stellen dann systematisch Gelegenheiten der Kontaktaufnahme und Wieder-Begegnung für an Bildung beteiligte oder interessierte Akteure bereit. Sie fungieren als zentrale Anlaufstelle und Taktgeber – als Spinne im Netz – für ein ansonsten sich selbst organisierendes Netzwerk.

Ein sehr umfassendes und in seiner externen Standardisierung vergleichsweise weitgehendes Projekt, das ebenfalls zu den Kooperationsnetzwerken zu zählen ist, ist das vom Bundesministerium für Bildung und Forschung (BMBF) zusammen mit einem Konsortium nahezu aller großen, im Bildungsbereich tätigen Stiftungen voran getriebene und u. a. mit Mittel des Europäischen Sozialfonds finanzierte Förderprogramm „Lernen vor Ort" (vgl. Siepke & Pohl 2012). Laut der programmatischen Kurzfassung auf der zentralen Internetseite des Projekts (http://www.lernen-vor-ort.info/, Stand 27.07.2014), geht es in diesem Projekt darum, „für Kreise und kreisfreie Städte Anreize [zu schaffen], ein kohärentes Bildungsmanagement vor Ort zu entwickeln und zu verstetigen." Die Bildungsstationen entlang der individuellen Lebensläufe sollen dabei systematisch stärker aufeinander bezogen werden.

Gestartet wurde das Programm im Jahr 2009, die inzwischen zweite Förderphase endet im August 2014. Laut Pressemeldung des Projekts vom 31. Mai 2011 waren an ihm insgesamt 40 Kommunen und 146 nationale und lokale Stiftungen beteiligt (vgl. http://www.lernen-vor-ort.info/de/675.php, Stand 27.07.2014). Der Vernetzungsgedanke ist dabei auf mehrfache Weise in das Projekt eingewoben: einmal über die lokalen Patenschaften zwischen einzelnen Stiftungen und Kommunen, zum anderen durch überregionale Themenpatenschaften und schließlich über die grundlegende Zielrichtung des Projekts, die lokalen Bildungsangebote besser aufeinander abzustimmen und zusammenzuführen. Neben dem kommunalpolitisch sicherlich attraktiven Anreiz, sich unterstützt durch zusätzliche Finanzen und das Expertenwissen von Stiftungen mit der Entwicklung einer lokalen Bildungslandschaft zu beschäftigen, ist hervorzuheben, dass „Lernen vor Ort" auch der lokal angepassten Implementation von bestimmten Steuerungs- bzw. Managementinstrumenten dient. Konkret geht es bei „Lernen vor Ort" um den Aufbau einer lokalen Bildungsberichterstattung, also eines vorzugsweise an die Kommunalverwaltung angebundenen auf Dauer gestellten Erhebungssystems verlässlicher Daten (genauer: Statistiken) zum systematischen Monitoring der lokalen Bildungslandschaft (Egger & Tegge 2014).

Das Programm „Lernen vor Ort" läuft planmäßig im August 2014 aus; inwieweit die enge Vernetzung sowohl von Stiftungsaktivitäten mit staatlichen Akteuren (Stichwort: Public-Privat-Partnership) als auch die aufgebauten lokalen Netzwerke und Kooperationen fortgeführt werden, ist zu beobachten. Sichtbar ist schon, dass im Rahmen von „Lernen vor Ort" aufgebaute Rechenschaftslegungs- und Managementinstrumente, wie die lokale Bildungsberichterstattung, auch in anderen Programmen von Kooperationsnetzwerken im Bildungsbereich Eingang finden (vgl. Rolff 2013; Minderop 2014).

Unabhängig davon, was mit den etablierten Kooperationsnetzwerken in „Lernen vor Ort" zukünftig passiert, ist ein zentrales Merkmal von Kooperationsnetzwerken deren Streben nach Versteigigung der einmal aufgebauten Strukturen und Prozesse. Dies unterscheidet sie von Entwicklungs- und Transfernetzwerken. Es geht in Kooperationsnetzwerken nicht nur um das Herstellen eines bestimmten Produktes oder einer bestimmten Wirkung durch ein Netzwerk, sondern um eine beständige Veränderung lokal-regionaler Praxen hin zu einer intensiveren und bewussteren Vernetzung. Rolff (2013) bezeichnet dieses Projektanliegen mit Verweis auf Fullan (2010) als Ziel einer gesamtsystemischen Gewährleistung einer „capacity for change". Die einzelnen Schulen, aber auch die kommunalen Behörden sollen ihren Fähigkeiten, Werten und Normen nach, in die Lage versetzt werden, ihren eigenen Wandel dauerhaft-systematisch-zielgerichtet zu gestalten. Erfolgreiche Bildungsregionen wären demnach gekennzeichnet durch:

1. einen klaren Zielfokus auf wenige (maximal drei) Big Ideas wie z. B. die Verbesserung des Lernens der Schülerinnen und Schüler
2. Eine ausgebaute Praxis der Datennutzung (Stichwort: Evidence-Orientierung)
3. Eine klar geregelte und professionelle Führung auf allen Ebenen des Bildungswesens
4. Stabil verfügbare Ressourcen
5. Eine aktive Reduktion von ungünstigen Einflüssen (Distraktoren)
6. Ein ausgebaut-funktionsfähiges System regionaler Unterstützung
7. Eine kohärente Kommunikation sowie
8. Eine gemeinsame Ausrichtung auf Zusammenhalt und Zuwirken als Spirit oder corporate identity

Unverzichtbares Bestandteil einer solchen Kapazität für Wandel sei dabei, so Rolff (2013, 6), „ die Fähigkeit, Daten zu nutzen sowohl für Bestandsanalyse und -diagnose als auch für die Evaluation und Steuerung der Entwicklungsvorhaben." Wenn die Kooperationsnetzwerke insbesondere im allgemein bildenden Schulwesen unter diesem Gesichtspunkt betrachtet werden, fällt ein entsprechender Fokus auf die Etablierung von Planungsgremien (Steuer- oder Lenkungsgruppen) und dauerhaft-systematischen Evaluationsverfahren (SEIS, Rechenschafts- und Bildungsberichte) auf.

Zuletzt sei noch der Hinweis gegeben, dass bei der analytischen Einordnung von Kooperationsnetzwerken zwischen anfänglichen Aktivitäten der Implementation der Netzwerkidee, die z. B. auch die Form von Entwicklungs- oder Transfernetzwerken annehmen kann, und der angestrebten dauerhaften Netzwerkstruktur, dem eigentlichen Kooperationsnetzwerk zu unterscheiden ist. Am Beispiel des Programms „Lernende Regionen – Förderung von Netzwerken" war dies augenscheinlich. Die Netzwerke der ersten Förderphase 2001 bis 2005 hatten eher Entwicklungscharakter, die der Vertiefungsphase ab 2006 einen Transferauftrag. Erst die Ergebnisse der Projektarbeit – die kommunalen Kooperationen, die Bildungsberatungsagenturen und Lernbüros/Lernwelten – sind als eigentliche Kooperationsnetzwerke einzuordnen.

6.5 Netzwerke im Bildungswesen – Einheit in der Vielfalt

Die bisherigen Darstellungen des Kapitels sollten einen anschaulichen aber auch schon begrifflich systematisierenden und differenzierenden Einblick in die Vielfalt, aber auch die Problematiken von Netzwerken im Bildungsbereich geben. Vier verschiedene Typen wurden vorgestellt, mit dem impliziten Anspruch, wesentliche Formen von Bildungsnetzwerken zu erfassen. Wenn man sich an den Anwendungen des Netzwerkbegriffs in der aktuellen deutschsprachigen bildungspolitischen und erziehungswissenschaftlichen Diskussion orientiert, würden wir behaupten, dass dieser Anspruch mit der bisherigen Darstellung eingelöst wurde. Dies verweist aber auch auf wichtige Eingrenzungen und Ergänzungen.

In historischer Perspektive ist festzuhalten, dass nur weil aktuell der Netzwerkbegriff in aller Munde ist, es falsch wäre anzunehmen, dass es vorher keine Kooperationen oder Vernetzungen z. B. zwischen Schulen gab. Im Sinne einer Abstimmung und Zusammenarbeit verschiedener Schulen zur Gestaltung von Übergängen im Bildungswesen oder bei der gemeinsamen Nutzung von Infrastrukturen (Sporthallen, Chemie- oder Physikräumen, Lernlabore für den Fremdsprachunterricht) hat es Vernetzungen schon länger gegeben. Auch Schulpartnerschaften oder Kooperationen von Schulen mit außerschulischen Partnern sind keine wirklich neue Erfindung. Schließlich waren Schulen oder Hochschulen schon immer wichtige kommunale Einrichtung, die das kommunale Leben spezifisch prägten – mit ihren eigenen Veranstaltungen oder mit ihren Lehrkräften als ehrenamtlich besonders aktive Personen. Auch das Bemühen um eine Verbindung zwischen verschiedenen kommunalen Bildungseinrichtungen wie Hochschulen, Museen, Volkshochschulen, Musikschule, Theater, Orchester, Lokalzeitungen, Vereinen, Verbänden und Kirchen ist nicht neu.

Das Besondere an der gegenwärtigen Netzwerk-Diskussion ist vielmehr, dass diese Traditionslinien unter einem gemeinsamen Begriff verbunden werden, der eine bestimmte konzeptuelle Orientierung gibt. „Der Begriff Netzwerk steht [...] für Ideen wie Selbstorganisation, hierarchienentlastete Entscheidungsprozesse und an Sachthemen orientierte Kooperation, die Alternativen zu staatlich-bürokratischen und hierarchischen Formen der Gesellschaftssteuerung [...] formulieren." (Emmerich & Maag Merki 2009, 15). Mit ihm wird die Bedeutung und besondere Leistungsfähigkeit von sozialen Praxen hervorgehoben, die auf freiwilliger Absprache und geteilten Interessen beruhen.

In international vergleichender Perspektive ist hervorzuheben, dass im angloamerikanischen Raum (auch) stärker Netzwerktypen reflektiert werden, die nicht durch einen einzelnen dominanten Akteur – eine Stiftung oder den Staat – initiiert oder getragen werden (Lieberman & Grolnick 1998; Carmichael u. a. 2006). Smith & Wohlstetter 2001 unterscheiden z. B. neben professional networks als interschulischen Lerngemeinschaften und external partner networks als regionale Kooperationsnetzwerke von Schulen noch policy issue networks als strategische Interessengemeinschaft von an Bildung Interessierten, um bestimmte Themen politisch einzubringen und durchzusetzen.[8] Lieberman & Grolnick (1998, 712) betonen in Anlehnung an Rosenbaum 1977, dass Netzwerke nicht notwendig an einer sozial schon anerkannten Weiterentwicklung bestehender Praxen ausgerichtet sein müssen. Von entsprechenden „community planning groups" sind „community action groups" abzugrenzen. Diese „sustain themselves by imbuing thier membership with a strong ‚we against thee' ethos und necaessarily engage in conflict". Unabhängig von der konkreten (kollaborativen oder konfrontativen) Orientierung sehen Lieberman/Grolnick (ebd.) „educational networks" generell durch „a sense of beeing an alternative to established systems" gekennzeichnet.

---

8   Schließlich heben Schmidt & Wohlstetter 2001 noch den Typus des affiliation networks hervor, bei denen es aber eher um die analytische Erfassung von sozialen Strukturen auf Basis von Kommunikationsbeziehungen geht (wer kennt wen), wie sie hier im ersten Teil des Lehrbuchs vorgestellt wurden.

6.5 Netzwerke im Bildungswesen – Einheit in der Vielfalt

Ein Beispiel für ein eher konfrontatives ‚policy-issue'-Netzwerk in Deutschland ist die Bürgerinitiative „Wir wollen lernen", die in Hamburg eine Bürgerbefragung und einen Bürgerentscheid initiierte und durchführte. Es handelt sich um ein zivilgesellschaftliches Bündnis zur Abwehr der parlamentarisch beschlossenen Einführung einer sechsjährigen Primarschule (s. http://www.wir-wollen-lernen.de, Stand: 27.07.2014). Auch wenn es einen Sprecher der Initiative gibt und einen Kreis von besonders Aktiven, handelt es sich im Wesentlichen um einen sehr offenen und wenig strukturierten Zusammenhang von Interessierten, die nur temporär und sachlich begrenzt durch ein gemeinsames Thema zusammengehalten werden.

Im Vergleich zu den internationalen Beschreibungen fällt an der deutschen Netzwerk-Diskussion im Bildungsbereich auch auf, dass sie sich überwiegend auf Projekte – also zeitlich befristete Maßnahmen – bezieht, zudem auf Projekte, die von bestimmten, im Bildungsbereich besonders einflussreichen oder präsenten, Initiatoren getragen werden. Rauch & Kreis (2009, 81) formulieren es ausdrücklich – für die österreichischen IMST-Netzwerke: „Es geht nicht um gelegentliche Interaktionsbeziehung, sondern um institutionalisierte Konfigurationen. Netzwerke müssen koordiniert und gewartet werden, um reziproke Austauschprozesse, Kooperation und Lernen zu unterstützen."

Für diese Initiativen ist eine asymmetrische Struktur grundlegend: es gibt ein Zentrum bzw. einen fokalen Akteur, den Projektträger oder das Projektbüro, und eine polyzentrische Peripherie, die eigentlichen Netzwerke, die im Rahmen der Projektvorgaben mehr oder weniger eigenständig agieren. Netzwerke im deutschen Bildungswesen sind so nicht nur als Projekte zu kennzeichnen, sondern auch als Instrumente zur Durchsetzung schulübergreifender Interessen. Netzwerke fungieren als spezifisches Unterstützungssystem, „das sich der lokalen Vernetzung von Schulen als Instrument zur Entwicklung von Unterricht bedient." (Berkemeyer u. a. 2008b, 20).

Kein Zufall war es, dass bei den Beispielen für Netzwerke im Bildungsbereich neben staatlichen Akteuren immer wieder Stiftungen – insbesondere von bekannten Unternehmen – in Erscheinung traten. Netzwerkprojekte bieten Gelegenheiten, auch ohne formalen Einfluss impulsgebend in das Bildungswesen hineinzuwirken, indem sie auf freiwilligen Teilnahmen interessierter Schulen und Lehrkräfte aufbauen. Netzwerke liegen aber auch im Interesse der Bildungspolitik und Bildungsverwaltung, die die Förderung der operativen Eigenständigkeit und Eigenverantwortung der Schulen zu einem Leitthema ihres Handelns erhoben haben.

Schließlich ist anzumerken, auch wenn Stiftungen bei der Einrichtung und Finanzierung vieler Netzwerke im Vordergrund stehen, sind diese Initiativen mit den bildungspolitisch Verantwortlichen in den Ländern abgestimmt. So wurden die Netzwerke der Bertelsmann-Stiftung Ende der 1990er Jahre wesentlich durch

Prof. Dr. Brockmeyer mitinitiiert und mitgetragen, der vorher über viele Jahre in leitender Stellung im NRW-Kultusministerium tätig war, die NRW-Kommission „Zukunft der Schule- Schule der Zukunft" von 1992 bis 1995 leitete und als Gutachter die Neugestaltung der BLK-Modellprogrammförderung (Transferorientierung) wesentlich beeinflusste (z. B. Brockmeyer 1999). Netzprojekte sind so – in Deutschland – auch eindrückliche Beispiele einer sich zu Beginn des neuen Jahrtausends neu etablierenden Praxis der Public-Private-Partnership bei der Förderung regionalisierter Schulentwicklung (Emmerich 2010b).

Was bleibt aber nun, nach all den Beispielen und Ergänzungen, als gemeinsamer – definitorischer – Kern der Netzwerkgestaltung im deutschen Bildungswesen festzuhalten? Unserer Ansicht nach erfordert eine angemessene Beschreibung einen zweifachen Zugang: eine an den außenorientierten Merkmalen – an der Funktion und der Organisation – angelehnte Begriffsfassung und eine an den inneren Arbeitsweisen und Arbeitsprozessen anknüpfende Definition.

Netzwerke im Bildungswesen sind – so lässt sich aus den Designs der vorangehend beschriebenen Modellvorhaben schließen, vor allem in die Problemstrukturen des Schul- und Ausbildungssystems eingebettet: Sie haben in je netzwerktypischer Weise die Funktion, in den Zwischenräumen des Gesamtsystems, also dort, wo weder durch Hierarchie noch durch Markt und Wettbewerb gesteuert werden kann, Koordinationsleistungen zu erbringen. Dies gilt für alle Netzwerktypen, seien diese nun zum Zweck der Entwicklung von Innovationen, des Austauschs über ‚Best-Practice-Konzepte' oder der Implementation bzw. des Transfers von Strukturen im Gesamtsystem initiiert worden: Ohne eine vorhergehende Koordination kommt kein Schulnetzwerk zustande – es sei denn, ein solches Netzwerk hat sich bereits ohne das Zutun von staatlichen und kommunalen Bildungsbehörden ‚bottom up' und ‚unsichtbar' entwickelt.

In der funktional-organisatorischen Außensicht erscheinen Netzwerke als steuerungsstrategisch initiierte, formal fixierte und mit bestimmten Infrastrukturen versehene Arbeitsbündnisse zur Durchsetzung zentral definierter Interessen. Sie sind:

- Instrumente des Innovationsmanagements im Bildungswesen, die auf die Nutzung und Mobilisierung dezentraler Initiativen und dezentraler Fähigkeiten der Selbstorganisation ausgerichtet sind (Brockmeyer 1999, 29). Sie sind Strukturen teilmoderierter Bottom-Up-Entwicklung (Berkemeyer 2008b, 35).
- spezifische Unterstützungssysteme für Schulen und Lehrkräfte, die auf der Herstellung von überschulischen, regionalen oder auch überregionalen Kommunikationsgelegenheiten aufbauen, und

- zeitlich befristete Projekte, die auf den Erfahrungsaustausch, die Entwicklung neuer oder den Transfer bewährter Konzepte oder den Aufbau dauerhafter Kooperationen gerichtet sind.

Erst in der Innenperspektive auf die Bedingungen des Zusammenhalts und Formen der Zusammenarbeit treten diese Netzwerke dann als jene besondere Struktur sozialer Beziehungen zwischen Organisation und Markt hervor, wie sie in sozialwissenschaftlichen Netzwerktheorien (s. oben Kapitel 4) oder in den bisherigen erziehungswissenschaftlichen Begriffbestimmungen erläutert wurden (s. Einleitung Kapitel 6).

Obschon sie im Interesse zentraler Initiatoren eingerichtet werden, arbeiten sie typischerweise als offene, flexible und kooperative Foren. Schließlich sollen sie, durch eine Bündelung bisher unverknüpfter Ressourcen (an Erfahrungen, Kompetenzen, Zeit, Infrastrukturen etc.), ansonsten unwahrscheinliche Lernprozesse ermöglichen „und damit die Durchführung innovativer Projekte, deren Risiko für jeden der Partner allein zu groß wäre" (Weyer 2011b, S. 49). Typische Gestaltungsmerkmale von Netzwerken wie Freiwilligkeit der Teilnahme, Selbstorganisation und Vertrauen als Koordinationsmedium gelten dann – für die Netzwerkinitiatoren – als geeignete Mittel, diese Zielstellung umzusetzen.

Konzepte der Netzwerkgestaltung 7

Indem wir im vorherigen Kapitel Beispiele für Netzwerke im deutschen Bildungswesen vorgestellt haben, dürfte vor allem ein Sachverhalt aufgefallen sein: diese Netzwerke gibt es nicht zufällig. Einzelne Akteure mit bestimmten Gestaltungsinteressen – Bildungsministerien, Stiftungen, Kommunen – entscheiden sich, Netzwerke einzurichten und diese mit besonderen Zuwendungen (Geldmitteln, einem organisatorischen Apparat, Entlastungsstunden für Lehrkräfte) in ihrer Arbeit zu unterstützen. Daraus folgt noch mehr: Netzwerke, wie sie im deutschen Bildungswesen überwiegend eingerichtet werden, stehen unter einer zentralen, durch den Netzwerkinitiator vorgegebenen Themenstellung und sollen über einen begrenzten Zeitraum bestimmte Ergebnisse erzielen. Diese Rahmensetzungen implizieren „eine höhere Verbindlichkeit [...] als das herkömmlich in Netzwerken der Fall ist." (Höfer & Madelung 2008, 136) Ohne diese Vorgaben könnten Netzwerke gut unbeeinflusst als eigenständige, freiwillige und selbstorganisierte, personenorientierte Verbünde zur Verfolgung gemeinsamer Anliegen existieren. Und selbstverständlich gibt es unabhängig von den zentral initiierten und administrierten Netzwerkprojekten eine Vielfalt entsprechender Zusammenschlüsse in, zwischen und mit Schulen.

Aber wenn Netzwerke in dieser Weise initiiert werden, um vorgegebene Ziele in einem vorgegebenen Zeit- und Resssourcenrahmen umzusetzen, dann – und darauf wollen wir hier erst einmal nur hinaus – entsteht das Folgeproblem, einen zielgetreuen Umsetzungsprozess gewährleisten zu müssen: Es entsteht mit anderen Worten das Problem der *Kontrolle* im Netzwerk und die Lösung für dieses Kontrollproblem wird nunmehr in einem systematischen und strategischen *Netzwerkmanagement* gesucht. Welche Orientierungen einem solchen Management zugrunde liegen bzw. konzeptuell zu Grunde gelegt werden können, ist Thema des folgenden Kapitels. Wir greifen also die Beobachtung des 6. Kapitels auf, dass Netzwerke im deutschen Bildungswesen wesentlich durch herausgehobene Akteure (in der Regel Organisationen) geprägt sind, die die Netzwerke initiieren, koordinieren, orientieren und rhythmisieren. Ob und inwieweit dieses Handeln schon als Netzmanagement bezeichnet werden kann, ist eine Frage von Begriffsdefinitionen, die deswegen allen weiteren Erörterungen dieses Kapitels vorangestellt ist (Abschnitt 7.1).

Anschließend möchten wir grundlegende konzeptuelle Orientierungen für die Tätigkeit des Netzwerkmanagements erörtern. In Abschnitt 7.2 heben wir, auf Basis netzwerktheoretisch hergeleiteter Kriterien, die besonderen Handlungsherausforderungen des Netzwerkmanagements hervor. In Abschnitt 7.3 ergänzen wir – angelehnt an Konzepte des Projektmanagements und der Schulentwicklungsberatung – einzelne Ansätze und Instrumente, die bei der strategischen Netzwerkgestaltung wiederkehrend zu beobachten sind. Implizit aufgegriffen wird somit die zum Ende des vorhergehenden Kapitels eingeführte Unterscheidung zwischen einer äußeren – funktional-organisatorischen – und einer inneren – eher prozessorientierten – Perspektive auf Netzwerke. Die These, dass zwischen diesen beiden Perspektive ein Spannungsverhältnis besteht, stellt dabei den roten Faden des Kapitels dar. Inwieweit sind externe Interessen und innere Funktionsweise von Netzwerken produktiv verbindbar oder inwieweit systematisch in Dilemmata verstrickt, die ironischerweise, dann selbst wieder nur durch Management bearbeitet werden können? Eine kurze Diskussion beschließt das Kapitel (Abschnitt 7.4)

7.1 Netzwerkgestaltung, -management und -moderation

Für die Systematisierung der Aufgaben, die sich für verantwortliche Akteure innerhalb von Netzwerken im Bildungswesen ergeben, sind Tätigkeiten der Gestaltung, des Managements und der Moderation zu unterscheiden. Der umfassendste und damit auch abstrakteste und inhaltlich unbestimmteste bzw. offenste Begriff ist dabei der der Netzwerkgestaltung.

Netzwerkgestaltung ist allgemein zu definieren als die reflexive Tätigkeit, die sich aus dem Anliegen ergibt, das Entstehen und die Dynamik von Netzwerken bewusst zu beeinflussen – und beschreibt zugleich das Ergebnis dieser Tätigkeit. Grundsätzlich angestrebt ist sowohl eine zielgerichtete Nutzung der Vorteile, die Vernetzungen bisher unverbundener Akteure, als auch eine Optimierung der Effizienz der Netzwerkarbeit, insbesondere durch eine Minimierung von Kommunikationsbarrieren, Konflikten und Widerständen. Diese Gestaltungsverantwortung kann von einzelnen, sich dadurch asymmetrisch heraushebenden Akteuren des Netzwerkes oder auch symmetrisch von allen Netzwerkmitgliedern gemeinsam wahrgenommen werden. Die Gestaltungstätigkeit folgt nicht notwendig einer bestimmten Methode oder Systematik; ihr habitueller Kern besteht (lediglich) in Selbstbeobachtung, Selbstreflexion und Selbstorganisation des Netzwerkes.

7.1 Netzwerkgestaltung, -management und -moderation

Zur Gestaltung von Netzwerken gehört dabei auch deren Initiierung, die – da sie der Gründung des Netzwerkes vorhergeht – notwendig von außen kommt. Zu unterscheiden ist dabei zwischen Initiatoren, die sich mit in die Netzwerke hineinbegeben und damit Teil seiner eigendynamischen Selbstorganisationen werden, oder solchen, die weiterhin als externe Impulsgeber bzw. als Mitglied eines „Super"-Netzwerkes fungieren, das separate, eigendynamische Unternetzwerke beinhaltet.

Netzwerkmanagement bezeichnet demgegenüber explizit herausgehobene Tätigkeiten und Verantwortlichkeiten der bewussten Gestaltung der für Netzwerke konstitutiven Elemente. Es geht um (s. Wetzel u. a. 2001b, 28):

1. Personalintegration (Führung)
2. Gewährleistung einer problemnahen Arbeitsteilung verbunden mit einer zeitnahen Zusammenführung der darüber erbrachten Teilleistungen (Organisation)
3. Erarbeitung von Strategien (Planung) und der
4. Überwachung von deren Umsetzung (Kontrolle)

Prozesse und Strukturen des Netzwerkmanagements sind damit eine Teilmenge der Tätigkeiten der Netzwerkgestaltung. Sie folgen demselben Anliegen. Der zentrale Unterschied liegt in der systematischeren Bearbeitung der Aufgaben der Selbstorganisation und in dem konzeptionellen Rückgriff auf Prinzipien des Managements von Organisationen und Projekten. Es gibt kein Management ohne Managementtheorie. Für die Tätigkeit des Netzwerkmanagements bilden sich in Netzwerken besondere Funktionsstellen (Leitungsstellen, Koordinatoren) und organisationsförmige Aufbau- und Ablaufstrukturen heraus. Diese können unterschiedlich komplex (mehrebenig oder funktional ausdifferenziert) sein, was vor allem von der eigenen Größe des Netzwerkes, seiner internen Differenzierung und seinen externen Anschlüssen und Abhängigkeiten bestimmt wird.

Im Unterschied zu einem organisationalen Management stellen sich beim Netzwerkmanagement allerdings besondere Anforderungen, die die Strukturierbarkeit der Abläufe im Netzwerk begrenzen. „Netzwerkmanagement bedeutet die Kontrolle und Steuerung von dezentral verteilten, fluiden und flüchtigen Macht- und Entscheidungskompetenzen. Damit geht eine Politisierung des Managements einher (d.h. permanente Aushandlung über kleinste Details), die kaum aufgelöst werden kann [...] Netzwerkmanagement muss die Bündelung (bzw. Moderation) der zwangsläufig vorhandenen Zieldiversitäten, Wahrnehmungsdifferenzen und Meinungsverschiedenheiten [..., der am Netzwerk direkt oder indirekt – z. B. als Herkunftsorganisation der Teilnehmer – beteiligten Akteure] bewältigen" (Wetzel u. a. 2001a, S. 29).

Was diese besonderen Anforderungen für Möglichkeiten und Grenzen des Netzwerkmanagements konkreter bedeuten, werden wir in Abschnitt 7.2 erörtern. Zuvor möchten wir aber noch einen weiteren Begriff einführen, den Wetzel u. a. (2001b, 30ff) für ein besonders günstiges Verfahren zur Bewältigung der vielfältigen planerischen, organisierenden, führenden und kontrollierenden Aufgaben des Netzwerkmanagements vorschlagen. Gemeint ist die Netzwerkmoderation als besondere Funktionsstelle und Arbeitsform in Netzwerken. Für Wetzel u. a. (ebd., 31) ist Moderation sogar die „Schlüsseltechnologie" des Netzwerkmanagements (ebd., 31).

Netzwerkmoderation bezeichnet allgemein den bewussten Einsatz von Kommunikations-, Kooperations- und Verhandlungstechniken, um den in Netzwerken typischen Verhandlungsbedarf zwischen den beteiligten Akteuren zielgerichtet zu gestalten. Moderation, als Praxis der Ermöglichung von kommunikativem Austausch und Interessensausgleich in Netzwerken, ist auch unabhängig von bestimmten Moderationstheorien und Moderationstechniken ein zentrales Element der Netzwerkgestaltung. Die Notwendigkeit des Moderierens ergibt sich direkt aus dem Anliegen, Netzwerkarbeit erfolgreich, zielgerichtet und effizient zu gestalten. Insofern ist die Tätigkeit der Netzwerkmoderation nicht notwendig eine Teilmenge des Netzwerkmanagements. Allerdings erfordern Moderationsaufgaben eine besondere Positionierung der Rolleninhaber, insbesondere in großen, lang bestehenden Netzwerken mit anspruchsvollen Zielsetzungen und entsprechend großen Verständigungs- und Konfliktregulierungsbedarf. So ist eine kontinuierliche Hervorhebung von Akteuren mit Moderatorenfunktion an den Netzwerkkommunikationen nahe gelegt. Moderatoren können sich so auf die notwendige unparteiische und ausgleichende Grundhaltung trotzdem beständig beteiligter (informierter) Akteure spezialisieren. Denn erst „die Distanz zu den sachlich agierenden Akteuren eröffnet der Moderation den Spielraum, den sie für die Gestaltung von Verhandlungskorridoren benötigt." (ebd., 30) Eine explizite Managementtätigkeit wird Netzwerkmoderation aber nur dann, wenn Moderatorenrollen (Koordinatoren, Berater) im organisationalen Gefüge der Netzwerke bewusst eingesetzt und längerfristig an bestimmte Personen gebunden werden, die eine besondere Qualifikation (Eignung und Kompetenz) für diese Tätigkeit besitzen (sollen).

7.2 Netzwerktheorie und Netzwerkgestaltung

Was ist nun Besonders an den Praxen der Netzwerkgestaltung? Welche Herausforderungen sind gestellt, wenn Netze geplant, organisiert, geführt und kontrolliert werden sollen?

Orientierungen hierzu ergeben sich aus der *Netzwerktheorie* (s. oben Kapitel 4 und 5). Relevant ist vor allem die Vorstellung, dass es zwischen einer hierarchischen oder marktförmigen Koordination mit Netzwerken noch andere Möglichkeiten gibt, tragfähige soziale Ordnungen zu gestalten. Netzwerke sind damit eine weitere Handlungsalternative bei der strategischen Gestaltung oder Steuerung sozialer Praxen (s. Emmerich & Maag Merki 2009), die für besondere Aufgaben besonders leistungsfähig erscheinen, gerade weil sie Netzwerke und keine Organisationen oder Märkte sind.[9] Erfolgreiches Netzwerkmanagement kann also nicht darin bestehen, Netzwerke zu Organisationen zu formen, sondern es gilt an die Besonderheiten von Netzwerken angepasste Strategien und Instrumente zu entwickeln.

Die Grundfragen des Netzwerkmanagements sind entsprechend: Wie können – angelehnt an eine Netzwerkbeschreibung durch Sydow (2010, 36) – komplex-reziproke (auf Gegenseitigkeit beruhende), eher kooperative denn kompetitive, relativ stabile Beziehungen zwischen prinzipiell selbstständigen Akteuren hergestellt und fortgeführt werden? Oder – unter Verwendung des in Abschnitt 7.1 aufgeführten Zitats von Wetzel u. a. 2000, 30 – wie kontrolliert und steuert man dezentral verteilte, fluide und flüchtige Macht- und Entscheidungskompetenzen, ohne die besonderen Vorteile dieser Dezentralität, Fluidität und Flüchtigkeit zu unterminieren?

Formal geht es, bei allen ableitungslogischen Problemen, die das mit sich bringt, um die Transformation analytischer Erkenntnisse über Netzwerke in Orientierungen für ein Steuerungs- und Managementhandeln. Die Idee ist: Wenn man theoretisch und empirisch fundiert bestimmen kann, welche Kriterien erfüllt sein müssen, damit Netzwerke als produktive Kommunikationsräume entstehen und fortbestehen, dann habe man auch für das Netzwerkmanagement die zentralen Stellgrößen gefunden, auf die sich konzentriert werden könne. Dieser einfachen Logik folgen wir nun in unserer Darstellung. Wir erläutern vier Definitionsmerkmale (gemeinsame Basisintention, Freiwilligkeit, Selbstorganisation und Vertrauen), die in der Forschungsliteratur zu bewusst gestalteten Netzwerken immer wiederkehren und geben darauf aufbauend, Hinweise für Praxen des Netzwerkmanagements, wie diese Kriterien produktiv berücksichtigt werden können.

---

9   Ziele von Netzwerken diskutieren wir in Abschnitt 8.1 als Orientierungsrahmen für die Darstellung von Evaluationsbefunden aus Netzwerkprojekten.

Erfolgreich arbeitende, langfristig überdauernde Netzwerke, so macht die Forschungsliteratur immer wieder deutlich (Sydow 2010; Weyer 2011, 48ff.), verfügen über eine allen Netzwerkmitgliedern gemeinsame Basisintention. Netzwerke konstituieren sich auf der Basis eines gemeinsamen zustimmungsfähigen Ziels oder Anliegens. Wichtig an dieser gemeinsamen Zielstellung ist, dass sie flexible Anschlüsse für die partikularen Interessen der Netzwerkmitglieder ermöglicht. „Sie arbeiten solange zusammen, wie die Beteiligten das Gefühl haben, einen Nutzen davon zu haben." (Beyer & Janzen 2004, 119) Und noch mehr: die Netzwerkakteure müssen wahrnehmen können, dass sie im Netzwerk „ihre partikularen Ziele besser realisieren können als durch nicht-koordiniertes Handeln" (Weyer 2000, 49), um das gemeinsame Anliegen und die Existenz des Netzwerkes dauerhaft mitzutragen. Eine solche Zielsetzung kann unterschiedlich anspruchsvoll sein, sich „nur" auf einen Erfahrungsaustausch beziehen oder aber – anforderungsreicher – z. B. auf die koordinierte Herstellung eines gemeinsamen Produktes.

Für das Netzwerkmanagement bedeutet dies,

1a) dass den Phasen gemeinsamer Zielklärung und -findung eine besondere Aufmerksamkeit gewidmet werden muss. Unklare, mehrdeutige und unausgesprochene Erwartungen der Netzwerkmitglieder an das gemeinsame Anliegen führen zu dauerhaften Belastungen der Netzwerkarbeit.
1b) Zugleich können die Zielsetzungen des Netzwerks nicht oktroyiert werden, auch wenn ein thematischer Rahmen – des Initiators und Geldgebers – oftmals vorgeben ist. Netzwerke sind anzuerkennen als Gelegenheiten der Verwirklichung von Eigeninteressen der Netzwerkmitglieder. Worin die Überschneidungen oder Anschlussfähigkeiten dieser partikularen Anliegen konkret bestehen, ist grundsätzlich als unbekannt vorauszusetzen und muss mit entsprechendem zeitlichen und kommunikativen Aufwand erst in Erfahrung gebracht werden.
1c) Die Formulierung und der Beschluss einer gemeinsamen Agenda des Netzwerks kann bei der Klarstellung des gemeinsamen Anliegens hilfreich sein, darf aber nicht tabuisieren, dass Veränderungen in den partikularen Interessen der Netzwerkmitglieder beständig eine Hinterfragung und eventuell Neubestimmung des gemeinsamen Netzwerkziels möglich machen müssen.
1d) Einfachere, alltags- und handlungsbezogene Ziele, deren individuelle Umsetzung und Erreichung gut beobachtbar und erlebbar ist, sind eine tragfähigere Basis für Netzwerkarbeit als anspruchsvolle und weitreichende Ziele, vermögen aber auch „nur" eine zeitlich bis zur Zielumsetzung befristete Netzwerkarbeit zu motivieren. Dann wären neuerliche Zielfindungsprozesse notwendig, die die Existenz des Netzwerks potentiell auch in Frage stellen können.

Freiwilligkeit. Diese Handlungsorientierungen greifen schon auf ein zweites Gestaltungsprinzip zurück, das im Netzwerkwerkmanagement anzuerkennen und zu sichern ist. Netzwerke basieren auf dem Prinzip einer Freiwilligkeit der Teilnahme. Netzwerktheoretisch ist dies formal schon darin begründet, dass Netzwerke außerhalb bestehender organisatorischer Strukturen bzw. organisationsübergreifend angelegt sind.[10] Es gibt bei ihnen strukturell keinen hierarchisch übergeordneten, weisungsberechtigten und durchsetzungsfähigen Meta-Akteur, der zur Netzwerkteilnahme verpflichten kann. Zur Teilnahme kann „nur" eingeladen, angeregt oder aufgefordert werden. Zugleich ist für die Netzwerkpartner ein Austritt aus dem Netzwerk beständig möglich und muss auch nicht formal vollzogen werden. Ein Verzicht auf eine weitere Unterstützung durch eigene Beiträge – also eine innere Kündigung – reicht letztlich aus.

Für das Netzwerkmanagement bedeutet dies,

2a) dass die Eigenständigkeit der Netzwerkmitglieder fortwährend gewürdigt und um ihre weitere Beteiligung fortwährend geworben werden muss.
2b) dass mit Konflikten frühzeitig und sensibel umgegangen werden muss. Netzwerke besitzen eine geringe Störungstoleranz, insbesondere wenn sie sich anspruchsvolle, nur langfristig erreichbare Ziele gesetzt haben.
2c) dass ein zielgerichtetes, planvolles und arbeitsteiliges Vorgehen zwar möglich ist, aber Verbindlichkeiten und Absprachen nur so lange tragfähig sind, wie sie mit den partikulären Interessen der Netzwerkteilnehmer in Einklang stehen. Verträge oder Zielvereinbarungen als Instrumente der Netzwerkkonstitution sind zwar symbolisch wertvolle Maßnahmen, die zwischen den Netzwerkpartnern eine höhere Zielklarheit schaffen und ein vertrauensvolles Miteinander stützen können. Sie können aber die beständige Möglichkeit des Netzwerk-Austritts nicht aufheben.
2d) dass Fluktuationen (Zugänge und Abgänge) unter den Netzwerkteilnehmern zu erwarten sind und die Gestaltung des Wachstums oder Schrumpfens von Netzwerken so zu einer eigenen Gestaltungsaufgabe wird. Es gilt sowohl Kontinuität zu sichern, die zu häufige und schnelle Mitgliederwechsel gefährden, als auch eine Einkapselung und Verkrustung des Netzwerkes zu verhindern.

---

10 Organisationsinterne Netzwerke (Lerngemeinschaften, Arbeits- und Steuergruppen) wären hier in ihrer Besonderheit zu besprechen. Wir verzichten hier auf ihre ausführliche Erläuterung. Verweisen wollen wir lediglich auf die hierarchischen Strukturen, in deren Schatten sie sich ausbilden (Sydow 2010, 35). Inwieweit für sie damit die Netzwerkmerkmale der freiwilligen Teilnahme und der Selbstorganisation noch gelten, ist so nicht mehr allgemein, sondern nur empirisch im Einzelfall einzuschätzen. Soweit diese Kriterien erfüllt sind, gelten auch unsere obigen Beschreibungen und Konsequenzen.

Selbstorganisation. Die unaufhebbare Freiwilligkeit der Teilnahme und die notwendige Passung partikulärer und gemeinsamer Interessen führen zu einem dritten Merkmal von Netzwerken: sie organisieren sich selbst. Mögen sie auch durch einen zentralen Akteur eingerichtet und durch dessen Ressourcen und Steuerungsimpulse beeinflusst werden, was in Netzwerken möglich ist und möglich wird, hängt von den freiwilligen Beiträgen der Netzwerkmitglieder ab, wie intensiv sie sich auf die Netzwerkarbeit einlassen, welche Zielsetzungen und Vereinbarungen sie in ihrem Handeln wirklich mittragen oder welche nicht.

Für das Netzwerkmanagement bedeutet dies,

3a) dass die Möglichkeiten der Selbstorganisation der Netzwerke gewahrt und sogar gefördert werden müssen. Die Zielfindungs- und Abstimmungsprozesse in den Netzwerken müssen erkennbar ergebnisoffen und konsensorientiert-partizipativ gestaltet sein.
3b) Direkte Steuerungsvorgaben sollten gemieden werden oder sind in einem gleichberechtigt gestalteten Diskurs (auf Augenhöhe) explizit zu begründen. Pragmatische Setzungen erscheinen dabei tragfähiger (einfacher begründbar) als normativ, argumentativ-theoretisch oder ideologisch anspruchsvolle Entscheidungen.
3c) Indirekte Steuerungsformen über kriteriengebundene Ressourcenzuweisungen oder positive Anreize (statt negative Sanktionen und Drohungen) sind zu bevorzugen.
3d) Ein wichtiges Steuerungsinstrument der Netzwerkarbeit sind Qualifizierungsprogramme, die doppelt als geldwerte Leistung und als konzentrierter Vermittlungskontext für komplexe Orientierungen der Netzwerkarbeit genutzt werden können.

Vertrauen. Als viertes und abschließendes Merkmal von Netzwerken ist hervorzuheben, dass ihre Dauer von einem gesicherten und in seiner Tragfähigkeit immer wieder bestätigten gegenseitigen Vertrauen abhängig ist. Vertrauen ist, theoretisch gesprochen, das Koordinationsmedium, poetisch formuliert, der notwendige Kitt des Netzwerkes. Netzwerke bestehen nur und so lange, wie die Netzwerkteilnehmer davon ausgehen (können), dass das Fundament gleichwertigen Gebens und Nehmens als Basis der Zusammenarbeit fortbesteht und keine „Trittbrettfahrer" im Netzwerk nur ihren eigenen Vorteil sehen und optimieren. Das Vertrauen muss nicht alle Netzwerkpartner vollständig, zweifel- und rückhaltlos umfassen oder unbefristet sein. Für den Fortbestand des Netzwerkes reicht ein Vertrauen aus, das glaubhaft macht, dass die eigene Bereitschaft zur Investition in das gemeinsame Ziel einer vergleichbaren Investitionsbereitschaft der Netzwerkpartner entspricht. Insofern

7.2 Netzwerktheorie und Netzwerkgestaltung

muss bei kleineren, leichter erreichbaren und mit den partikulären Interessen eng verbundenen Netzwerkzielen sicherlich ein geringeres Vertrauen gesichert sein, als bei aufwändigen und langfristig erreichbaren Anliegen.

Für das Netzwerkmanagement bedeutet dies,

4a) dass die Netzwerkarbeit beständig durch vertrauenssichernde Maßnahmen getragen und begleitet werden muss.
4b) Gelegenheiten der intensiven persönlichen Kontaktaufnahme und des Gedankenaustauschs zwischen den Netzwerkpartnern müssen geschaffen werden. Dies können regelmäßige Treffen oder Tagungen sein oder auch gemeinsame Fortbildungen.
4c) Die Begegnungen der Netzwerkpartner müssen dabei nicht nur auf „Augenhöhe" stattfinden, sondern müssen auch verdeutlichen, dass jeder Netzwerkpartner einen eigenständigen und unverzichtbaren Beitrag zur Verwirklichung des gemeinsamen Anliegens beitragen kann. Die jeweilige Kompetenz der Netzwerkpartner muss erkennbar sein. Dabei kann – wie bei Transfernetzwerken – die besondere Kompetenz eines Netzwerkpartners auch in seinem Lernbedarf und seinem Lerninteresse liegen. In Schulnetzwerken, so argumentieren Berkemeyer u..a. (2008b, 34), sei die Professionalität der Lehrkräfte und ihr gemeinsames Interesse an gutem Unterricht schon eine gute sachliche Ausgangsbasis für Vertrauen, die eine persönliche, affektiv-emotionale Übereinstimmung weniger erforderlich macht.
4d) Vertrauen ist an gegenseitiges Verständnis gebunden. Insofern verlangt die Zusammensetzung der Netzwerke eine besondere Aufmerksamkeit. Wichtig ist hier das Konzept der Nähe (Proximity), das wir schon im Abschnitt 4.3 angesprochen haben. Ein gegenseitiges Vertrauen scheint eher wahrscheinlich, wenn sich die Netzwerkpartner ähneln (gleiche Profession, gleiche Schulform, gleiche Fächer, gleiche Interessen, gleiche Region etc.). Das Ausmaß der erreichbaren Ähnlichkeit der Netzwerkpartner ist aber abhängig von der allgemeinen Themenstellung des Netzwerkes, die selbst eine eher heterogene oder homogene Zusammensetzung erfordert. Bei der Erarbeitung von didaktischen Konzepten für den Chemieunterricht sind Arbeitsgemeinschaften von Chemielehrkräften einer bestimmten Region nahe gelegt. Für die Gestaltung von regionalen Bildungslandschaften erscheint hingegen eine besonders heterogene Zusammensetzung der Netzwerke hilfreich, um die Vielfalt regionaler Interessen und Einflussgruppen zusammenzuführen.
4e) Im Anschluss an unsere Diskussion des Proximity-Konzepts sei schließlich daran erinnert, dass zu viel Nähe oder Gleichheit in Netzwerken auch schaden kann. Die kreative Spannung, die gegenseitige Anregung und Irritation

sind in Netzwerken von allzu Gleichen womöglich zu gering. Abhängig von der übergreifenden Themenstellung des Netzwerkinitiators sollte somit die Netzwerkzusammensetzung bewusst so beeinflusst werden, dass eine grundlegende Nähe der Netzwerkpartner bei einer ausreichenden Unterschiedlichkeit gewährleistet ist. Wiederum begrenzen allerdings die Teilnahmefreiwilligkeit und Selbstorganisation des Netzwerks die Möglichkeiten eines direktiven Netzwerk-Designs.

Wie kann nun eine Managementpraxis zusammenfassend beschrieben werden, die sich an diesen Kriterien und Hinweise ausrichtet

- die das gemeinsame Anliegen des Netzwerks an die Eigeninteressen der Netzwerkmitglieder anschlussfähig gestaltet,
- die die prinzipielle Freiwilligkeit der Netzwerkteilnahme anerkennt,
- die Selbstorganisation des Netzwerks als seine zentrale Arbeitsform würdigt und
- berücksichtigt, dass für den Fortbestand des Netzwerkes vor allem gegenseitiges Vertrauen der Netzwerkmitglieder notwendig ist?

Unsere Antwort lautet zugespitzt: Produktives Netzwerkmanagement ist vor allem und wesentlich eine Moderationsaufgabe. Es geht um (nach Wetzel u. a. 2000, 91f.):

1. Die Initiierung und Gestaltung von Lernprozessen zum Aufbau von Selbststeuerungs(Problemlöse-)Kompetenz,
2. Die Förderung des Aufbaus transparenter Organisationsstrukturen, Rollendefinitionen und Verhaltensroutinen zur Unterstützung von Orientierung und Handlungssicherheit
3. Die Gestaltung von Kommunikationen je nach aktuell-situativem Bedarf des Netzwerkes unter Einsatz vielfältiger Moderationsmethoden, die kreativ-offene Zielklärungen bis hin zu intensiv-zielgerichteten Arbeitsphasen unterstützen.

Bedeutet diese reduzierte und vorwiegend unterstützend gedachte Aufgabenstellung für das Netzwerkmanagement aber, dass die Realisierung von übergeordneten – von außen herangetragenen – Zielen in Netzwerken unmöglich ist? Sind Netzwerke lediglich Brutstätten für Unerwartetes und Ungewöhnliches? Wäre es verfehlt, mehr und zielgerichtetes von ihnen zu erwarten, als bisher unverbundene Potentiale potentiell zu verknüpfen? Anders gefragt, warum initiieren und finanzieren Kultusministerien und Stiftungen Netzwerke, wenn bei ihnen so unsicher ist, dass etwas – und mehr noch – etwas Bestimmtes herauskommt?

7.3 Projektmanagement und Netzwerkgestaltung

Netzwerke als eigendynamische und sich vor allem selbst gestaltende Kommunikationsräume zu betrachten, die lediglich moderiert werden können, dies entspricht zwar in der vorgestellten Ableitungslogik den Beschreibungskriterien der Netzwerkforschung, aber kaum der Praxis der Netzwerkgestaltung. Netzwerke im deutschen Bildungswesen, so hatten wir weiter oben schon einmal zitiert, besitzen „eine höhere Verbindlichkeit [...] als das herkömmlich in Netzwerken der Fall ist." (Höfer & Madelung 2008, 136). Sie stehen im Dienste externer Interessen und vorgegebener Themen, sind von außen initiiert und finanziert. In den Netzwerkbeschreibungen (Kapitel 6) oder bei den Hinweisen für das Netzwerkmanagement im vorherigen Abschnitt, blickte auch schon immer wieder durch, dass selbstverständlich durch Koordinationsstellen und Projektleitungen der Netzwerke, Maßnahmen ergriffen werden, die nicht nur moderierenden Charakter haben.

Pointiert formuliert: Netzwerkmanagement folgt eben auch anderen Interessen als denen der Netzwerker. Entsprechend kann Netzwerkmanagement bei Moderation nicht stehen bleiben, sondern muss umfassendere Formen der Einflussnahme finden, ohne die Eigenständigkeit und Eigendynamik der Netzwerkarbeit zu unterminieren. Es geht um das bewusste und vorsichtige Austarieren von externen Vorgaben und internen Prozessen.

> Zielstellung des Netzwerkmanagements ist die Bestimmung optimaler Eingriffsstärken und Eingriffsformen, die bei einer maximalen Zielverwirklichung des Netzwerkinitiators zugleich eine maximale Arbeitsfähigkeit des Netzwerkes gewährleisten.

Die Strategien und Methoden, die hierfür im Netzwerkmanagement genutzt werden, sind ebenso wie Moderationsmethoden nicht auf Netzwerke beschränkt oder nur für sie entwickelt worden. Sie lassen sich auch schwer auf einen einheitlichen Nenner bringen. Zu heterogen sind sowohl die theoretischen Hintergründe (von der Neuen Institutionenökonomie bis hin zur Gruppendynamik) als auch die einzelnen, durchaus konkurrierenden Ansätze von systemtheoretischen bis zu verhaltensorientierten Konzepten. In einem – sicherlich begrenzten – Versuch einen gemeinsamen Kern zu formulieren, könnte man sagen: typisch für die Managementverfahren, die bei der Netzwerkgestaltung zum Einsatz kommen, ist die Abkehr von einer inhaltlichen (materialen) zu einer verfahrensbezogenen (prozessualen) Steuerung.

Ein Beispiel zur Erläuterung: In den Netzwerkprojekten im deutschen Bildungswesen sind thematische Rahmenvorgaben der Initiatoren zwar vorhanden, aber bewusst interpretationsfähig weit geschnitten und auf Konsens angelegt (z. B. Schul- und Unterrichtsqualität). Die eigentlichen Zielbestimmungen der Netzwerke erfolgen dabei nicht über die Themenvorgaben – allerdings auch nicht allein durch die Netzwerke in Eigenregie. Typisch für die Netzwerkprojekte im deutschen Bildungswesen sind Antrags- und Auswahlverfahren, bei denen interessierte dezentrale Akteure (Schulen, Lehrkräfte, Kommunen, Regionen etc.) sich mit eigenen Vorstellungen und Themen für Netzwerke um eine Förderung bewerben. Eine basale Zustimmung zum vorgegeben Rahmenthema und die Passfähigkeit zu eigenen Interessen sind so durch ein formales Verfahren gesichert, das der eigentlichen Netzwerkbildung vorausgeht. Über Rückfragen und Konkretisierungsaufforderungen, Vorstellungsgespräche und Zielvereinbarungen als vertragliche Basis der Projektförderung werden systematisch weitere Abstimmungen zwischen Netzwerkinitiator und den Netzbeteiligten erreicht, ohne dass ein Zwangs- oder Weisungsverhältnis generiert würde. So sind die Inhalte bzw. Ziele, die mit diesem Verfahren hervorgebracht und bestätigt werden, weder diffus noch beliebig, auch wenn die expliziert vorgegebenen Inhalte schwach konturiert waren.

Solche indirekten, über die Art und Weise der Ergebniserstellung statt über definierte Ergebniserwartungen wirkenden Steuerungsstrategien finden sich häufiger in der Netzgestaltung. Dabei ist dieses Vorgehen weder neu, noch auf Netzwerke begrenzt. Parallelen finden sich insbesondere zu Ansätzen neuer Steuerung im Schulwesen (s. Altrichter & Maag Merki 2010; Koch & Gräsel 2004). Hier findet eine Doppelstrategie der Rücknahme direkter materialer Vorgaben (schulrechtlich, curricular, finanziell) und der Einführung neuer, typischerweise sehr formalisierter Verfahren der Aufsicht und Koordination. Die Eigenständigkeit der dezentralen Akteure wird erhöht, zugleich aber mit standardisierten Evaluationen, Antragsverfahren, Verhandlungs- und Rechenschaftspflichten verknüpft, die regelmäßig eine vorgängige Bringleistung der dezentralen Akteure einfordern, zu denen sich die zentralen Akteure dann in Gesprächssituationen urteilend und nachfragend verhalten können, ohne sich selbst vorab eindeutig positioniert zu haben. So wird Eigenständigkeit und Selbstorganisation eingefordert, gewürdigt und als Basis für Steuerungsentscheidungen genutzt (weiterführend Kapitel 9).

Neben diesen Großstrukturen der verfahrensbezogenen Steuerung spielen beim Netzwerkmanagement aber auch – weniger explizit sichtbar – in die einzelnen Arbeitsprozesse eingelassene Verfahren der moderierenden Handlungsorientierung eine wichtig Rolle (s. Rolff 2008; Jäger & Reese 2008). Sie schließen ebenfalls an eine (vorgängige) Praxis im Schulwesen an, nämlich an die schon seit den 1980er Jahren kommunizierten und genutzten Strategien der Schulprogrammarbeit, der Selbstevaluation, der Schul- und Unterrichtsentwicklung oder auch des Projektmanagements (s. Dalin & Rolff 1990, Dalin 1999, ähnl. Berkemeyer u. a. 2008b,

7.3 Projektmanagement und Netzwerkgestaltung

21). Auch in diesen Konzepten stehen formale Verfahren und Instrumente im Vordergrund, die vordergründig inhaltlich neutral sind, aber als quasi-logische Schrittfolgen und Prozeduren, Gruppenarbeitsprozesse auf gemeinsam tragfähige und pragmatisch umsetzbare Ziele hin orientieren.

Vor allem folgende Prinzipien fließen damit in die Netzwerkarbeit ein:

1. Der Arbeitsprozess wird idealtypisch als zyklische, systematisch aufeinander aufbauende Schrittfolge konzipiert und kommuniziert.

Ausgehend von einer Zielbestimmung, die zusammen mit den Ergebnissen der Ist-Standanalyse Grundlage einer Festlegung von Planzielen und Maßnahmen ist, werden bestimmte Aktivitäten ergriffen. Der Arbeitserfolg wird schließlich kontrolliert und fundiert so eine Zielprüfung und neuerliche Zielklärung (s. Abb. 16). Abhängig von der zeitlichen Anlage und der konkreten Zielstellung der Projektarbeit kann dieser Arbeitszyklus einmal oder mehrmals durchlaufen werden.

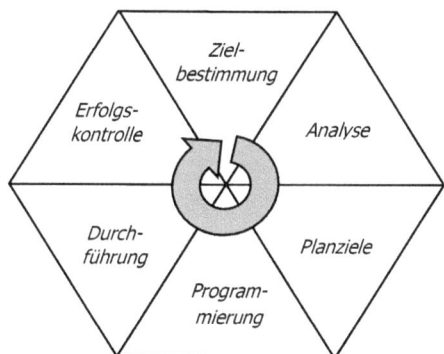

Abb. 16
Zyklusmodell der Schulentwicklung

Angelehnt an: Furck's „Hexagon der Planung"

In der Netzwerkarbeit entsteht so eine implizite Verpflichtungsdynamik: Wenn man an der Zielbestimmung, Analyse und Maßnahmenplanung aktiv beteiligt war und ihr zugestimmt hat, kann man sich der Durchführung der Maßnahmen kaum noch entziehen. Moderationsmethoden erzeugen eine ähnliche konsensorientierte Einbindung in Gruppenprozesse, der Nennung und Gewichtung von Themen.

2. Aus den Erfahrungen der Schulentwicklungs- und Projektarbeit resultiert eine (gruppendynamisch orientierte) Unterscheidung von bestimmten Arbeitsphasen mit jeweils besonderen Aufgaben und Herausforderungen an das Netzwerkmanagement.

Hier wird für die Netzwerkgestaltung vor allem ein Professionswissen typischer Abläufe und hilfreicher Interventionen bereitgestellt, das dabei hilft, Netzwerke auf „Linie" zu halten. Dabei besteht die „Linie" üblicherweise in der eigenen Arbeitsplanung, die vorab über Zielvereinbarungen oder über moderierte Zielfindungsprozesse selbst verfahrensförmig legitimiert ist. Für die Netzwerkarbeit im Modellprogramm QuiSS wurde z. B. zwischen einer Startphase, einer Prozessphase und einer Abschluss- und Transferphase differenziert (Janzen 2004 in Anlehnung an Hameyer).

In der *Startphase* der Netzwerkarbeit gehe es für die Netzwerkgestalter darum, „Gleichgesinnte zu finden, die bereit sind, sich miteinander auf den Weg zu machen" (Janzen 2004, 149). Dabei ist die Sicherung und Anregung einer intensiven hierarchielosen Kommunikation zwischen den Interessenten das wichtigste Arbeitsinstrument. „Jeder soll Gelegenheit haben, seine Überlegungen und Ideen in einer offenen, positiven und kollegialen Atmosphäre zu entwickeln." (ebd., 150). Die Motivation der Beteiligten sollte offen gelegt werden; ebenso sollten die unterschiedlichen Kompetenzen der Netzwerkmitglieder sichtbar gemacht und anerkannt werden. Aufgabe dieser Arbeitsphase ist aber vor allem die Bildung von „Beziehungskapital". Kenntnisse der Teambildung und der Kommunikation in Gruppen sind notwendige Voraussetzungen für eine erfolgreiche Moderation. Hilfreich sind Strategien des Aufbaus und der Kommunikation einer Netzwerkidentität nach innen und außen. Eine eigene Namensgebung oder eine eigene öffentliche Projektdarstellung sind geeignete Tools.

Konzeptuelle Grundlage der *Prozessphase* ist prinzipiell der oben erwähnte zyklisch ablaufende Arbeitsprozess mit seinen sechs Arbeitsschritten. Der spezifische Auftrag für das Netzwerk muss geklärt und von allen Beteiligten akzeptiert werden. Arbeitsfelder sind zu konkretisieren und in eine terminierte Maßnahmenplanung kleiner erreichbarer Teilziele umzusetzen, die im Rahmen des Netzwerks bearbeitet werden sollen. „Absprachen müssen u. a. getroffen werden über Termine, die Form und Anzahl der Treffen, über Ressourcen, die genutzt werden können, über Arbeitsteilung und Expertise, die eingeholt werden muss." (ebd., 151) Für das Netzwerkmanagement erfordert dies Kompetenzen zur Organisation einer zielgerichteten und realistischen Arbeitsplanung und zu Strategien der Sicherung ihrer Akzeptanz und Verbindlichkeit, z. B. über Vereinbarungen, Dokumentations- und Rückmeldesysteme oder auch gemeinsam vereinbarte Sanktionen bei

"Regelverstößen". Die Transparenz der Arbeitsabsprachen, Arbeitsprozesse und Arbeitsergebnisse sind hierzu ein wichtiges Element. Schriftliche Dokumentationen (Protokolle, "Verträge", Organigramme, Projekt- und Zeitpläne, Berichte und Befragungen oder ein Logbuch des Netzwerkes) helfen.

Über einen frühen und beständigen Austausch von Informationen und Materialien zwischen den Netzwerkmitgliedern kann dabei das „Beziehungskapital" als Vertrauensbasis für Absprachen und Verbindlichkeiten gestützt werden. Notwendig sind auch Fähigkeiten des Konfliktmanagements: einer angemessenen Abwägung zwischen Toleranz und Thematisierung von Widersprüchen und einer produktiven – anerkennungs- und sachorientierten, persönliche Verletzungen ausschließenden – Konfliktbearbeitung. Abhängig vom vorhandenen Entwicklungsbedarf und den Kompetenzen der Netzwerkmitglieder sind Unterstützungs- und Qualifizierungsangebote bereitzustellen. Ein entsprechender netzwerkinterner oder auch externer Expertenpool ist aufzubauen und vorzuhalten.

Die *Abschluss- und Transferphase* ist einerseits projektorganisatorisch durch die Endlichkeit des Förderzeitraums definiert: „Netzwerkarbeit ist zeitlich begrenzt" (ebd, 153). Andererseits ist auch prinzipiell eine dauerhafte und fortwährend intensive Zusammenarbeit, wie in den Netzwerkprojekten mit immer wieder zyklisch aktualisierten kurzfristigen, erreichbaren Zielsetzungen angedacht ist, nicht realistisch. Die Managementaufgabe besteht hierbei darin, das Ende des Netzwerkes selbst als einen produktiv erlebten Vorgang zu gestalten, nicht zuletzt um die Bereitschaft der Beteiligten für erneuerte Netzwerkaktivitäten zu stützen. Notwendig ist eine werbewirksame, anschauliche, praxisnahe und motivierende Abschlussdokumentation der erreichten Ergebnisse. Bei großen Netzwerken mit „großen" Themen sind auch Abschlusstagungen wichtig, die insbesondere auch eine Außenwürdigung des Engagements gewährleisten. Unverzichtbar ist auch, dass für die Netzwerkbeteiligten eine prinzipielle Fortwirkung ihrer gemeinsamen Arbeit nach dem Projektende anschaulich ist. Der gelingende oder misslingende Transfer der Arbeitsergebnisse in dauerhafte Regelstrukturen oder hin zu weiteren Lehrkräften, Schulen und Regionen ist nicht nur ein prinzipielles Anliegen des Netzwerkinitiators, sondern auch ein zentrales Erfolgskriterium für die Projektbeteiligten. Entsprechend sind durch das Netzwerkmanagement schon früh Maßnahmen der Außenkommunikation und öffentlichen Präsentation der Netzarbeit zu ergreifen. Auch sollte systematisch an einer Erweiterung und Öffnung der Netzwerkbeziehungen des Projekts gearbeitet werden. Für in Netzwerken aktive Lehrkräfte sollte durch Informationen und Absprachen z. B. mit der Schulleitung oder der zuständigen Schulaufsicht eine nachhaltige Unterstützung in ihren Herkunftsschulen gesichert werden.

3. Zur Sicherung der Umsetzung, der durch den Netzwerkinitiator definierten Ziele, und einer zielgerichteten Netzwerkarbeit sind Strategien der eindeutigen Zurechnung von Verantwortlichkeiten und Rechenschaftspflichten (Adressierbarkeit) von Bedeutung.

Dies betrifft netzwerkintern die – schon erwähnte – Aufmerksamkeit für verbindliche und transparente Absprachen. Bei größeren Netzwerkstrukturen werden zudem organisatorische Strukturen eingeführt, die sich in umfangreichen und langfristigen Projekten bewährt haben. Funktionsstellen wie Netzwerkkoordinatoren oder Ansprechpartner werden eingerichtet oder Berater den Netzwerken beigeordnet. Besondere Gremien werden geschaffen wie z. B. Steuergruppen, regelmäßige Netzwerktreffen oder Beiräte. Die Abläufe in Netzwerkprojekten werden so vor allem kontrollierbarer gestaltet: Aufgabenverantwortungen können so quasi-hierarchisch von einer zentralen Stelle (der Projektleitung) an klar adressierbare Personen an der Peripherie (z. B. den Netzwerkkoordinatoren) übergeben werden, die deren Umsetzung und Konkretisierung in partizipativen Abstimmungsforen (z. B. Steuergruppen) gewährleisten und noch weiter nach außen – an verantwortliche Ansprechpartner bzw. schulinterne Steuergruppen – delegieren. Umgekehrt können Prozesse der peripher-zentralen Rückmeldung oder auch der Beantragung (z. B. von Ressourcen) systematisch gestaltet, kontrolliert und als Steuerungsmedium der Netzwerkinitiatoren genutzt werden.

In der aktuellen – gegenständlich vor allem auf regionale Kooperationsnetzwerke orientierten – Literatur wird der Nutzen und die Bedeutung von Rechenschaftslegung besonders hervorgehoben (vgl. Solzbacher & Minderop 2014): sei es als evaluative Selbstreports der Teilnetzwerke bzw. Netzwerkpartner für die Steuerungsgremien nach vorgegebenen Berichtstrukturen; sei es als regelmäßige interne Arbeitsstandspräsentationen auf Meilensteintagungen oder externe Selbstdarstellungen auf (regionalen) Bildungskonferenzen; sei es über die Erfassung und Veröffentlichung in Projekt- oder auch regionalen Bildungsberichten oder sei es über die Einbindung in projektbezogene Internetpräsenzen. Insbesondere für die kontinuierliche Rückbindung der Teilnehmer an die allgemeinen Projektziele wird eine Verpflichtung auf systematische Rechenschaft als „heilsam" gekennzeichnet (Minderop 2014, 106): „Sie sorgt dafür, dass man das Ziel nicht aus dem Auge verliert. Sie bewahrt vor Illusion und sie hilft dabei, die Frage nach dem Nutzen als selbstverständlichen Handlungsimpuls anzunehmen."

Sicherlich wäre kritisch zu hinterfragen, inwieweit diese Rechenschaftslegungs- bzw. Steuerungsinstrumentarien nicht nur für übergreifende Projektanliegen sehr großer Netzwerke wie die Etablierung dauerhaft fortbestehender regionaler Bildungslandschaften sinnvoll sind, sondern auch für im Anspruch und Umfang kleinere und kurzfristige Netzwerke. Die Entscheidung ist sicherlich fallbezogen in Abwägung von Aufwand und Nutzen zu treffen, wobei eine wiederkehrende, strukturiert-gemeinsame und wohlwollend-ergebnisoffene Reflektion und Kommunikation über die Ziele und den Arbeitsstand eines Projekts wohl immer hilfreich zu nennen ist.

Im Zusammenklang all dieser Steuerungsinstrumente entsteht keineswegs ein von vornherein voraussehbares Produkt, sondern es wird lediglich die Wahrscheinlichkeit optimiert, dass überhaupt ein Produkt entsteht. Dennoch – und dies hofften wir zu verdeutlichen – sind die Ergebnisse, die im Rahmen dieser projektförmigen Arbeitsvorgaben erstellt werden, nicht beliebig und nicht unabhängig von den allgemeinen Erwartungen der Netzwerk-Initiatoren (den Kultusministerien oder Stiftungen). Nicht jegliche Zielsetzungen und Ergebnisse der Netzwerkarbeit werden gefördert, sondern nur solche,

- denen eine breite soziale Akzeptanz – im Netzwerk und in der antizipierten Netzwerk-Umwelt – zukommt,
- die nach innen und außen konsensfähig sind, also grundsätzliche z. B. ideologische Konflikte nicht explizit thematisieren,
- die anschlussfähig sind an bestehende Praxen und durch die Netzarbeit nicht beeinflussbare Rahmenstrukturen und
- die pragmatisch an einer schrittweisen, zeitnahen und detailorientierten Verbesserung bestehender Zustände arbeiten.

7.4 Zusammenfassung und Perspektiverweiterung

In diesem Kapitel war es unser Anliegen, konzeptuelle Orientierungen für Arbeitsweisen des Netzwerkmanagements darzulegen, wie sie sich aus der Netzwerktheorie und der externen Interesseneinbindung von Netzwerken ableiten lassen. Unsere Darstellung wollen wir hier abschließend noch einmal zufassen, in ihren Konsequenzen besprechen und um eine wie wir denken wichtige Außerperspektive erweitern.

Unsere Anfangsthese war: Netzwerkmanagement, als bewusste Gestaltung von Netzwerken, muss berücksichtigen, dass Netzwerke etwas anderes sind als Organisationen oder Projekte. Bestimmte Instrumente organisationaler Steuerung wie Zielvorgaben, Ablaufplanung und Sanktionen funktionieren nur eingegrenzt, denn Netzwerkprinzipien wie die Freiwilligkeit der Teilnahme können niemals gänzlich aufgehoben werden (s. Abschnitt 7.2).

In Abschnitt 7.3 hatten wir hingegen hervorgehoben, dass ein kompetenter Koordinator oder Moderator durchaus vielfältige Möglichkeiten hat, strukturierend und orientierend auf die Netzwerkarbeit einzuwirken, vor allem indem er bestimmte Verfahren der Zielfindung, Abstimmung und Gruppenorganisation einsetzt. Aus diesen Einflussmöglichkeiten von Moderation und Projektmanagement hatten wir schließlich die Konsequenz gezogen, dass in so gestalteten Netzwerken nur bestimmte Ergebnisse entstehen können, nämlich systematisch nur solche, die an übergreifende Interessen der externen Netzwerkinitiatoren anschlussfähig sind. Verwiesen hatten wir dazu auf die durch Moderations- und Managementorientierung unterstützte pragmatisch-konsensuelle Orientierung an einer schrittweisen, machbarkeitsorientierten Verbesserung des Bestehenden.

Als Konsequenz daraus abzuleiten ist: Mit Netzwerken oder Moderationsmethoden gestaltet man keinen plötzlichen und tiefgreifenden Wandel, schon gar nicht konträr zu den vor Ort etablierten Traditionen und Interessen. Es sind typischerweise Ansätze der schrittweise-zunehmend sich entfaltenden Kooperation, die sicherlich mittelfristig geeignet sein mag, Kommunikations- und Innovationsbarrieren abzubauen und zunehmend mehr Akteure „ins Boot zu holen". Ungünstig scheinen dabei zentral gesetzte Interessen oder Zielvorgaben, die den Akteuren vor Ort wenig Spielraum für eigene Interpretationen und Schwerpunktsetzungen lassen. Am tragfähigsten und am wenigsten mit einem Enttäuschungsrisiko belastet sind hingegen solche externen Zielsetzungen, die eine produktive Netzwerkarbeit selbst als Erfolg definieren – also z. B. „nur" eine zielstrebige Auseinandersetzung von bestimmten Akteuren, in ihren konkreten Kontexten, mit einer allgemeinen Fragestellung anstreben, ohne davon eine generalisierte oder auch nur generalisierbare Lösung des Problems zu erwarten.

Schließlich binden die eingesetzten Verfahren immer auch die Initiatoren: die einmal beschlossenen Zielvereinbarungen oder die in moderierten Gruppendiskussionen gefundenen Konsensi und Orientierungen sind allgemeine, dauerhafte, höchstens durch neuerliche Verhandlungen und Moderationen änderbare Festlegungen. Und natürlich sind die Verfahren des Projektmanagements nicht nur nützlich für externe Interessen. Sie sind auch hilfreich, um potentiell negative Entwicklungen und Kommunikationsblockaden in Netzwerken zu dämpfen, die bei sich selbst organisierenden Gruppen nahe liegen. Insbesondere wenn es um die persönlichen Beziehungen zwischen den Netzwerkpartnern als Vertrauensbasis geht, sind solche Synergien zwischen Netzwerk- und Projektinteressen wahrscheinlich.

Unter diesen Rahmenbedingungen sollte Netzwerkgestaltung funktionieren. Dennoch: Automatismen kann es nicht geben. Nicht nur deswegen, weil es sich beim Netzwerkmanagement um ein komplexes, besondere Qualifikationen und Erfahrungen voraussetzendes Vorhaben handelt. Dies würde nämlich immer noch

7.4 Zusammenfassung und Perspektiverweiterung

implizieren, dass es bei der Gestaltung von Netzwerken immer eindeutig richtige Lösungen für auftretende Herausforderungen und Probleme gäbe, die professionelle Netzwerkmanager und -moderatoren im Unterschied zu unprofessionellen eben finden würden.

Erfahrungen aus in dieser Hinsicht ausgesprochen informativen Fallstudien zu Netzwerkentwicklungen in ostdeutschen Kommunen verweisen demgegenüber darauf, dass ein „Handeln in Netzwerkzusammenhängen nicht nur komplexe, sondern auch dilemmatische Situationen herbeiführen kann – also komplex angelegte Umstände, in denen die Entscheidungssituation auf die Wahl zwischen zwei ‚Übeln' hinauslaufen kann." (Wetzel 2001b, 92)

Anders gesagt, Netzwerkmanagement kennt womöglich nicht nur lösbare Probleme, sondern auch dilemmatische oder sogar antagonistische Herausforderungen.[11] In der erwähnten Studie identifizieren die Autoren zumindest sechs dilemmatische Muster (ebd., 92-106):

1. das Besitzdilemma,
2. das Vertrauensdilemma
3. das Selbstorganisationsdilemma
4. das Kommunikationsdilemma
5. das Legitimationsdilemma sowie
6. das Anschlussdilemma.

Das *(1) Besitzdilemma* besteht darin, dass Netzwerke zumeist von einem Akteur initiiert werden, der ein originäres Interesse an ihnen besitzt und dazu bereit ist, eine Reihe von Vorleistungen zu erbringen. Im Netzwerk versammeln sich allerdings freie Akteure, die nicht notwendig und vollständig die Intentionen des Initiators teilen. Ihre eigenen Interessen geraten leicht in Widerspruch zu dem gesetzten Netzwerkrahmen, mit der Gefahr, dass die Netzwerkarbeit stockt und leerläuft. Aber auch wenn die Integration der neuen Netzwerkmitglieder gelingt, entstehen

---

11 In der Lehrerprofessionalitätsforschung gibt es allerdings – an dieser Stelle deshalb erwähnenswerte – Ansätze, die die Notwendigkeit von professionellen Akteuren in Erziehungs- und Unterrichtskontexten genau damit begründen, dass diese Handlungskontexte durch unaufhebbare Widerspruchs- und Gegengesetzlichkeitsverhältnisse (Antagonismen, Antinomien etc.) gekennzeichnet sind (vgl. Combe & Helsper 2002). Professionelle Lehrkraft zu sein, bedeutet somit in dieser Theorieperspektive, fähig zu sein, sich situativ abwägend durchzuwursteln (engl. muddling through), um alternierend (mal so mal so) keines der plural-widersprüchlichen Ziele von Schule aus den Augen zu verlieren.

Probleme. Je mehr sich die Netzwerkmitglieder engagieren, umso mehr identifizieren sie sich auch mit ihrem Netzwerk und wollen es „mitbesitzen".

Insbesondere wenn immer weitere Akteure im Netzwerk hinzukommen oder Akteure im Netzwerk unterschiedlich aktiv sind, entsteht für die Initiatoren, Alt-Mitglieder bzw. Aktiven systematisch die Aufforderung „die eigene, starke Identifikation mit weiteren Teilnehmern zu ‚teilen' [...], Verantwortung abzugeben, weitere Interessen sowie Ziel- und Umsetzungsvorstellungen zuzulassen." (ebd., 94) Die Abwehr solcher Anforderungen durch den Kern des Netzwerkes führt zu seiner Isolation und Überlastung, zu einer Hierarchisierung der Netzwerkkommunikation und zu einer Demotivation der „Neuen". Ihre Annahme ist aber ebenfalls problematisch, da sie zu einem ‚Loslassen' von schon erreichten Absprachen, Zielklarheiten und Eigentumsrechten an Ideen und Erfolgen des Netzwerkes zwingen und so die Motivation der Alt-Mitglieder schwächt. Beidesmal entstehende Gefahren des Nichthandelns im Netzwerk können „nur" moderierend ausbalanciert werden.

Vertrauen, da ist sich die Netzwerktheorie weitgehend einig, ist das basale Kit von Netzwerken. Das *Vertrauensdilemma (2)* beruht nun darauf, dass Vertrauen prinzipiell riskant und unsicher ist. Nur wenn die realistische Möglichkeit besteht, dass Vertrauen enttäuscht werden kann, ist überhaupt Vertrauen erforderlich. Es ist ein Handeln ohne ausreichende rationale oder erfahrungsbasierte Grundlage. Netzwerke sind aber zumeist Begegnungsstätten von Fremden: Vertrauen als Basis der Netzwerkarbeit muss in der Netzwerkarbeit erst generiert werden. Entsprechend wahrscheinlich ist, dass in Netzwerken – vor allem zu Beginn – Vertrauensvorschüsse rationiert werden: „Je weniger ein unmittelbarer Nutzen erkennbar ist und je weniger bekannt die anderen Teilnehmer sind, um so reservierter wird sich der Einzelne verhalten." (ebd., 95) Bereitschaften zur Kooperation bleiben unspezifisch und insbesondere wenn es um konkretere Vorleistungen und praktisches Engagement geht, ziehen sich die Teilnehmer zurück. Der kritische Punkt besteht in der Notwendigkeit eines Vertrauensbeweises in der Netzwerkarbeit, insbesondere um an kritische Informationen – die eigentlichen Probleme und Themen – zu kommen. Moderatoren sind hier besonders gefordert, Situationen der risikobegrenzten Öffnung und des Vertrauensaufbaus zu gestalten.

Auch die *Selbstorganisation (3)*, Grundlage des dritten Dilemmas, ist ein zentrales Merkmal von Netzwerken als stark dezentrale bzw. polyzentrische Ordnungen. Selbstorganisation ist Ausdruck der prinzipiellen Freiwilligkeit der beteiligten Akteure und Garantie der ausreichenden Berücksichtigung eigener Interessen. Das Dilemma der Selbstorganisation besteht nun darin, dass je umfangreicher und anspruchsvoller die Netzwerkarbeiten sind (Abstimmungsdichte und Stressrate steigen), explizite Managementverfahren und Managementstrukturen notwendig werden. Die so nahe gelegte Professionalisierung und Zentralisierung des Netzwerks

7.4 Zusammenfassung und Perspektiverweiterung

führt zwar einerseits zu effektiveren Arbeitsstrukturen – „die Abstimmungsdichte sinkt, ein homogener Außenauftritt und der Aufbau transparenter Arbeitsroutinen werden möglich" (ebd., 98) –, andererseits „verliert das Netzwerk an Flexibilität und Kreativitätspotential" (ebd.). In der Netzwerkmoderation ist so eine Balancierung der Dilemmasituation zwischen der Herstellung von Ordnung und dem Zulassen von Unordnung erforderlich.

Das *Kommunikationsdilemma (4)* besteht darin, dass Klärungsprozesse von Konflikten nicht selbstverständlich und nicht immer zu einer Rückkehr in gemeinsames produktives Arbeiten führen. Ausgesprochene Konflikte können „überhitzen" und eine innerhalb des Netzwerkes nicht mehr kontrollierbare und integrierbare Dimension erreichen. Andererseits ist ein Ignorieren von Konflikten ebenfalls unproduktiv, da persönliche Verstimmung immer auch die Sacharbeit beeinträchtigt – und auch Weggucken nicht vor einer möglichen Auflösung der Arbeitsbeziehung im Netzwerk schützt. Schließlich ist das gegenseitige Vertrauen eine notwendige Voraussetzung. Konflikte sind aber auch nicht ausschließlich negativ. Erfahrungen einer gemeinsamen produktiven Konfliktbearbeitung können dabei sogar vertrauensstärkend wirken. Entsprechend weisen Wetzel u. a. (ebd., 101) der Netzwerkmoderation neben klassischen Aufgaben der Konfliktthematisierung und im Mediationsfall der Konfliktlösung auch die Aufgabe einer – strategischen – Konfliktinitierung und Konfliktdrosselung zu, um die Entwicklung des Netzwerkes zu stützen.

Netzwerke bestehen – zumeist – nicht nur aus einzelnen Individuen, die Kontakte halten und an Treffen teilnehmen, sondern auch aus den Organisationen, in denen die Individuen verankert sind. Für die Netzwerker ergibt sich damit ein *Legitimationsdilemma (5)*: Sie sind zugleich Agent ihrer Organisation, die sie im Netzwerk repräsentieren, als auch Agent des Netzwerkes, mit dem sie sich – wenn das Netzwerk erfolgreich arbeitet – identifizieren. Wetzel u. a. (ebd., 101) bezeichnen dies als „erzwungene ‚schizophrene' Situation des Einzelnen", die noch dadurch verkompliziert wird, dass es neben den Interessen der „Heimatorganisation" und des Netzwerkes immer auch noch die Eigeninteressen des Individuums gibt. „Der Einzelne muss sich beständig gegenüber mehreren Systemen legitimieren." (ebd., 102), deren Erwartungen zudem im Zeitverlauf veränderlich sind. In diesem Dilemma hilft letztlich nur Reflexion. Eine entsprechende Anregungs- und Systematisierungsaufgabe kann die Netzwerkmoderation übernehmen.

Netzwerke sind keine festen Organisationen, sondern stellen insbesondere zum Beginn sehr offene, heterogene, flexible und spontane Zusammenhänge dar. Nach einem „oftmals unsystematischen, iterativen Start mit einer eher beliebigen und kontingenten Verteilung von Arbeitsaufgaben und Ressourcen" kommt es in der Netzwerkentwicklung zunehmend „zur Herausbildung von netzwerkspezifischen

Kooperations- und Handlungsmustern" und „zur Etablierung einer spezifischen Netzwerklogik mit einem Satz effektiver und für mehrere Problemmuster einsetzbarer Handlungsroutinen." (ebd., 103) Netzwerke werden so zu etwas sehr Eigenem und Eigendynamischen und unterscheiden sich zunehmend „von den dominierenden Problembewältigungsmustern in Organisationen ihres regionalen Umfeldes" (ebd., 103f.). Damit gewinnt das Netzwerk intern Effektivität und Effizienz, zugleich verlieren sich aber „seine funktionsfähigen Schnittstellen zur Netzwerkumwelt" (ebd., 104). Die Herausbildung von Netzwerkeigenarten ist weder zu verhindern, nach wären entsprechende Versuche für die Dynamik des Netzwerkes förderlich. Dennoch führen zu große Eigenheiten zu einer unproduktiven Abkopplung der Netzwerke von ihrer Umwelt und damit zu einem *Anschlussdilemma (6)* in der Netzwerkarbeit. Netzwerkmoderation kann hier vorsichtig ausgleichend, reflexions- und kommunikationsfördernd tätig werden.

Diese Dilemmata sind – wir hoffen, das hat unsere Darstellung deutlich gemacht – unauflösbare Bestandteile von Netzwerken. Sie können sicherlich zu einem Zeitpunkt positiv bearbeitet, d. h. in einer produktiven Balance gehalten werden. Auch kann eine geschickte problembewusste Netzwerkmoderation helfen, ihre Effekte und ihre Sichtbarkeit zu dämpfen. Eine endgültige Lösung, die eine zukünftige Rückkehr verhindern könnte, gibt es allerdings nicht: Netzwerke sind, negativ formuliert, sehr instabile und immer wieder neu irritierbare Gebilde. Positiv betrachtet sind die Herausforderungen aber lediglich Nebenfolgen der angestrebten Offenheit, Flexibilität und Dynamik von Netzwerken, mit der auch Unerwartetes und Unwahrscheinliches potenziell möglich wird. Und nicht zuletzt begründen sie, wenn man Netzwerke nicht einfach laufen lassen, sondern strategisch gestalten oder auch nutzen möchte, die Notwendigkeit von professionell ausgebildeten Netzwerkgestaltern.

Evaluationsbefunde zur Netzwerkarbeit 8

Im folgenden Kapitel wollen wir uns mit vorliegenden Evaluationsdaten zu Netzwerken im – deutschen – Bildungswesen beschäftigen.

Schon mit dieser Formulierung deuten wir eine mehrfache Einschränkung unseres Darstellungsanliegens an. Sie beruht im Wesentlichen auf dem aktuell noch wenig befriedigenden Stand der bisherigen Forschungsarbeit (vgl. Gruber & Rehrl 2009, Rehrl & Gruber 2007). Wenn sich empirische Studien zu Netzwerken im deutschen Bildungswesen finden, so handelt es sich durchgängig um projektnahe Begleitforschungen zu zielgerichtet initiierten und bewusst gestalteten Netzwerken (so auch Dedering 2007, 74).[12] Methodisch sind die vorliegenden eher auf einem geringen Niveau:

- Sie basieren zumeist auf Selbsteinschätzungen der Netzwerkteilnehmer statt auf Beobachtungen und Tests oder hermeneutischen Tiefenanalysen von Interviews (s. aber Leser & Vock 2008).
- Sie nutzen vielfach nur rückblickende Selbsteinschätzungen von Veränderungen statt längsschnittliche Erhebungen mit mehreren Messzeitpunkten (zu Beginn, im Verlauf und am Ende).
- Sie berücksichtigen zumeist keine Langzeiteffekte von Netzwerkprojekten, die sich erst nach Ablauf der evaluierten Projektphase einstellen (Was bleibt nach ein oder zwei Jahren?).
- Sie verzichten auf einen Vergleich zu nicht beteiligten Schulen oder Lehrkräften (natürliche Experimente);

---

12 Unsere Einschätzungen beruhen v. a. auf folgenden Studien: Czerwanski 2003c; Dedering 2007; Berkemeyer u. a. 2008c; 2009b; Manitius u. a. 2009; Gottmann 2009; Killus 2008; Emminghaus & Tippelt 2009; Reupold u. a. 2010.

- geschweige denn, dass sie experimentelle Situationen zur Prüfung von Netzwerk-Effekten bewusst gestalten würden (Vergleichsgruppendesign mit zufälliger Gruppenzuteilung).

Insgesamt ist das gesicherte (evidente) Forschungswissen zu Netzwerken ausgesprochen mager. Insbesondere eines können die Studien nicht leisten: Wirkungsanalysen von Netzwerken. Neben methodisch anspruchsvolleren Forschungsdesigns wäre hierfür auch eine Ausweitung des Untersuchungsgegenstandes erforderlich. Nicht nur die Erreichung der explizit angestrebten Ziele müsste geprüft werden, sondern auch und möglichst umfangreich das Eintreten weiterer positiver und negativer, interner und externer, bewirkter und verhinderter, kurzfristiger und langfristiger Effekte. Schließlich müssten der Netzwerkaufwand und die Netzwerkergebnisse systematisch mit dem Aufwand und Effekten anderer Maßnahmen verglichen werden, um aussagen zu können, ob und für was Netzwerke wirklich besser und geeigneter sind.

Solche wissenschaftlich und analytischen anspruchsvollen Kosten-Nutzen-Analysen gibt es gegenwärtig noch nicht, weder zu Netzwerken im deutschen Bildungswesen, noch – unseres Wissens nach – zu bildungssystembezogenen Netzwerkprojekten in anderen Ländern. Bezogen auf Unternehmensnetzwerke und regionale Vernetzung gibt es zwar Studien, die Einflüsse auf Wirtschaftsentwicklung und Wohlstand prüfen (z. B. Graf 2006; 2011; vgl. Koch u. a. 2005). Während die umgesetzten methodischen Ansprüche sicherlich eine wichtige Referenz für eine zukünftige Forschung zu Schulnetzwerken darstellen, sind die Ergebnisse dieser Studien aber nur begrenzt auf Bildungseinrichtungen und regionale Bildungslandschaften zu übertragen.

Mit diesem Übertragbarkeitsproblem legitimieren wir auch die Eingrenzung unserer folgenden Darstellungen auf Forschungsergebnisse aus dem deutschen Sprachraum: Wir müssen den Bedeutungsbereich des Begriffs gestalteter Netzwerke im Bildungswesen, wie wir ihn in Kapitel 6 konturiert haben, nicht neuerlich öffnen, um die internationale Vielfalt angemessen einzubeziehen. Vielmehr können wir an die Netzwerktypen und Beispiele aus Kapitel 6 direkt anschließen und der Konzepterörterung nunmehr die Evaluationsbefunde folgen lassen.

Folgendermaßen ist das Kapitel aufgebaut: Im Abschnitt 8.1 stellen und diskutieren wir die Frage der Kriterien – der Ziele – an denen sich der Erfolg von Netzwerken erweisen muss, um dann in Abschnitt 8.2 ein einfaches Wirkungsmodell von Netzwerkarbeit vorzustellen. In Abschnitt 8.3 präsentieren bisherige Forschungsbefunde und diskutieren auf dieser Basis die Konsequenzen (Abschnitt 8.4).

8.1 Erfolgskriterien der Netzwerkarbeit

Beurteilungen zur mehr oder minder erfolgreichen Arbeit von Netzwerken setzen voraus, dass eine Klarheit darüber besteht, welche Ziele oder anders gesagt welche Wirkungen, Netzwerke erreichen sollen – und welche Wirkungen besser nicht. Gibt es diese Klarheit? Welches Ziel verfolgen Netzwerke?

Mit Blick auf unsere Darstellung der wichtigsten Netzwerktypen im deutschen Bildungswesen (Austausch-, Entwicklungs-, Transfer- und Kooperationsnetzwerke, vgl. Kapitel 6) dürfte zumindest eines deutlich sein: eine allgemeine und eindeutige Antwort auf diese Frage fällt schwer. Die Zielsetzungen von Netzwerken unterscheiden sich inhaltlich ebenso wie in ihrem Anspruch. Nicht nur unterschiedliche Typen von Netzwerken wären hier zu differenzieren, sondern auch unterschiedlich große, formalisierte oder professionell begleitete Netzwerke. Insbesondere das Bestreben, direkte und umfassende Folgewirkungen außerhalb des Netzwerkes zu erzeugen, ist verschieden ausgeprägt.

Bei Austauschnetzwerken lässt sich ein solches direktes Außenwirkungsinteresse am wenigsten erkennen. Anders als etwa bei Entwicklungs- oder Transfernetzwerken geht es in ihnen nicht um ein gemeinsames und fassbares Produkt, das auch für andere interessant sein könnte. Die im Austausch möglichen Irritationen und Impulse für Lernprozesse der einzelnen Netzwerkmitglieder stehen im Zentrum.

Bei Kooperationsnetzwerken, die auf eine dauerhafte Etablierung einmal gefundener Netzwerkbeziehungen angelegt sind, könnte man ebenfalls einen dominanten Selbstbezug vermuten. Insbesondere in den Konzepten „Lernender Regionen" oder „Regionaler Bildungsnetzwerke" findet sich aber ein besonders anspruchsvoller Außenbezug (vgl. Tippelt 2010; Rolff 2013; Stern 2014). Durch die realisierten Kooperationen soll sich die Region oder das regionale Schulwesen selbst verändern: eine gemeinsame Identität und ein gemeinsames Problembewusstsein entwickeln. Ziel ist eine systematisch das Netzwerk erweiternde, koordinierte, arbeitsteilige, Synergien nutzende, effektivere und kreativere Verantwortungsübernahme.

Vergleichbare Anliegen der Initiierung indirekter – eigendynamisch emergierender – Folgeprozesse finden sich auch in Austauschnetzwerken. Die angestoßenen Lernprozesse sollen nicht nur auf die direkt Beteiligten begrenzt bleiben, sondern möglichst weitere Lernprozesse ursprünglich nicht einbezogener Akteure – in den Herkunftsorganisationen, in ihrer Nachbarschaft – anregen. Über die Lehrkräfte hinaus sollen sich die Fachbereiche oder die Schulen verändern und von dort bottom up, nach dem Modell eines sich ausbreitenden Buschbrands, letztlich das gesamte Bildungssystem.

Nicht zuletzt fungieren Netzwerke als best-practice-Beispiele ihrer selbst oder – zugespitzter formuliert – als Agenten einer Netzwerkideologie. Sie werben für die

Idee, dass Vernetzung, Teamarbeit, Kooperation und Konsens generell bessere und erfolgsversprechendere Orientierungen sind als eine Konzentration auf das Eigene, Abgrenzung, Konkurrenz und Konflikt – insbesondere in einer demokratischen, auf Partizipation und Verständigung angewiesenen pluralen Gesellschaft. Erfolgreich wären Netzwerke in dieser Hinsicht schon dann, wenn sie nicht anderes bieten und erreichen, als Erlebnisräume für produktive und individuell befriedigende Kooperation zu sein.

Zu unterscheiden sind also nicht nur verschiedene Zielsetzungen verschiedener Netzwerke, sondern auch verschiedene Ziele desselben Netzwerkes, die zugleich, aber nicht notwendig gleich intensiv verfolgt werden.

So sind die im Kapitel 6 vorgestellten Netzwerktypen in der Praxis nicht als Reinformen vorfindbar. Sie stellen „lediglich" Orientierungen für analytische Bewertungen bereit, ob in einem konkreten Netzwerk z. B. eine Transfer-Zielsetzung gegenüber den ebenfalls vorhandenen Anliegen des Austausches oder der Kooperation dominiert. Umgekehrt sind auch in Austauschnetzwerken gemeinsame Entwicklungsprozesse oder die Weitergabe (ein Transfer) konkreter Konzepte zwischen den Beteiligten nicht ausgeschlossen. Sie werden nur weniger explizit und systematisch angestrebt.

Dies verweist auch darauf, dass bei Urteilen über den Erfolg von Netzwerkarbeit zwischen explizit oder implizit angestrebten bzw. zwischen Muss- und Kann-Zielsetzungen eines Netzwerkes differenziert werden muss. Nur bei einem Verfehlen der jeweils erstgenannten Aspekte können Netzwerke als gescheitert eingeordnet werden. Die jeweils zweitgenannten Aspekte verweisen auf die prinzipielle Potenzialität von Netzwerken: in ihnen und mit ihnen ist potenziell immer mehr möglich als konkret erwartet und auch prinzipiell erwartbar. In funktionierenden Netzwerke können Entwicklungen angestoßen werden und Ideen entstehen, die nicht vorauszusehen waren. Wie will man aber solche Resultate messen und bewerten – sowohl wenn sie eintreten, als auch wenn sie ausbleiben? Scheitert ein Potenzial schon dann, wenn es sich nicht sofort und nicht eindeutig entfaltet? Und wohin führt uns diese Beschreibung der Mehrdimensionalität, Parallelität und Komplexität von Netzwerkzielen und -wirkungen?

Zuallererst – und deswegen waren wir so ausführlich – wollten wir die unauflösbaren Schwierigkeiten einer abschließenden und den einzelnen Netzwerken gerecht werdenden Beurteilung aufzeigen. Dies nimmt auch die Schärfe aus unserer obigen Bewertung des aktuellen Forschungsstandes. Angesichts der Vielfalt und Entwicklungsoffenheit von Netzwerken ist es forschungspragmatisch plausibel, sich auf eine Begleitung konkreter Projekte zu konzentrieren. Dies begrenzt die Reichweite der Aussage, erlaubt aber prozessbegleitende und praktisch hilfreiche Diagnosen. Und ein Drittes ist relevant: angesichts ihrer prinzipiellen Ergebnisoffenheit setzen Netzwerke grundsätzlich a) ein Vertrauen in ihre Potenziale voraus und b) ein Bekenntnis zur „Netzwerkideologie", dass freie, ergebnisoffene Kooperationen aller an einer Sache Beteiligten, an sich schon etwas Gutes sind. Ohne eine solche Überzeugung funktionieren Netzwerke nicht und können mit ihren Ergebnissen letztlich auch nicht befriedigen (vgl. hierzu kritisch auch Kapitel 9).

Schließlich wollten wir, bevor wir ein Beschreibungsmodell von Erfolgskriterien von Netzwerken vorstellen, ausreichend anschaulich vorbereitet haben, dass ein solches Modell natürlich begrenzt ist und in seinen Begrenzungen wahrgenommen werden muss – auch wenn wir dies im Einzelnen nicht werden diskutieren können.

8.2 Ein Wirkungsmodell von Netzwerken

Unabhängig von all diesen Einwänden und Kautelen, möchten wir unserer Diskussion empirischer Befunde zur Netzwerkarbeit (s. Abschnitt 8.3) ein Beschreibungsmodell der Wirksamkeit von Netzwerken zu Grunde legen. Wir lehnen uns hierbei an wissenschaftlichen Reviewstudien zur Wirksamkeit von Lehrerfortbildungen an (Lipowski 2004, 2010), in denen vier Wirkungsebenen unterschieden werden. Allgemeine Ziele von Netzwerken sind entsprechend:

1. Das interne Funktionieren des Netzwerkes als Arbeitsforum. Dieses spiegelt sich vor allem in den Sichtweisen der Beteiligten auf die Qualität des Netzwerkes, ihre Zufriedenheit und ihre Akzeptanz des Netzwerkes und der Netzwerkpartner. Aus der Netzwerktheorie ergeben sich weitere Evaluationskriterien: Besteht eine gemeinsame Basisintention sowie eine vertrauensvolle und kooperative Atmosphäre als notwendige Grundlage für reziproke Tauschbeziehungen oder eine temporär-zweckbezogen Handlungskoordination?
2. Die Produktivität des Netzwerkes als Lerngelegenheit. Hier kommt zum Prüfkriterium des bloßen Funktionierens hinzu, ob und inwieweit durch die Netzwerkarbeit Lern- und Entwicklungsprozesse angestoßen werden. Finden sich Veränderungen im Wissen, in den Überzeugungen und subjektiven Theorien der Beteiligten? Kommt es zu einer synergetischen Handlungskoordination?
3. Die Nachhaltigkeit der Netzwerkimpulse. Gefragt wird hier danach, ob die angestoßenen Lern- und Entwicklungsprozesse auch fortdauern und über das Netzwerk hinaus wirken. Ändern die Lehrkräfte, die im Netzwerk von anderen Unterrichtskonzepten gehört haben, anschließend ihren Unterricht? Bleiben die Absprachen, die im Netzwerk getroffen wurden, gültig? Ist eine Basis von

Kontakten und Vertrauen entstanden, die weiteren Austausch und weitere Koordination ermöglicht?
4. Die Auswirkungen der Netzwerkimpulse auf soziale Praxen und deren Potenziale. Die genaue Bestimmung der hier relevanten Erfolgskriterien ist stark von den konkreten Themen der Netzwerke abhängig. Netzwerke, die den Fachunterricht nicht in den Blick nehmen, können schlecht für fachbezogene Schülerleistungen verantwortlich gemacht werden. Dennoch geht es auf dieser Wirkungsebene um genau solche Zusammenhänge. Untersucht wird, inwieweit die netzwerk-indizierten Veränderungen sozialer Praxen selbst folgenreich sind. Es ist ja nicht ausgemacht, dass ein Wechsel von Unterrichtsmethoden zu irgendeiner Veränderung der Schülerleistungen führen muss oder dass, um ein anderes Beispiel zu nehmen, aus der engeren Zusammenarbeit von Weiterbildungseinrichtungen und kleinen und mittelständischen Unternehmen, ein regionaler wirtschaftlicher Aufschwung folgt. Netzwerke müssen sich – quasi als Königsdisziplin – auch solchen Erwartungen stellen.

Die Logik dieser vier Wirkungsebenen besteht darin, dass die jeweils niedrigere Ebene die Basis für die höhere legt: Das Funktionieren von Netzwerken eröffnet Chancen für produktive Lern- und Entwicklungsprozesse im Netzwerk, die wiederum Optionen für Veränderungen sozialer Praxen außerhalb des Netzwerkes bieten, die dann auch praktisch bedeutsame Folgen zeitigen können. Vergleichbare Modelle finden sich auch in den empirischen Begleitstudien zu Netzwerkprojekten. Wichtig ist uns dabei ein Hinweis auf ein mögliches Missverständnis, das wir am Wirkungsmodell des Projekts „Schulen im Team" (s. Abb. 17) entfalten wollen.

Problematisch an der im Abbildung 17 präsentierten Grafik ist, dass sie den Pfeilen folgend einen quasi-linearen, quasi-kausalen Ableitungszusammenhang nahe legt: Wenn das Netzwerk funktioniert, dann entstehen Problemlösungen.[13] Unberücksichtigt bleiben so Rückkopplungs- und Verstärkungseffekte. Verdeckt wird zudem die situative Entscheidungsfähigkeit und Entscheidungsverantwortung der beteiligten Akteure, die für soziale Zusammenhänge und so auch für Netzwerke grundlegend ist. Wenn durch Netzwerk Problemlösungen hervorgebracht werden, dann deswegen, weil sie durch die beteiligten Akteure als gut und tragfähig beurteilt wurden und nicht weil sie sich zwingend oder automatisch ergeben haben. Konkretisiert für unser Wirkungsmodell: wir wollen den Zusammenhang der vier

---

13 Die hier an der Grafik ausgerichtete Kritik trifft nicht die verbale Darstellung des Modells (vgl. Manitius u. a. 2009, 53-56). In dieser wird durchaus von entscheidungsfähigen Akteuren und nicht von Automatismen ausgegangen. Dafür steht nicht zuletzt die Strukturationstheorie von Anthony Giddens (1997) als zentraler theoretischer Bezug.

Ebenen nicht als Mechanismus, sondern als optimierungsfähiges Fundierungsverhältnis verstanden wissen.

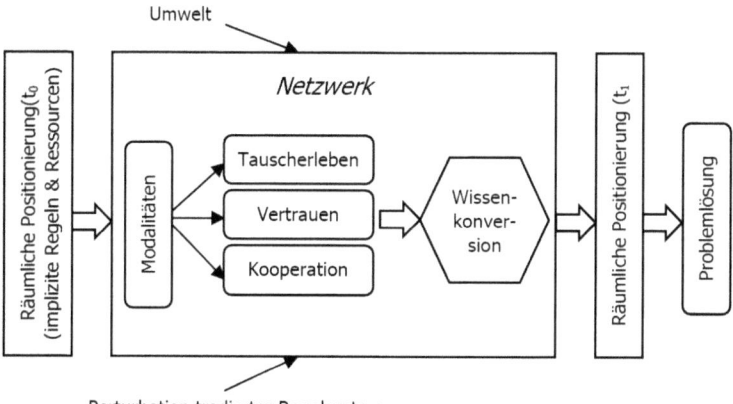

Abb. 17 Wirkungsmodell im Projekt „Schulen im Team"
Quelle: Martinus u. a. 2009, 54

Unser Vier-Ebenen-Wirkungsmodell kann aber noch auf eine weitere Weise missverstanden werden. Netzwerke, so könnte sein pyramidaler Aufbau gelesen werden, sind idealerweise an ihren praktisch bedeutsamen Folgewirkungen auf Ebene 4 zu messen. Auch dies wollen wir nicht nahe legen. Ob Netzwerke angenehme, Wertschätzung vermittelnde Räume der Begegnung sind, ist nicht nur ein funktionales Kriterium zur Initiierung von Lernprozessen, sondern hat Eigenwert. Am Beispiel: Lernerfolge, die unter Zwangsbedingungen erreicht werden, entwerten sich selbst.

8.3 Ergebnisse der Netzwerkevaluation

Da jede Ebene unseres Wirkungsmodells für sich wertvoll ist, wollen wir im Folgenden zu jeder Ebene die vorliegenden Forschungsbefunde eigenständig summieren. Eine Diskussion erfolgt in Abschnitt 8.4.

Wirkungsebene 1: Aus den evaluativ begleiteten Netzwerkprojekten im deutschen Bildungswesen wird einhellig berichtet, dass ihre Gestaltung als Arbeitsforen gelingt. Dafür stehen einerseits die jeweils berichteten Anzahlen von aktiven Sets, Schulen und Lehrkräften. Zugleich zeigen die Akzeptanz- und Zufriedenheitsuntersuchungen hohe bis sehr hohe Werte, auch wenn Netzwerke durchaus als beanspruchend erlebt werden (im Überblick Dedering 2007, 75f; s. a. Fussangel & Gräsel 2008, 294; Krebs & Prenzel 2008, 307; Berkemeyer u. a. 2008c, 336). Beispielhaft sei ein Befund aus den standardisierten Befragungen im SINET-Netzwerk berichtet: „Trotz zeitlich hoher (65%) und sehr hoher Belastung (17%) durch die Netzwerkarbeit hielten 83% der Befragten die Belastung für angemessen und 80% gaben an, dass die Netzwerkarbeit ihnen einen eher hohen bis sehr hohen Nutzen für die pädagogische Professionalisierung bringt." (Hameyer u. a. 2007, 76)

In den längsschnittlich angelegten Begleiterhebungen zum Programm SINUS und SINUS-Transfer konnte zudem ein Ansteigen der Zufriedenheit der projektbeteiligten Lehrkräfte im Verlauf des Programms bestätigt werden. „Dabei wurden vor allem Aspekte positiv eingeschätzt, die sich auf das gemeinsame Entwickeln und Erproben von Neuem beziehen." (Krebs & Prenzel 2008, 308). Bemerkenswert in ihrer Uneindeutigkeit sind hingegen SINUS-Analysen, die keine oder nur geringe Zufriedenheitsunterschiede in Abhängigkeit von der Anzahl der beteiligten Lehrpersonen je Schule, der Schulformen und der Schulformmischung im Schulset ermitteln konnten. Die Einschätzungen fachheterogener Sets lagen jedoch über denen fachhomogener Sets." (ebd.)

Insgesamt sprechen diese einhellig positiven Befunde für die Attraktivität und Funktionsfähigkeit des genutzten Netzwerkmodells

- mit einer vorgegebenen, aber eigenständig konkretisierbaren thematischen Ausrichtung,
- mit quasi-organisatorischen Strukturen: Steuergruppen, Koordinationsstellen, regelmäßigen Treffen, Tagungen und vertragsförmiger Konstitution über Zielvereinbarungen,
- mit einer zeitlich begrenzten Dauer, in der gemeinsam beschlossene und projektförmig geplante Maßnahmen ergriffen, umgesetzt und evaluiert werden und
- mit einem umfangreichen Unterstützungsangebot an Beratung und Fortbildung, Informations- und Kommunikationsstrukturen sowie direkten finanziellen Anreizen (zusätzliche Mittel und Entlastungsstunden).

Dass dieser Befund nicht für alle Schulen und Lehrkräfte gleichermaßen gilt, wird z. B. in einer Analyse der Kommunikationsstrukturen der Transfernetzwerke im Programm „Reformzeit – Schulentwicklung in Partnerschaft" deutlich (Killus 2008).

Bestimmte Schulen haben im Netzwerk eine randständige Position und werden so von Netzwerkanregungen weniger erreicht. Killus (2008, 327) begründet dies vor allem mit Merkmalen der Einzelschulen. Es bestehen „Defizite hinsichtlich der Akzeptanz des Projektes im Kollegium, der Konsensorientierung und der Unterrichtskooperation sowie der Unterstützung durch den Schulleiter." Es handelt sich aber, wie Killus ebenfalls anmerkt, um keinen kausalen Zusammenhang: „Allerdings fällt auf, dass es in diesem Schulbündnis eine Schule mit noch niedrigeren Werten gibt, die dennoch keine randständige Position einnimmt." (ebd., 326)

Fluktuationen, also Zutritte und Austritte von Mitgliedern, sind in Netzwerken normal und als unproblematisch zu werten, selbst in der projektförmig geschlossenen Form wie sie in Deutschland üblich sind. Erst wenn Austritte zu einem massenhaften Phänomen (einer Abstimmung mit den Füßen) werden, wären sie ein negatives Erfolgskriterium. Die Freiwilligkeit des jederzeitigen Austritts ist den Netzwerkmitgliedern nicht zu nehmen. Mit Blick auf die Dynamik des Mitgliederzuwachses unterscheidet die Begleitforschung von SINUS und SINUS-TRANSFER drei Entwicklungstypen von Netzwerken: sukzessiv anwachsende, rapide anwachsende und stabile (Krebs & Prenzel 2008, 310). Sukzessiv wachsende Netzwerke bieten dabei für neu hinzukommende Lehrkräfte die positivsten Entwicklungsbedingungen. In Netzwerken, die über einen geringeren Anteil von erfahrenen – schon länger beteiligten – Netzwerkmitgliedern verfügen, steigt das Belastungsempfinden gerade der erfahrenen Mitglieder (ebd., 311).

Ebenfalls als normale Entwicklung in Netzwerken sind zwischenzeitlich sinkende Zufriedenheitswerte zu kennzeichnen, was mit der zeitlichen Arbeitsstruktur der Netzwerkprojekte oder auch typischen Gruppendynamiken erklärt werden kann (s. Manitius u. a. 2009, vgl. auch Wetzel 2000). Insbesondere in der Umsetzungsphase der vereinbarten Ziele scheinen Zufriedenheitswerte abzusinken, da die aktuell besonders intensiven Arbeiten noch nicht genügend Ergebnisse zeitigen, um direkt und auch nach außen sichtbar für die Belastungen zu entgelten.

Wirkungsebene 2: Dass die im deutschen Bildungswesen eingerichteten Netzwerke produktive Lern- und Entwicklungsräume darstellen, wird in den Evaluationsstudien ebenfalls einmütig bestätigt (vgl. Berkemeyer u. a. 2008a; 2009a; 2010a; Goldenbaum & Kuper 2011, zusammenfassend Dedering 2012, 99). Insbesondere die jeweils vorgelegten Abschlussdokumentationen und Arbeitsergebnisse verweisen auf die prinzipielle Leistungsfähigkeit. Ergebnisse entstehen und Lernprozesse finden statt, auch wenn im Einzelnen nicht gesagt werden kann, welche Qualität die Ergebnisse haben oder ob auf andere Weise ähnliches oder besseres hätte erreicht werden können. Auch ist die Legitimationsfunktion der Ergebnispräsentationen für eigene

Anstrengungen der Netzwerker als auch für die Netzwerkinitiatoren zu beachten. Inwieweit der generell positive Befund im Detail zu relativieren ist, ist somit offen. Produktiv an Schulnetzwerken scheinen insbesondere die Vergleichsmöglichkeiten zu sein, die sie bieten – also ihre Austauschfunktion. „Die Lehrerinnen/ Lehrer kommen mit anderen unterrichtlichen Verhältnissen in Berührung und werden über diesen Kontrast dazu in die Lage versetzt, Ursachenzusammenhange und Problemkonstellationen besser zu verstehen." (Dedering 2007, 75; erneut 2012, 99).

Im Rahmen inhaltsanalytischer Interviewauswertungen im Projekt „Schulen im Team", trat ebenfalls der Austausch als die zentrale Nutzendimension hervor (Manitius u. a. 2009, 59). Wichtig war den befragten Lehrkräften (37 Netzwerkkoordinatoren der Einzelschulen) zuallererst der interschulischen Austausch als Gelegenheit zum „Blick über den Tellerrand" (77 Nennungen) mit Abstand gefolgt vom persönlichen Nutzen (43 Nennungen) und einem gewünschten Beziehungsaufbau im Netzwerk und über das Netzwerk hinaus (je 28 Nennungen). Eine direkte Entwicklungsfunktion für neue und bessere Konzepte des Fachunterrichts, wie durch den Projektinitiator nahe gelegt, wurde zwar ebenfalls – aber mit deutlich geringerer Häufigkeit genannt (ebd.). In 26 Aussagen wurde benannt, dass Netzwerke zu Anwendungen im Unterricht führen sollen, 16-mal genannt wurde die Möglichkeit der Impulsgewinnung und 12-mal die direkte Förderung der einzelschulischen Entwicklung.

In den weiterführenden Interviewanalysen zur Wissenskonversion in den Netzwerken des Projekts „Schulen im Team" im ersten Projektjahr (116 Interviews) zeigt sich ebenfalls die Bedeutung des Austauschs bzw. der Begegnung. Orientiert am Konzept der Wissensspirale von Nonaka unterscheidet die Begleitforschung des Projekts vier Stufen, über die sich das subjektive Wissen Einzelner im Austausch mit anderen verändern kann (Berkemeyer u. a. 2010b, 217). Auf der ersten Stufe der Sozialisation erfolgt die Begegnung mit anderen, auf der zweiten die Externalisierung (die Verbalisierung) des vorhandenen impliziten Wissens der Beteiligten, das auf der dritten Stufe miteinander kombiniert wird, um schließlich als neues verändertes individuelles Wissen auf der Stufe 4 wieder internalisiert zu werden.

In den Interviews (ebd. 224f.) überwiegen eindeutig Aussagen, die das Netzwerk als Begegnungsstätte der Sozialisation beschreiben (stabil über 70 % im gesamten Befragungszeitraum). Aspekte der Externalisierung des impliziten Wissens werden weitaus weniger erwähnt, und nehmen im ersten Projektjahr ab (von 24 % zu 17 % der Aussagen), wohingegen Aspekte der Wissenskombination im ersten Projekthalbjahr von 3 % auf 6 % der Aussagen zunehmen, um dann wieder auf 4 % leicht zurückzugehen. Wahrnehmungen einer Wissensveränderung finden sich ebenfalls: Aussagen zur Internalisierung neuen Wissens steigen im ersten Projektjahr von unter einem auf 6 %. Diese Befunde machen mindestens zweierlei deutlich: a) dass die „Wissensspirale" durch Netzwerkarbeit in Gang gesetzt wird und b) dass die Stufe der Begegnung (der Sozialisation) fundamental für alles Weitere ist: sie „behält stets eine zentrale Rolle im Zeitverlauf" (ebd., 226). Indem Begegnung stattfindet, werden auch andere Stufen der Wissensspirale erreichbar, die dann – wie bei einer Pyramide – jeweils einen geringeren Umfang haben, d. h. anspruchsvoller und intensiver sind, und von den Netzwerken dann unterschiedlich schnell und intensiv „erstiegen" werden (ebd., 227).

Dedering (2012, 100) spricht sogar von Professionalisierungsgewinnen, die durch die Netzwerkarbeit bei den beteiligten Lehrkräften zu beobachten wären:

- als durchs Netzwerk erhaltene neue Anregungen,
- als eine gesteigerte Reflexionsfähigkeit
- und Innovationsbereitschaft sowie
- als grundsätzliche Vergrößerung des Handlungsrepertoires.

Zudem scheint Netzwerkarbeit die Einstellungen bzw. Haltungen von Lehrkräften nachhaltig positiv beeinflussen zu können (ebd.). Insbesondere US-amerikanische Fallstudien deuten auf ein durch Netzwerkarbeit gesteigertes Selbstbewusstsein, höhere Zufriedenheit und größere Motivation von Lehrkräften.

Wirkungsebene 3: Informationen zu Nutzung und Fortwirkungen von Netzwerkimpulsen außerhalb des Netzwerkes gibt es in größerem Umfang als zu den netzwerkinternen Entwicklungs- und Lernprozessen. Dies ist ein Ausdruck der externen Initiierung der Netzwerkprojekte. Sie sollen mehr bewirken als nur für die Beteiligten interessante Begegnungsstätten zu sein. Auch zu dieser Wirkungsebene sind die Befunde der Evaluationsstudien positiv.

Aus dem Projekt „Chemie im Kontext" wird beispielsweise berichtet, „dass die Lehrkräfte im Laufe von zwei Schuljahren zentrale Säulen der CHiK-Konzeption, die Kontextorientierung und die Methodenvielfalt, in ihrem Unterricht integriert haben" (Fußangel & Gräsel 2008, 292, s. auch Schellenbach-Zell u. a. 2008), und zwar in einem solchen Umfang, dass dies auch die Schülerinnen und Schüler als Unterrichtsveränderungen wahrnehmen (ebd.). Im „Internationalen Netzwerk Innovativer Schulsysteme" (INIS) ließ die „Evaluation der zweiten Arbeitsphase […] keinen Zweifel daran, dass die Teilnahme am INIS-Netzwerk den Schulentwicklungsprozesse der Schulen massiv befördert hat." (Stern & Vaccaro 2007, 105, vgl. auch Dedering 2007).

Gegenüber diesen Befunden ist allerdings anzumerken, dass offen ist, inwieweit dieser Transfer-Erfolg den Sets- oder der Vernetzung direkt angerechnet werden kann. Insbesondere im INIS-Netzwerk wird dieses Problem deutlich. Hier wurde den Schulen im Rahmen der Netzwerkarbeit ein von internationalen Experten erstelltes Erhebungsinstrumentarium zur Selbstevaluation Verfügung gestellt.[14] Die Schulen erhielten zudem zentral erstellte Evaluationsberichte mit diesen Erhebungsdaten, des Weiteren auch Fortbildungen und Beratungen zum Konzept und zur Verwendung des Instruments als auch zu Schulentwicklung und zum Schulmanagement. Insofern ist das positive Evaluationsergebnis zu relativieren, denn wie „in der Evaluation ebenfalls darlegt wird, kam der positive Effekt für die Schulen maßgeblich durch den Einsatz des Selbstevaluationsinstruments zustande." (ebd.).

Nachhaltige Wirkungen der Netzwerkarbeit auf das Lehrerhandeln werden aus den SINUS-Projekten berichtet. Hier zeigte sich, dass Personen, die seit Beginn beteiligt waren, signifikant mehr kooperierten (Krebs & Prenzel 2008, 307). „Nachdem der Austausch sich in den Anfangsjahren am häufigsten auf Materialien und Zielabsprachen innerhalb des Fachkollegiums an der Schule bezog, berichten die Lehrkräfte gegen Programmende zunehmend von gemeinsamer Reflexion auch über die Grenze der eigenen Schule hinweg in den Schulsets. […] Das Gefühl, allein wesentlich effektiver zu arbeiten und sich gegenseitig zu behindern, das bei Eintritt in das Programm von 10-25 % der Beteiligten berichtet wurde, tritt bei Auslaufen des offiziellen Programms nicht mehr auf." (ebd., 310). Dass sich diese Wirkungen auf die Netzwerkarbeit selbst zurückführen lassen, ist zumindest plausibel. Wenn Netzwerke als Orte der Begegnung funktionieren, in denen Kooperation als produktiv erlebt werden kann, sollten Einstellungsänderungen zu mehr Offenheit für Kooperation nahe liegen.

Auch aus Begleitstudienstudien zu Kooperationsnetzwerken (lernende Regionen, regionale Bildungslandschaften, regionale Bildungsnetzwerke) wird überwiegend Positives berichtet (Dobischat 2007, Kessler & Kleine-Huster 2007, Meinecke u. a. 2009, Tippelt 2005, Reupold u. a. 2009, Becker u. a. 2012, Ratermann & Stöbe-Blossey 2012; Huber 2014). Hier ist der Fortbestand der im Projekt initiierten Beziehungen und Absprachen das zentrale Erfolgskriterium. Dabei erweist sich als förderlich, dass die Projekte selbst auf Institutionalisierungen ihrer Arbeit in kommunalen Bildungsbüros, Lernzentren, Lernwelten oder formalisierten Kooperationen zwischen

---

14 Dieses in der ersten Arbeitsphase des INIS-Projekts entwickelte Instrument erhielt schließlich den Namen „Selbstevaluation in Schulen" (SEIS). Seit Ende 2008 wechselte die Trägerschaft für das SEIS-Instrument, seinen Einsatz und die begleitende Beratung von der Bertelsmann Stiftung zum Länderkonsortium SEIS Deutschland. Dieses Konsortium besteht aus den Partnerländern Baden-Württemberg, Brandenburg, Bremen, Niedersachsen, Nordrhein-Westfalen, Rheinland-Pfalz, Sachsen-Anhalt und der Zentralstelle für die deutschen Auslandsschulen bei der KMK, die sich seitdem die Kosten für das Projekt teilen (s. www.seis-deutschland.de, Stand: 28.07.2014)

8.3 Ergebnisse der Netzwerkevaluation

Berufsschulen, Weiterbildungseinrichtungen und kleinen und mittelständischen Unternehmen ausgerichtet sind (s. Emminghaus & Tippelt 2009).
Allerdings zeigen sich bei diesen Projekten auch systematisch zusätzliche Anforderungen und Scheiternsrisiken. So konstatiert Tippelt (2010, 185) in einem Resümee des Projekts Lernender Regionen eher defensiv: „Es überwiegt auf Seiten der Netzwerkmanager und der Netzwerkpartner die Auffassung, dass zumindest erste Schritte gegangen und nachweislich einzelne Ergebnisse erreicht wurden". Gemessen am tatsächlichen Kooperationsumfang zwischen Kommunen und Netzwerken gäbe es jedoch, so Tippelt in der Fußnote zur Abbildung (ebd.), „erhebliche ungenutzte Potenziale." Dennoch wären Erfolge zu erkennen, wie die durch regionale Netzwerke angeregte Aufnahme der Idee „Lebenslangen Lernens" in regionale Entwicklungsstrategien und Planungsdokumente (ebd.). Und nicht zuletzt ist als Wirkung des Projekts herauszustellen, dass das BMBF sicherlich auch unter dem Eindruck der Projekterfahrungen sich dazu entschlossen hat, „ein weiteres Projekt ‚Lernen vor Ort' mit erheblichem finanziellen Umfang und unter Berücksichtigung der Kommunen aufzulegen." (ebd.)

Schließlich ist auf die besonderen Arbeitsbedingungen von Kooperationsnetzwerken v. a. im außerschulischen Bereich hinzuweisen. Negative Dynamiken, Hindernisse und Brüche in der Netzwerkarbeit sind wahrscheinlicher und sichtbarer als in Schulnetzwerken:

- durch den anspruchsvollen, nach außen gerichteten Gestaltungsauftrag des Aufbaus dauerhafter Kooperationen und Identitäten in Lernenden Regionalen und Bildungslandschaften,
- durch die größere Vielfalt, Menge und Unabhängigkeit einbezogener und weiter einbeziehbarer Akteure (neben Bildungseinrichtungen auch Vertreter der Kommune, der Wirtschaft, von Kultur- und Sozialeinrichtungen, Kirchen, Vereinen und Verbänden etc.) und
- durch die typischerweise höhere Fluktuation der Netzwerkmitglieder, die sowohl ein rapides Anwachsen als auch Schrumpfen der Netzwerke wahrscheinlich machen.

Demgegenüber sind schulbezogene Netzwerke – bei aller Heterogenität von Schulformen, Lehrkräften und Themen – doch weitgehend stabile, zumindest im Zugang reglementierte, interne und professionell unter sich bleibende Arbeitsgemeinschaften. Aber auch auf allgemein bildende Schulen bezogen finden sich, wie z. B. in SINUS, Aufforderungen an Leser wie an Netzwerkinitiatoren, ihre Wirkungserwartungen zu reduzieren: Die Weiterentwicklung des Unterrichts schreitet „nur in kleinen Schritten voran. Unterricht stellt ein höchst komplexes Gefüge dar, das in hohem

Maße durch Handlungsroutinen auf Seiten der Lehrkräfte, aber auch auf Seiten der Schülerinnen und Schüler gestützt wird. Diese relativ stabilen Routinen sind schwer zu verändern." (Krebs & Prenzel 2008, 312).

Wirkungsebene 4: Was aus den Veränderungen folgt, die Netzwerke anstoßen, ist weitgehend unbekannt. Ob durch Netzwerkarbeit der Lernerfolg der Schülerinnen und Schüler zunimmt oder ob es in Lernenden Regionen zu einem kompetenteren Arbeitskräfteangebot und zu einer gesteigerten regionalen Wirtschaftsleistung kommt, kann mit den vorliegenden Studien noch nicht abschließend beantwortet werden.

Befunde aus dem CHiK-Projekt zur Kompetenzentwicklung der Schülerinnen und Schüler im Bereich cross-curricularer Kompetenzen, die anhand von Lehrerwahrnehmungen erfasst wurden, sind bemerkenswert uneinheitlich (s. Fussangel & Gräsel 2008, 292f.). Während im Unterricht der Lehrkräfte der Ursprungssets, die den chemiedidaktischen Ansatz von CHiK erstmals erprobten (Entwicklungsnetzwerke), sogar ein Rückgang cross-curricularer Kompetenzen beobachtet wird, zeigte sich in den Transfersets, die erprobte CHiK-Materialien erneut anwenden und weiterführen sollten, der erhoffte Kompetenzanstieg. Dies kann alltagstheoretisch dahingehend plausibilisiert werden, dass die Lehrkräfte der Transfersets besonders von den Erfahrungen der Ursprungssets profitieren konnten. Letztlich besteht aber vor allem weiterer Forschungsbedarf. Je weiter die vermutete Wirkungskette vom Netzwerkimpuls ausgehend zeitlich und räumlich ausgeweitet wird, umso mehr schwinden die empirischen Evidenzen.

Andere Untersuchungen, wie z. B. Berkemeyer u. a. (2011) im Kontext des Netzwerkprojekts „Schulen im Team", finden zwar – allerdings nur wenig ausgeprägte – Zusammenhänge zwischen schulischer Netzwerkarbeit und fachlichen Schülerleistungen. Wenn man bei der Beurteilung dieser Befunde allerdings berücksichtigt, dass die Netzwerkschulen bei „Schulen im Team" unter der vorgegebenen Zielstellung arbeiteten, bessere Konzepte für den Fachunterricht zu entwickeln, erscheinen die besseren Schülerleistungen eher als direkt (zielgerichtet-fokussiert) hergestelltes Arbeitsergebnis – anstatt als indirekt-mittelfristige Folge von schulischer Netzwerkarbeit.

8.4 Konsequenzen

Dass das gegenwärtig vorliegende Forschungswissen zu Wirkungen von Netzwerken im deutschen Bildungswesen wissenschaftlich noch nicht befriedigen kann, hatten wir schon in der Einleitung zu diesem Kapitel ausgeführt. Insofern ist die einhellige positive Botschaft, die aus den vorliegenden Evaluationsstudien zu Netzwerkprojekten hervortritt, zumindest methodologisch zu relativieren. Wir können uns – wissenschaftlich gesehen – nicht wirklich sicher sein, wie verlässlich die hohe Zustimmung und Akzeptanz letztlich ist, die Kooperationsgelegenheiten in Netzwerken, Lerngemeinschaften, Sets, Teams, Tandems und Partnerschaften finden. Aber, wenn man die Beteiligten fragt, existiert diese Zustimmung zumindest. Insofern sind Netzwerke als ein in der Praxis – von Schulen und Lehrkräften – überwiegend positiv konnotiertes und als produktiv erfahrenes Gestaltungstool im Bildungswesen wertzuschätzen.

Ob die erreichten Wirkungen den Aufwand lohnen, ist mit dem vorliegenden Datenmaterial weder zu bejahen noch zu verneinen. An dieser Stelle kann gegenwärtig nur mit plausiblen Überzeugungen argumentiert werden – wie zum Beispiel, dass gegenseitige Anerkennung und Kooperation allemal besser sind als Konfrontation und Konkurrenz. Oder es kann theoretisch abgeleitet werden, dass Netzwerke angesichts der typischen Arbeits- und Organisationsstrukturen im Bildungswesen günstigere Koordinationsmechanismen als die Alternativen Markt und Hierarchie bieten. Schließlich gelten Schulen per se als lose gekoppelte Organisationen, in denen selbstständig agierende Lehrkräfte durch hierarchische Anweisungen ihrer Vorgesetzten in ihrer konkreten Unterrichtstätigkeit wenig beeinflusst werden können.

Aber gibt es neben Markt und Hierarchie nur Netzwerke als Alternativen? Und wie generalisierbar sind die üblicherweise anhand des amerikanischen Schulwesens entwickelten Theoreme: auf deutsche Schulen mit ihrem hohen Verrechtlichungs- und Formalisierungsgrad? Kurz: Auch die Theorie gibt keine prinzipiellen Antworten zur Frage der Eignung oder Nichteignung von Netzwerken. Netzwerke existieren einfach. Sie werden eingerichtet, gestaltet und getragen, weil sie als Arbeitsforen allseits gewertschätzt werden.

Tabelle 3 Gelingensbedingungen von Netzwerkarbeit

Gelingensbedingungen auf Netzwerkebene
Verständigung über einen konkreten gemeinsamen Arbeitsauftrag
Realistisches Arbeitsprogramm und regelmäßige Überprüfung der Zielerreichung
Einrichtung einer schulübergreifenden Netzwerksteuergruppe
Beteiligung der Schulleitung
Mit wenigen engagierten Kollegen starten (Prinzip der Freiwilligkeit)
Regelmäßige, gemeinsame Arbeitstagungen und Fortbildungen
Gegenseitige Hospitationen
Verbindliche Absprachen (z. B. im Hinblick auf Termine, Zuständigkeiten oder Arbeitsaufträge) und strukturiertes Vorgehen
Einrichtung einer Koordinationsstelle (z. B. durch Koordinator oder Einrichtung einer Koordinationsschule)
Externe Unterstützung in Form von Entlastungsstunden, Finanzmitteln oder inhaltlich-sachlichem Input
Einbindung der beteiligten Schulaufsichten
Ausgeglichenes Geben und Nehmen
Vertrauen und Respekt
Homogene Zusammensetzung der Schulen (z. B. Schulform)
Räumliche Nähe der Partnerschulen
Gelingensbedingungen auf Schulebene
Verknüpfung des Netzwerkthemas mit der schulinternen Arbeitsplanung
Rückkopplung von Informationen ins Kollegium
Einrichtung einer Steuergruppe oder themenspezifischer Arbeitsgruppen
Initiierende bzw. unterstützend wirkende Schulleitung
Mitnahme wechselnder Kollegen zu schulübergreifenden Treffen
In regelmäßigen Abständen ein „Highlight" setzen, das mit der Netzwerkarbeit zu tun hat (z. B. schulinterne oder schulübergreifende Fortbildung)
Gut entwickelte Kommunikations- und Kooperationsstrukturen
Breite und aktive Partizipation aller am Schulleben beteiligten Gruppen (Lehrkräfte, Schüler- und Elternschaft)
Positive Einstellung der Lehrkräfte zum Projekt
Hohe Innovationsbereitschaft der Lehrkräfte
Ausgeglichenes Geben und Nehmen
Vertrauen und Respekt

Quelle: Gottmann 2008, S. 36

8.4 Konsequenzen

Die Evaluationsstudien sind nicht wertlos, nur weil sie abstrakt-grundlegende Gestaltungs- und Steuerungsfragen nicht beantworten. Solche Antworten waren auch nicht ihr Anliegen. Ihre Leistungen liegen vielmehr auf der pragmatischen Ebenen des What-Works-Wissens: Wann gelingen Netzwerke? Zum Abschluss unseres Kapitels und auch des zweiten Teils unseres Lehrbuchs wollen wir so noch eine aktuelle und den vorliegenden Forschungsstand summierende Übersicht präsentieren und kurz diskutieren (s. Tabelle 4).

Corinna Gottmann, die diese Übersicht im Rahmen der Begleitforschung zum Netzwerkprojekt „Reformzeit – Entwicklung in Partnerschaft" verfasst hat (s. Gottmann 2008), unterscheidet zwei Ebenen – Bedingungen auf Schul- und die Netzwerkebene – auf denen Netzwerke scheitern können. Da bestimmte Aspekte wie z. B. Vertrauen und Respekt auf beiden Ebenen eine Rolle spielen, tauchen sie auch beide Male in der Übersicht auf. Wenn man die Stichworte in Tabelle 4 aufmerksam betrachtet (wir wollen sie nicht en détail besprechen), fallen schnell Verknüpfungen zum Kapitel 7 dieses Lehrbuchs auf. Netzwerke gelingen, so wird vor diesem Hintergrund deutlich:

a. wenn sie als wirkliche Netzwerke gestaltet werden – mit Vertrauen und Respekt als Basis, einem ausgeglichenen Geben und Nehmen, einer akzeptierten Freiwilligkeit und einem gesicherten gemeinsamen Interesse. Bemerkenswert an der Übersicht ist, dass sich diese Netzwerkprinzipien auch auf der Schulebene wiederfinden. Auch diese sollten demnach in ihrem inneren Funktionieren netzwerkförmigen Charakter annehmen. Hier sind letztlich auch die Verknüpfungen von Ansätzen schulübergreifender oder schulexterner Netzwerkgestaltung mit Konzepten schulinterner Lerngemeinschaften (communities of practice) oder lernenden Organisationen zu sehen.
b. wenn das Projektmanagement funktioniert: die Arbeitsplanung konkret, realistisch, verbindlich und terminiert ist und systematisch evaluiert wird; mit Steuerungsgruppen und Koordinierungsstelle adressierbare Arbeitsstrukturen existieren und eine externe Unterstützung über i) zusätzliche Ressourcen und Entlastungen, ii) Fortbildungs-, Begegnungs- und Beratungsangebote sowie iii) eine positive Haltung einflussreicher Akteure, wie der zuständigen Schulaufsicht gesichert ist. Auch diese schulübergreifenden Projektmanagementaspekte wiederholen sich auf Schulebene (eigene Steuergruppe, eigene anschlussfähige Arbeitsplanung, eigene Unterstützungsstrukturen mit Fortbildungen und einer breiten schulinternen Partizipation, Befürwortung und Innovationsbereitschaft).[15]

---

15 Bei der begrifflichen Gegenüberstellung von Lerngemeinschaften und Netzwerken wird im Übrigen offensichtlich, dass in der aktuellen Netzwerktheorie noch weiterer

c. die Kommunikation funktioniert: schulübergreifend thematisiert als organisatorische und geografische Nähe der Schulen (gleiche Schulform und gleiche Region); schulbezogen aufgegriffen als funktionierende Rückkopplung von Informationen ins Kollegium oder durch eine Beteiligung wechselnder Kolleginnen und Kollegen an der Netzwerkarbeit.

Alles in allem bestätigen die Evaluationsstudien damit die prinzipielle Eignung, der bei der Netzwerkgestaltung aufgegriffenen und verknüpften Konzepte (vgl. Kapitel 7), wobei – irritierenderweise – eine Beobachtung und Identifikation unweigerlicher Dilemmata der Netzwerkarbeit, wie wir sie in Abschnitt 7.4 vorgestellt haben, in den hier aufgearbeiteten Evaluationsstudien von Netzwerken im Bildungswesen unterbleibt. Sie zeichnen ein alles in allem positiv-motivierendes Bild, auf das weitere Aktivitäten der Netzwerkgestaltung produktiv anschließend können.

Ergänzungs- und Reflexionsbedarf besteht, wie das Verhältnis der sozialen Koordinationsformen Gemeinschaft und Netzwerk zu denken ist. Dieses neue Themenfeld wollen wir aber hier nicht mehr eröffnen.

Netzwerke als Instrument, Programm und Ideologie   9

Netzwerke, so wurde in den letzten drei Kapiteln dargestellt, sind eine aktuell im deutschen Bildungswesen verbreitete Praxis. Es gibt sie dem Grundsatz und dem Namen nach; sie werden aktiv konzipiert und gemanagt sowie wissenschaftlich begleitet und beforscht.

Doch so vielfältig die Beispiele und Formen auch waren, analytisch können sie in Anlehnung an gängige betriebswirtschaftliche Differenzierungen auf einen Nenner gebracht werden: es handelt sich bei ihnen um strategische Netzwerke (vgl. Sydow 1992), die bewusst als solche eingerichtet, unterhalten und gemanagt werden – und nicht um selbst organisierte Netzwerke, die einfach entstehen und vergehen, auch ohne unbedingt sich selbst als ein Netzwerk erkannt und bezeichnet zu haben.

Hinzu kommt noch, dass die vorgestellten Netzwerkprojekte im Bildungswesen zumeist von außen (jemand Fremdes) initiiert und organisiert wurden, die sich – was die konkrete Arbeit im Projektverlauf anging – sehr zurückhalten. Dies trifft sowohl für die verschiedenen Austausch-, Entwicklungs- und Transfernetzwerke als auch auf die regionalen Bildungsnetzwerke zu. Immer wieder waren es Stiftungen und Ministerien (aus Bund und Ländern), die Lehrkräften, Schulen oder auch Regionen Gelegenheiten offerierten, Netzwerke zu bilden – dabei grundlegende thematische und organisatorische Vorgaben machten und die sich , bei aller Freiheit und Flexibilität der Arbeit im Netzwerk, als Geldgeber und zentraler Adressat für Arbeits- und Erfolgsberichte wichtige Kontroll- und Sanktionsmöglichkeiten vorbehielten.

Netzwerke im Bildungswesen erweisen sich damit nicht nur als nette, produktive Kommunikations- und Kooperationsgelegenheiten (die sie sicherlich auch sind), sondern auch als politisches Steuerungsinstrument, das von externen Akteuren als geeignetes Mittel zu ihren eigenen Zwecken herangezogen wird. Berkemeyer, Lehmpfuhl und Pfeiffer (2010, 302) sprechen in dieser Hinsicht von Netzwerken als „Reformprogramme oder als eine Strategie der Schulentwicklung".

Dieser steuerungstheoretischen und -praktischen Sichtweise wollen wir uns im folgenden Kapitel zuwenden, dass damit – ähnlich wie das Kapitel 5 im ersten Teil des Lehrbuchs – anstrebt, sich aus der Innenwelt des konkreten Netzwerkdiskurses herauszuziehen, um eine – kritisch-reflektierende – Außenposition einzunehmen. Wurde dazu im Kapitel 5 eine soziologisch theorievergleichende Perspektive gewählt, die nach dem wissenschaftlichen Mehrwert fragte, wenn man sozialen Beziehungen, Interaktionen oder auch Rollen und Gruppen netzwerkanalytisch betrachtet, so wollen wir nun mit Blick auf die Netzwerkprojekte im deutschen Bildungswesen, nach ihrem – heimlichen – instrumentellen oder auch ideologischen Charakter fragen. In Abschnitt 9.1 skizzieren wir dazu das sogenannte „Neue Steuerungsmodell" im Bildungswesen, in dem sich auch Netzwerke programmatisch verantworten lassen. Sie sind – in dieser Hinsicht – nur ein Steuerungsinstrument neben anderen und werden in der Regel im konzeptionellen Verbund mit anderen Steuerungsinstrumenten eingesetzt. Mit Abschnitt 9.2 konkretisieren wir diese allgemeinen Erörterungen am Beispiel der „Regionalen Bildungslandschaften" – um dann in Abschnitt 9.3 ideologiekritisch zu hinterfragen, ob Netzwerke als politisches Steuerungsinstrument moralisch aber auch steuerungstheoretisch legitim und ausreichend – demokratisch – legitimiert sind.

9.1 Netzwerkprojekte als Teil eines Neuen Steuerungsmodells im Bildungswesen

Netzwerkeprojekte sind, das macht nicht zuletzt ihr zeitliches Aufkommen in den Nuller-Jahren des neuen Jahrtausends, Teil der bildungspolitischen Bemühung, den sogenannten PISA-Schock zu verarbeiten, dass das deutsche Bildungswesen empirisch erwiesenermaßen weniger hervorragende Schülerleistungen hervorbringt, als zuvor gesellschaftlich vermutet.

Allerdings, dies machen wissenschaftliche Untersuchungen zur Herkunft und zum Hintergrund der nach PISA bildungspolitisch ergriffenen Maßnahmen deutlich (vgl. Tillmann u. a. 2008), ist der PISA-Schock weniger als eine Initialzündung für ein politisches Neudenken von Schule und Bildung einzuordnen, sondern vielmehr als Handlungsgelegenheit (policy window) oder Katalysator von bildungspolitischen Reformvorhaben, die schon in den 1990er Jahren intensiv diskutiert wurden (nicht zuletzt im Forum Bildung von 1998 bis 2001, vgl. http://www.blk-bonn.de/forum-bildung-archiv.htm, Stand 01.08.2014, oder auch vorher schon in der Bildungskommission NRW 1992 bis 1994, vgl. Bildungskommission NRW 1995). Insbesondere eine erweiterte Selbstständigkeit von Schule (Schulautonomie) wurden schon intensiv debattiert und auch schon schulrechtlich verankert, wenn auch noch nicht in allen Bundesländern (vgl. Rürup 2007).

Schließlich – im internationalen Vergleich – betrachtet, sind die deutschen PISA-Reformen als bloße adaptierend-nachholende Entwicklung von Konzepten zu kennzeichnen, die zuvor in angloamerikanischen Staaten (England, USA, Neuseeland) umgesetzt und über internationale Thinktanks wie die OECD (oder die Weltbank für den Bereich von Schwellen- und Entwicklungsländern) schon aufgearbeitet und promoted wurden (vgl. Bieber u. a. 2014, Martens & Wolf 2009). Aber nicht nur praktisch-politisch, sondern auch theoretisch-konzeptuell sind die deutschen PISA-Reformen auf Ansätze zurückführen, die – in anderen Kontexten, in anderen Staaten oder auch anderen wissenschaftlichen Disziplinen – schon weitaus früher entwickelt wurden: nämlich in den 1960er und 1970er Jahren (vgl. Hepp 2010).

Kurz: Die mit PISA verbundenen neuen Steuerungsinstrumente wie (nationale) Bildungsstandards und Kompetenzorientierung, Lernstandserhebungen und zentrale Prüfungen, Schulautonomie und Aufwertung der Schulleitung, Lehrkräftekooperation und Schulnetzwerke, Schulinspektionen und Bildungsberichterstattung sind ein international erprobtes und konzeptionell durchdachtes Maßnahmenbündel, das letztlich nur als politische Reaktionen auf das Scheitern zentralistischer und gesamtstaatlicher Planungsbemühungen der 1970er Jahre gerade auch in Deutschland zu verstehen ist auf die unauflösbaren parteipolitisch-ideologischen Konfrontationen als auch auf die Unvorhersehbarkeit und Dynamik gesellschaftlicher Entwicklungen (vgl. Schimank 2009). Aber auch in der freien Wirtschaft – nicht nur in den Planwirtschaften der sozialistischen Staaten – wuchs seit den 1960er Jahren die Erkenntnis, dass eine zentralistische Aufgaben- und Prozessplanung, wie sie im sogenannten Taylorismus angedacht war, zu ökonomisch gesehen suboptimalen Ergebnissen führt (Minzberg 1995). Zwar kann ein Dienst nach Vorschrift gewährleistet werden, eine hohe Arbeitsmotivation, ein Mit- und Weiterdenken bei der Arbeit lässt sich aber nicht befehlen – und schon gar nicht eine systematische Umlern- und Innovationsbereitschaft aller Beschäftigten, wie sie für moderne wissensbasierte Wirtschaftszweige und insbesondere Dienstleistungen als grundlegend angesehen wird.

Die – zuerst in Wirtschaftswissenschaften entwickelten (z. B. Drucker 1954), später auch in den Politik- und Verwaltungswissenschaften (vgl. Jann 2010) oder auch der Erziehungswissenschaft aufgegriffenen (vgl. Fend 2008, Koch & Gräsel 2004) – entwickelten Lösungsvorschläge wirken vor dem Hintergrund des wahrgenommenen zentralistischen Planungsversagens paradox: sie kommen einem kontraintuitiven Paradigmenwechsel gleich. Anstatt, wenn Planungskonzepte scheitern, sich daraus lernend, um bessere, passfähige und abgestimmtere Planungen zu bemühen, raten die Ansätze der neuen Steuerung zuallererst zu einem Planungsverzicht. Die obersten Entscheidungsebenen von Wirtschaftsunternehmen bzw. der staatlicher

Verwaltungen (sprich: die Regierungen) sollen anstatt neue, detaillierte Vorgaben zu überlegen, besser die entsprechende Detail-Planungsverantwortung nach unten abgeben – auf die Ausführungsebene: in die Produktion, auf die Schulen.

Die dort Beschäftigten sollen grundsätzlich größere Entscheidungskompetenzen und -spielräume erhalten, so dass sie flexibel vor Ort in die Lage versetzen werden, passende Konzepte zur möglichst qualitätsvollen Umsetzung ihrer Aufgaben zu entwickeln und diese zu verwirklichen, da sie nicht nur über die dafür nötigen Entscheidungsrechte, sondern auch über ausreichende flexibel-ungebundene Ressourcenzuweisungen verfügen.

Dazu – das ist notwendiger Teil dieses neuen Steuerungsmodells in Wirtschaft und Verwaltung – müssen die einzelnen Beschäftigten vor Ort allerdings intensiver zusammenarbeiten und vor allem eine eigene Identität als Arbeitseinheit, als Team ausbilden. Schließlich sollen die vor Ort entwickelten Konzepte gemeinsam getragen und umgesetzt werden. Im Schulbereich wird dies programmatisch als Schule als Handlungseinheit oder Haus des Lernens formuliert (vgl. Bildungskommission NRW 1995)

Damit eine solche Teambildung oder auch eigenständige Organisationswerdung gelingen kann, müssen durch die zentralen Stellen einerseits entsprechende Entwicklungsimpulse und Unterstützungsgebote aufgebaut werden (im Schulbereich als Schulprogrammarbeit und Schulentwicklungsberatung). Andererseits müssen die von zentralen Stellen zugewiesenen – sowieso schon weniger detaillierten, bloße Ergebniserwartungen reduzierten – Arbeitsaufgaben der ausführenden Organisationsebene weniger auf einzelne Arbeitsplätze und Arbeitsschritte ausgerichtet, sondern zu allgemeineren team- bzw. arbeitsbereichsbezogenen Aufgaben gebündelt werden. Im Schulwesen wird diese Umstellung der Form der detaillierten Aufgabenvorgabe gerne als Umstellung von inhaltsorientierten Lehrplänen zu kompetenzorientierten Bildungsstandards beziehungsweise von einer Input- zu einer Outputorientierung bezeichnet.

Insbesondere aus der Arbeits- und Motivationspsychologie wurde die Erwartung genährt, dass mit diesen Maßnahmen die Arbeitsbereitschaft der Arbeitskräfte wesentlich gesteigert werden kann. Wenn Menschen sich als selbstständig handlungsfähig (autonom und selbstwirksam) erleben und durch eine konkrete soziale Gruppe wertschätzend getragen fühlen, dann – so die einschlägigen Forschungsbefunde – sind sie eher bereit, sich eigenständig und umsichtig auch auf höhere und komplexere Arbeitsanforderungen einzulassen. Ein positiv-ganzheitliches Team- bzw. Gemeinschaftsgefühl im eigenen Arbeitsbereich führe zudem zu einer höheren Identifikation mit dem Gesamtunternehmen und dessen Zielen, die dann eher und leichter als eigene Ziele rekontextualisiert werden. Es entstünde so (theoretisch) eine Win-Win-Situation: das Unternehmen bzw. der Staat bekäme engagiertere und

9.1 Netzwerkprojekte als Teil eines Neuen Steuerungsmodells

weniger widerständige Mitarbeiter, und die Beschäftigten würden über ihre Arbeit mehr persönliche Bestätigung und soziale Eingebundenheit erfahren.

Durch geschickt platzierte Anreize für die selbstständigen Arbeitseinheiten vor Ort (leistungsabhängige Bezahlung bzw. Ressourcenzuweisung, Rankings, Preisausschreiben und -vergaben oder auch die Gestaltung von Konkurrenzsituationen, sprich Quasi-Märkten) können durch den Planungs- und Vorgabenverzicht entstandene Einflussdefizite der Geschäftsführung kompensiert werden. Insbesondere empfohlen wird der Aufbau eines Systems der Qualitätsprüfung und Rechenschaftslegung, insbesondere durch neutral-objektive Instrumente wie Zertifikate oder standardisierte Berichtspflichten nach oben. Indem die zentralen Organisationsebenen regelmäßige und detaillierte Informationen darüber erhalten, wie die dezentralen Organisationseinheiten gemessen an bestimmten Standards und Ziel- bzw. Vergleichsgrößen (Benchmarks) arbeiten, steigern sie sogar ihre Möglichkeit, zielgerichtet vor Ort Einfluss zu nehmen. Die Aufgabenbeschreibungen und Ressourcenzuweisungen können schließlich immer noch nachjustiert, Leitungen ausgetauscht, Jobs und Arbeitsorte rotiert, Entwicklungsgespräche geführt und Zielvereinbarungen geschlossen werden.

Dabei kann und soll den dezentralen Arbeitseinheiten die Verantwortung für ihr Qualitätsmanagement sogar grundlegend selbst übertragen werden. Anstatt dass die zentralen Organisationsebenen Verbesserungs- und Handlungskonzepte entwickeln, umsetzen und evaluieren, gehört es zum neuen Steuerungsmodell, dass die dezentralen Arbeitseinheiten auch diesen Auftrag erhalten: Verbunden mit Handreichungen und Unterstützungsangeboten sollen sie sich selbst evaluieren, gegenseitig Feedback geben und gestützt auf selbst erhobene Daten systematisch Verbesserungsmaßnahmen entwickeln. Auch Kontrollfunktionen der Produktions- bzw. Qualitätsverbesserungsprozesse sollen weitestgehend dezentralisiert werden – indem das Team insgesamt für die Qualität der Arbeit jedes Einzelnen verantwortlich gemacht wird. Vereinfacht gesprochen, wird statt auf formale Hierarchien auf direkte soziale Kontrolle der insgesamt mithaftenden Arbeitskollegen gesetzt. Durch eine Delegation weitergehender Vorgesetzenaufgaben (der Personalauswahl, der Leistungsbeurteilung und der Entscheidung über leistungsabhängige Lohnanteile bzw. disziplinarrechtliche Maßnahmen) kann die Aufgabe der gegenseitigen Leistungskontrolle mit entsprechenden Sanktionsmöglichkeiten untersetzt werden, was formal eine Stärkung der lokalen Leitungsebenen bedeutet. Für die Aufbauorganisation von Unternehmen – oder auch Verwaltungen wie den staatlichen Schulbehörden, bedeutet dieses Steuerungsmodell, dass vor allem auf der Ebene des Mittelmanagements (im Schulwesen: der regionalen oder örtlichen Schulaufsicht) Aufgaben verloren gehen und diese Organisationsebene entsprechend auch personell ausgedünnt werden kann.

Netzwerke werden in diesem neuen Steuerungsmodell erst dann wichtig, wenn es darum geht, nicht nur eine einzelne Arbeitseinheit eines Unternehmens bzw. einer Verwaltung zu lenken, sondern die Arbeitsprozesse verschiedener, eventuell sogar externer (unternehmens- und verwaltungsfremder) Arbeitseinheiten besser aufeinander abzustimmen. Während diese Abstimmung im alten zentralistischen Planungsmodell durch eine Gesamtprozessplanung von oben von vornherein gewährleistet war, besteht im neuen dezentralisierten Steuerungsmodell die Gefahr, dass die eigenständigen Arbeitseinheiten vor Ort sich in ihren Arbeitsweisen, aber auch Arbeitsergebnissen zunehmend und zu sehr entkoppeln. Insbesondere wenn sie im Sinne von Produktionsketten aufeinander angewiesen sind (wie im Schulwesen die Schulen der Sekundarstufe auf die vorherigen Leistungen der Grundschulen), stellt sich für komplexe Unternehmen bzw. Produkte die Herausforderung, wie – ohne in detaillierte Vorgaben von oben zurück zu fallen – die gegenseitige Anschlussfähigkeit und Vergleichbarkeit der autonomisierten Produktionseinheiten hergestellt werden kann.

In Wirtschaftsunternehmen und der öffentlichen Verwaltung, deren organisatorischer Zusammenhang anders als bei dem sich auch schon traditionell als weitgehend eigenständig-fragmentiert verstehenden Einzelschulen und Lehrkräften im Bildungsbereich klarer und stärker ist, werden als Instrument für solche unternehmensinternen, nicht-nur-vertikalen Koordinationsbedarfe von oben nach unten arbeitsbereichsübergreifende Arbeits- und Projektgruppen eingeführt. Vergleichbar im Schulwesen sind regionale Schulleitertreffen oder – und hier kommen wir auf erste Netzwerkprojekte zu sprechen – die Einsetzung von Lenkungs- bzw. Steuergruppen für regionale Bildungslandschaften. Wichtig bei diesen Arbeits- und Projektgruppen ist der Gestaltungsgrundsatz, dass ihre Zusammensetzung, ihr Auftrag und ihre Arbeitsweise weitestgehend Rücksicht auf organisationale Hierarchien durch ein gemeinsames – möglichst konkretes und zeitlich befristet lösbares – Optimierungsanliegen bestimmt sein soll. In dieser – sich von hierarchischen Zwängen befreienden – Hinsicht sind solche organisationsinternen Arbeits- und Projektgruppen durchaus als besondere Formen von strategischen Netzwerken zu verstehen (vgl. Sydow 2010, 35).

Arbeits- und Projektgruppen mit Koordinationsauftrag sind allerdings nicht nur innerhalb eines Unternehmens wichtig. Vor allem in der deutschen Automobilindustrie, die sehr umfassend mit eigenständigen regionalen Zulieferern arbeitet, Unternehmensbereiche ausgelagert und sich im Produktionsablauf auf eine möglichst wartezeitlose Just-in-Time-Produktionskette festgelegt hat (um Lagerkapazitäten für Arbeitsmaterialien abbauen zu können), sind die Notwendigkeiten und Abhängigkeiten von einer detailliert-gelingenden Abstimmung erheblich gewachsen (vgl. Sydow & Manning 2006). Gewachsen sind aber auch die

Erfahrungen, dass über die intensive kommunikative und auch gremienförmige Vernetzung von eigentlich unabhängigen Akteuren, die ein gemeinsames Interesse an einem gelingenden Gesamtprozess wie der Autoproduktion haben, zentrale Planungsvorgaben und -bemühungen adäquat ersetzt werden können. Gerade weil, vor Ort – in der Produktion, in der Schule, in der lokalen Anbieter- und Abnehmerlandschaft von Bildungsqualifikationen – ein konkret spürbares Problembewusstsein mit zumindest antizipierten Leidensdruck existiert, der sich darauf bezieht, was passieren kann und vermieden werden muss, wenn die gegenseitige Abstimmung nicht funktioniert, ist eine gelingende, ergebnisorientiert-produktive Zusammenarbeit sehr wahrscheinlich.

Netzwerke lassen, steuerungstheoretisch formuliert, dort „institutionalisierte Interdependenzbeziehungen" (Kussau & Brüsemeister 2007, 31) entstehen, wo bislang (und eben nicht mehr) keine auf Hierarchie basierende Beeinflussung von Akteuren möglich ist. Sie ersetzen einen hierarchischen Anpassungszwang durch Vorgaben und Vorgesetzte durch einen – lokal-situativ evidenten – Sachzwang: eine gemeinsam zu bearbeitende Aufgabe.

9.2 „Regionale Bildungslandschaften" als Steuerungsinstrument

Anhand des Konzepts der „Regionalen Bildungslandschaften", die wir analytisch zu den Kooperationsnetzwerken zählen würden (vgl. Abschnitt 6.4), kann die eben allgemein skizzierte strategische Funktion von Netzwerken in bildungspolitischer und bildungsplanerischer Hinsicht noch einmal verdeutlicht werden (vgl. Emmerich & Maag Merki 2009; Emmerich 2010b).

Wesentlicher Initiator und Träger der Netzwerkprojekte zu „Regionalen Bildungslandschaften" ist die schon mehrfach benannte Bertelsmann Stiftung (vgl. Lohre u. a. 2004, vgl. Habeck 2012). Aufbauend und in Fortführung von entsprechenden programmatischen Aussagen der Bildungskommission NRW (1995), die eine stärkere Verankerung der – selbstständigeren – Schulen in ihrem kommunalen und regionalen Umfeld empfahl, und in enger Abstimmung mit der Landesregierung Nordrhein-Westfalens entwickelte sie zusammen mit dem Institut für Schulentwicklungsforschung an der Uni Dortmund (heute TU Dortmund) zuerst von 1997 bis 2002 das Modellprogramm „Schule & Co" (vgl. Bastian & Rolff 2002) und darauf aufbauend von 2002 bis 2008 das Schulentwicklungsprogramm ‚Selbstständige Schule' in Nordrhein-Westfalen (vgl. Holtappels, Klemm & Rolff 2008). Von 2005 bis 2008 finden sich Parallelprojekte zu „Regionalen Bildungslandschaften" in

Niedersachsen und Baden-Württemberg (vgl. Stern u.a. 2008) und konzeptuelle „Ableger" z.B. in der Schweiz (vgl. Huber 2014).

Programmatisch wurde in den Modellversuchen eine Verbesserung der Schulqualität durch den Aufbau eines Beratungs- und Unterstützungssystems für die einzelnen Schulen angestrebt, das neben dem Aufbau regionaler Netzwerke auch Innovationsfonds beinhaltete. Die regionalen Netzwerke sollten dabei Kooperationsgelegenheiten von schulischen und außerschulischen Akteuren darstellen, um ‚vor Ort' Lösungsansätze für spezifische Probleme des Bildungssystems entwickeln zu können. Sie arbeiten in zwei Bereichen:

- Zum einen im Bereich schulischer Qualitätsentwicklung, als Gelegenheit und Beitrag zum Austausch von ‚best practice' und gegenseitiger Unterstützung sowie
- Zum anderen bezogen auf Übergangsprobleme an einer besseren Abstimmung der verschiedenen, insbesondere auch formalen und non-formalen Bildungsangebote innerhalb der Region wie Musikschulen, Freizeiteinrichtungen, Institutionen der Erwachsenenbildung oder Sozialpädagogik.

Einen zentralen innerschulischen Stellenwert besaß in diesen Projekten zu „Regionalen Bildungslandschaften" das von der Bertelsmann Stiftung entwickelte Selbstevaluationsinstrument in Schulen, SEIS (vgl. Abschnitt 6.1). Die an den Modellnetzwerken teilnehmenden Schulen verpflichteten sich – freiwillig – dazu, SEIS jährlich anzuwenden und ein internes Qualitätsmanagement sowie Steuergruppen aufzubauen, um damit die Grundlage für ein Berichtswesen zu schaffen, das die Überprüfung der Qualitätsentwicklung in den Projektschulen erlauben sollte. Letztlich diente die Vernetzung zwischen den Schulen damit auch dazu, schuleigene Ressourcen für die nachhaltige Implementation eines Evaluationsinstrumentes und systematischen Berichtswesens zu nutzen.

Als aktuelle Weiterentwicklung und Verstetigung des Ansatzes regionaler Bildungslandschaften sind die regionalen Bildungsnetzwerke (RNB) in Nordrhein-Westfalen zu nennen (vgl. http://www.regionale.bildungsnetzwerke.nrw.de/, Stand 27.07.2014, Stern 2014). Über eine vertragliche Vereinbarung zwischen dem Land Nordrhein-Westfalen und interessierten Kommunen – begründet als staatlich-kommunale Verantwortungsgemeinschaft – wird letzteren der Auftrag und die Möglichkeit gegeben, sich in ihrem lokalen Bildungswesen stärker gestaltend einzubringen. Über regionale Bildungskonferenzen, Lenkungsausschüsse und regionale Geschäftsstellen (Bildungsbüros) – in Zusammenarbeit mit den regionalen Kompetenzteams der Lehrkräftefortbildung, den kommunalen Integrationszentren, den lokalen Mitgliedern und Koordinierungsstellen anderer Netzwerke im Bildungsbereich („Kein Anschluss ohne Abschluss", „Komm-mit!-Schulen") und

9.2 „Regionale Bildungslandschaften" als Steuerungsinstrument

generell allen Akteuren (der staatlichen und kommunalen Schulaufsicht, den Schulen und Schulträgern), die sich vor Ort mit schulischer und beruflicher Bildung befassen bzw. einen Bildungsauftrag haben – soll das regionale Bildungsangebot plan- und qualitätsvoller, effizienter abstimmt und zugänglicher werden (vgl. http://www.regionale.bildungsnetzwerke.nrw.de/rbnkooperationsvertragstadt.pdf, Stand 27.07.2014). Seit dem Jahr 2008, als das Konzept „Regionaler Bildungsnetzwerke" aufgesetzt wurde, bis zum Jahr 2013 sind mit 49 von 53 kreisfreien Städten und Landkreisen in Nordrhein-Westfalen entsprechende Kooperationsvereinbarungen geschlossen worden, so dass von einer flächendeckenden Implementation gesprochen werden kann (vgl. Stern 2014).

Wenn mit dem in Abschnitt 9.1 vorgestellten Neuen Steuerungsmodell als Hintergrund, diese „Regionalen Bildungslandschaften" betrachtet werden, dann fällt zuallererst ihre überregionale Initiierung auf: es sind im Ursprung Projekte der Bertelsmann-Stiftung und der Landesregierung NRW. Was darauf aufbauend in den Blick kommt, ist der forcierte regionale Bezug – in der Netzwerk-Arbeit ist die Landesebene oder die Bertelsmann-Stiftung höchstens als Gast, Vertragspartner oder beratend beteiligt: gerade von den Initiatoren wird darauf Wert gelegt, dass die eigentliche Arbeit vor Ort geschieht. Und schließlich wird sichtbar, dass die regionale Netzwerkarbeit keineswegs ergebnisoffen ist. Es gibt vorgegebene Ziele bzw. Arbeitsbereiche, Organisationsformen und Gremienstrukturen sowie mit dem Projekt verbundene und implementierte Arbeitsweisen wie SEIS als Selbstevaluationspraxis oder eine kommunale Bildungsberichterstattung wie aktuell in den regionalen Bildungsnetzwerken NRWs.

Vor allem aber gewährleisten die „Regionalen Bildungslandschaften" – nicht nur für die beteiligten Schulen – eine Begegnung von bisher zumindest weniger verbundenen lokalen und regionalen Akteuren. Die Mitwirkung in den Netzwerkgremien führt quasi autonomisch, unterstützt durch die vorgegebenen Arbeitsschwerpunkte thematisch, dazu, dass sich alle Beteiligten in ihren jeweiligen Interessen und gegenseitigen Abhängigkeiten besser wahrnehmen und womöglich auch intensiver berücksichtigen: Während z. B. Hauptschulen oder Realschulen als öffentlich finanzierte und staatlich kontrollierte Bildungsanstalten ihre internen Bildungsprozesse und Bildungsziele traditionell unabhängig vom Bedarf und den Wünschen der lokalen Ausbildungsbetriebe gestalten konnten, werden sie, wenn sie in einem regionalen Netzwerk mit diesen Betrieben agieren, zwangsläufig mit deren Perspektiven konfrontiert. Kurz: Netzwerke führen zu einer Interdependenzverstärkung zwischen Akteuren (vgl. Emmerich & Maag Merki 2009).

Altrichter (2014, 36) charakterisiert „regionale Bildungslandschaften" entsprechend als Instrumente, die einerseits „der Vereinzelung von Akteuren und ihren Interessen" entgegenarbeiten sowie „Bindung und Loyalität zu den allgemeinen

Zielen des Bildungswesens durch ‚Nähe', durch Übernahme regionaler Verantwortung erreichen" wollen. Andererseits und vor allem seien sie eine Antwort „auf das Problem der ‚horizontalen' Koordinierung der Einzelakteure in lokalen und regionalen Kontexten. [...] *Schwächer werdende vertikale Koordination soll also durch intensivere horizontale Koordination auf regionaler Ebene substituiert* und dadurch eventuell die Gesamtsituation verbessert werden." (ebd., kursiv im Original) „Regionale Bildungslandschaften" führen dabei systematisch zu einer Erweiterung bisheriger Koordinationspraxen, weil sie üblicherweise Akteure aus ganz verschiedenen, auch verwaltungsmäßig oft getrennten gesellschaftlichen Bereichen zusammenführen – und begünstigen so „grenzüberschreitende Koordination" (vgl. Emmerich 2010b, 356). In diesem Sinne haben sie auch eine eigenständige steuerungspraktische Funktion, die sie ‚neben' und ‚zwischen' dem gegebenen staatlichen Gefüge von Bildungsinstitutionen erfüllen: sie stellen orientiert an konkreten Aufgaben vor Ort Kontakte und Lösungen bereit, die landesweit über rechtliche Vorgaben, staatliche Investitionen, inter-ministerielle Aktionsprogramme oder öffentlich-private Partnerschaften so nicht realisierbar wären.

Andererseits: gerade weil „Regionale Bildungslandschaften" vor Ort agieren und sich der Pluralität der regionalen Akteure und Interessen stellen, ist ihr Handlungsspielraum auch begrenzt. Die allgemein existierenden politischen, rechtlichen und organisatorischen Strukturen des Bildungssystems sind letztlich unveränderliche Rahmenbedingungen (vgl. Stern et al. 2008): sie sind vor Ort nicht verhandelbar – oder nur soweit wie die Kooperationsverträge zwischen Land und Kommune einen Spielraum eröffnen. Inwieweit das ein Nachteil des Steuerungsinstruments „Regionaler Bildungslandschaften" ist, ist sicherlich je nach Reforminteresse unterschiedlich zu beurteilen. Im Sinne einer vorsichtig-schrittweisen, am Notwendigen und am Machbaren orientierten Schulentwicklung sind Netzwerke sicherlich ein taugliches Mittel, im Sinne einer umfassenden Bildungsreform – eher nicht. Letztlich ist aber eine solche umfassende Bildungsreform, zumindest mit Blick auf das neue Steuerungsmodell als Abschied von einer zentralisiert bundes- oder auch landesweiten Planung (vgl. Abschnitt 9.1), weder gewünscht noch erwartbar.

9.3 Netzwerke als Gefahr und/oder Ideologie?

Netzwerke im Bildungswesen, das ist die Hauptaussage dieses Kapitels, sind – neben vielen anderen Attributen, die ihnen zugeschrieben werden können – auch einfach Mittel zum Zweck und in einem nicht zu unterschätzendem Maß auch ein Mittel für Zwecke, die von den konkreten Netzwerkmitgliedern in ihrer Arbeit weder selbst gesetzt oder wahrgenommen werden. Sie sind (auch) ein bildungspolitisches Steuerungsinstrument und (auch) Teil eines grundlegenden Reformmodells des Staates und der öffentlichen Verwaltung, das sie – als positiv-erfolgreiche Praxis – bewerben und legitimieren. Das ist (auch) unproblematisch: schließlich ist für aufmerksame Leser der entsprechenden politischen Konzepte, Einsetzungsbeschlüsse oder auch Musterverträge zwischen Land und Kommunen offensichtlich, was konkret durch die jeweiligen Initiatoren bezweckt ist.

Tiefergehende – implizit verschwörungstheoretische – Vorwürfe, die dem neuen Steuerungsmodell als neoliberale Agenda unterstellen, sich bewusst von einer staatlichen Gesamtverantwortung und den Prinzipien eines sozialen Ausgleich zu entfernen, seien hier nur kurz als weitere existente Stimmen benannt, aber nicht argumentativ ausgebreitet (vgl. aktuell Han 2014).

Stärker zu beleuchten und kritisch zu hinterfragen ist sicherlich der große Einfluss der (privaten) Bertelsmann-Stiftung auf die deutschen Netzwerk-Projekte im Bildungsbereich in den letzten 15 Jahren, die im Rahmen ihrer Kooperation mit politischen und staatlichen Institutionen faktisch in die Politikgestaltung eingreift. So hat die Stiftung *indirekt* in Form des erwähnten Selbstevaluationsinstruments SEIS Einfluss auf die Entwicklungsziele und die Entwicklungsarbeit von Schulen genommen.

Auch die Frage, welche öffentlichen Institutionen und welche Mitglieder aus diesen Institutionen in regionalen Netzwerken aktiv sind, entzieht sich der öffentlichen Einflussnahme. Und weil Netzwerke auch sich selbst gegenüber intransparent bleiben (wer weiß schon, worüber sich andere austauschen, wenn er/sie nicht beteiligt ist?) können sie auch selbst nicht kontrollieren, wer über welche Deutungsmacht z. B. in Bezug auf die Definition von Handlungsproblemen und dazu passenden Lösungen verfügt (vgl. Emmerich 2010a). Im äußersten Fall kann die Beeinflussung im und durch Netzwerke auch zu einer Manipulation werden, wenn es einzelnen Netzwerkakteuren gelingt, Informationen nur selektiv und in ihrem Steuerungsinteresse zu verbreiten.

Um zu verdeutlichen, wie weitgehend Netzwerke bisherige demokratische Legitimationsstrukturen tangieren oder auch transzendieren, sei nur darauf verwiesen, dass es sich beim Bildungswesen (nonformale Bildung, Erwachsenenbildung und berufliche Fort- und Weiterbildung einmal ausgenommen) um ein staatlich verantwortetes, öffentlich finanziertes und politisch kontrolliertes System mit gesamtgesellschaftlicher Relevanz handelt. Staatliche und kommunale Bürokratien, die das Bildungswesen gestalten, müssen sich in ihrem Handeln demokratisch legitimieren und ihre Entscheidungen daher öffentlich treffen und transparent machen – auch dafür ist Hierarchie vorgesehen. Dieses Prinzip der Öffentlichkeit und der demokratischen Legitimation ist auch die Bedingung der Möglichkeit für

Kritik am Fehlverhalten von Politikern oder in bürokratischen Apparaten: Erst wo formale Transparenz besteht, fällt Intransparenz überhaupt auf. Dass sich Institutionen verselbstständigen oder dass zwischen Politikern und Unternehmern enge Beziehungen bestehen, die möglicherweise das Abstimmungsverhalten in Parlamenten beeinflussen, lässt sich nur skandalisieren, weil Korruption den Ordnungsprinzipien der modernen Gesellschaft widerspricht, die privat und öffentlich unterscheidet (vgl. Holzer 2006, S. 22ff.). Im Fall von Unternehmen oder auch privaten Stiftungen liegt der Sachverhalt vollkommen anders: Solange sie sich an geltende Rechtsgrundsätze halten, können sie nach eigenen Interessen, vollständig autonom und nach außen intransparent agieren. Und das neue Steuerungsmodell, mit seiner Orientierung an situativ-flexiblen dezentralen Entscheidungen, sei es in Einzeleinrichtungen oder Netzwerken, der Rücknahme von Planungsvorgaben und hierarchischen Einflüssen, ist sicherlich ebenfalls demokratietheoretisch zu problematisieren.

Netzwerke sind von niemandem gewählt worden, können auch von niemandem wieder abgewählt werden und müssen sich auch nicht öffentlich legitimieren. Was in Netzwerken geschieht, entzieht sich geradezu dem Blick der Öffentlichkeit. Der Umstand, dass sich Netzwerke in den ‚Zwischenräumen' der gesellschaftlichen Institutionen und Systeme ansiedeln, kann daher zu Folgen führen, die dem öffentlichen Interesse oder dem Allgemeinwohl widersprechen: Netzwerke lassen sich als solche nicht ‚demokratisch' kontrollieren. Dies ist eine wenig beachtete Problematik, die aus dem Einsatz von Netzwerken als Alternative zu staatlich-bürokratischen Koordinationsformen – auch in Bezug auf das Bildungswesen – resultiert.

Andererseits: Netzwerke sind sehr wohl auch als Gelegenheiten einer basisdemokratischen Partizipation und Stärkung der Zivilgesellschaft aufzufassen, wie auch das neue Steuerungsmodell neben seinen konzeptuellen Wurzeln in rein egoistisch-nutzenkalkulierenden homo-oeconomicus-Ansätzen (dem Prinzipal-Agent-Model, vgl. Lane 2005) auch Einflüsse aus der Human Relations-Bewegung vorweisen kann (vgl. Ulich 1990; Mayo 1949). Erinnert sei vor allem an die oben benannte Win-Win-Situation zwischen menschlich gewertschätzten und sozial eingebundenen Arbeitskräften und einer daraus resultierenden höheren Produktivität und Qualität ihrer Arbeit. Gerade die vielen, positiv-zustimmenden Wortmeldungen von Projektbeteiligten auch aus den Bertelsmann-Netzwerken (vgl. Lohre u. a. 2008, 69-79) – aber auch aus Netzwerkevaluationen generell (vgl. Abschnitt 8.3) – sprechen dafür, dass Netzwerke ganz überwiegend empfehlenswerte Gelegenheiten der Begegnung, des Austauschs und der produktiven lösungsorientierten Zusammenarbeit sind.

Dennoch, wie der Wirtschaftswissenschaftler Günter Ortmann (2006, 305) bezogen auf strategische Netzwerke von Unternehmen bemerkte, es „ist nicht gesagt,

9.3 Netzwerke als Gefahr und/oder Ideologie?

dass es nicht auch Netzwerke gibt, die kaum auf Vertrauen, Loyalität und Fairness, dafür aber umso mehr auf Macht und Abhängigkeit beruhen." Der Bezeichnung eines Projektes als Netzwerk oder Kooperation schützt weder vor Missbrauch noch vor Fehlentwicklungen. Und hinsichtlich der neuesten Entwicklungen und Literatur zu regionalen bzw. kooperativen Bildungslandschaften (vgl. Huber 2014), in denen die Bedeutung von Führung, Rechenschaftslegung, von administrativer Verantwortlichkeit (der Kommune, der Schulleitung) und der Notwendigkeit standardisierter Datenerhebung, Datenaufbereitung und datenbasierter Maßnahmenplanung im Rahmen eines kommunalen Bildungsmonitorings, ist durchaus zu fragen, ob hier nicht der ursprüngliche Ansatz einer selbstbestimmt entwicklungsoffenen, eigendynamischen Netzwerkarbeit zunehmend verlassen wird.

Denn das Versprechen regionaler Bildungslandschaften, die Bildungsangebote vor Ort besser aufeinander abzustimmen und Übergangs- und Anschlussprobleme zu minimieren, steht zumindest in Gefahr als ähnlich umfassendes Planungskonzept missdeutet zu werden, wie die bundesweite Bildungsplanung in den 1970er Jahren. Oder, wieder mit Ortmann gefragt (2006, 293f.): „Warum sollten – zumal hoch integrierte – Unternehmungsnetzwerke nicht all jene Nachteile aufweisen oder doch allmählich entwickeln, die üblicherweise Planwirtschaften attestiert werden – Ausschaltung des Preises als verdichtete Information über relative Knappheiten, mangelhafte Anreize für eine effiziente Ressourcenallokation und für Effizienzsteigerungen, Begünstigung von Trittbrettfahrerei, von Filz, Seilschaften und Cliquenbildung, mangelnde Transparenz mit der Folge allfälliger asymmetrischer Information, Starrheiten und Lock-In-Situationen, resultierend aus exklusiven bilateralen Beziehungen und aus mühsam aufgebauten, aber eben deshalb schwer reversiblen Vertrauens- und Kooperationsverhältnissen, ergo: mangelnde Flexibilität angesichts einer schnell sich verändernden Umwelt?"

Das neue Steuerungsmodell, so sehr es – idealtypisch beschrieben – eine produktive Lösung für zentralistische Planungsprobleme verspricht, weil die notwendigen Maßnahmen flexibel vor Ort ergriffen werden, darf nicht als heimliche Delegation der Planungspflichten von der zentralen auf dezentrale Organisationsebenen missverstanden werden, wie es in der heutigen bildungspolitischen und bildungswissenschaftlichen Diskussion um Datenfeedback und evidence-based practice bzw. politics bisweilen schon aufscheint (vgl. Wacker u. a. 2012). Im Kern, auch dies ist Ortmann (2006, 296) zu entnehmen, bedeutete die Abkehr vom Anspruch synoptischer Planung eine bewusste Hinwendung zur Nicht-Planung: zum Inkrementalismus, zum muddling through. Dem Konzept nach soll eben kein lokaler Plan den zentralen ersetzen, sondern die lokale Mühe, angesichts gegebener Umstände, das Beste aus der Situation zu machen, soll als Produktivkraft und Keimzelle für alles Mögliche gefördert werden.

Gefährlicher noch am neuen Steuerungsmodell als die Möglichkeit seiner Aufweichung oder Korrumpierung durch ein Fortbestehen von allzu detaillierten Vorgaben und Kontrollen von oben und außen, ist seine interne Widersprüchlichkeit. Das Freiheitsversprechen einer selbstbestimmteren, gemeinschaftlich verantworteten Arbeitswelt, das in dem Model enthalten ist, ist schwerlich krisenfest. Sobald das Erreichen der zentral gesetzten Unternehmensziele fraglich wird (und dies ist gerade nicht immer nur auf interne Probleme zurückführen), kommt es auf die persönliche Bereitschaft der Unternehmensleitung an, ob sie weiterhin kooperativ, die Eigenständigkeit der dezentralen Organisationseinheiten achtend, agiert – oder den bestehenden Handlungsdruck direktiv von oben nach unten weitergibt bzw. zu systembrechendenden, radikalen Umstrukturierungsmaßnahmen greift. Für die (Nachhaltigkeit) der Arbeitsmotivation der Beschäftigten sind die letzteren Varianten sicherlich kontraproduktiv: das ursprüngliche Versprechen (der psychologische Vertrag, vgl. Raeder & Grote) einer dauerhaft beidseitig gestützten Win-Win-Situation wird aufgelöst.

Gerade bezogen auf das staatliche Bildungswesen ist eine weitgehend dezentralisierte oder auch regionalisierte Gestaltungsverantwortung, die anstehende Koordinationsprobleme über Netzwerkprojekte löst, auf Dauer kaum tragfähig bzw. kein Allheilmittel. Mit Ortmann (2006, 302) gesprochen: Man darf „die Idee der Selbstregulation und bloß lokaler Anpassung nicht überstrapazieren. Die vielen kleinen, lokalen Entscheidungen bieten nicht die Gewissheit, insgesamt in eine erwünschte/effiziente Richtung zu treiben. Es gibt selbst auf Märkten, aber auch in Unternehmen und innerhalb von Netzwerken, was als „the tyranny of small decisions" und als Widerspruch zwischen „micromotives and macrobehavior" in die Literatur Eingang gefunden hat".

Insofern sei dieses – steuerungstheoretische – Kapitel mit der Aussage beschlossen: Netzwerke sind sicherlich ein brauchbares Instrument der Bildungssystemgestaltung, aber nur neben anderen, im Bewusstsein ihrer Grenzen und nur begleitet durch eine aufmerksam-kritische Öffentlichkeit.

Teil III
Netzwerke zwischen Theorie und Praxis

Zum Abschluss unseres Lehrbuchs möchten wir die bisher weitgehend getrennt gelassenen Darstellungen der Kapitel 1 bis 5 (Teil 1) und 6 bis 9 (Teil 2) zusammenführen und als Gelegenheit zu gegenseitigen kritischen Hinterfragungen nutzen. Folgende Fragen werden uns dabei leiten:

1. Inwiefern entspricht das in den theoretisch-konzeptuellen Kapiteln zur Netzwerktheorie vorgestellte Begriffsverständnis den im Bildungswesen eingeführten Netzwerken?
2. Welche Formen von Vernetzungen im Bildungswesen werden zusätzlich sichtbar, wenn der sozialwissenschaftliche Netzwerkbegriff verwendet wird – und nicht nur die Selbstdarstellungen und wissenschaftliche Begleitung der Praxis der Netzwerkgestaltung?
3. Was bedeuten die bei dieser Betrachtung möglicherweise sichtbar werdenden Differenzen sowohl für das Verständnis von Netzwerken im Bildungswesen – als auch für die praktische Relevanz der Netzwerktheorie?
4. Und nicht zuletzt: Welche Konsequenzen für Netzwerkgestalter sind alles in allem aus Netzwerktheorie und Netzwerkpraxis ableitbar?
5. Wie kompatibel oder zumindest verknüpfbar sind die verschiedenen Konsequenzen aus Theorie und Praxis?

6. Was bedeutet möglicherweise nicht auflösbare Widersprüche zwischen den praktischen Implikationen von Netzwerktheorie und den Erfahrungen der Netzwerkgestaltung?

Wir bearbeiten diese Fragen in einem einzigen Kapitel (Kapitel 10).

Vergleiche und Konsequenzen 10

Es muss womöglich kaum extra hervorgehoben werden, aber zwischen unseren Darstellungen in Teil 1 und 2 dieses Lehrbuchs, gibt es Widersprüche und Ungereimtheiten - nicht alles was wir als Netzwerkforschung und Netzwerkgestaltung präsentiert haben, passt eins-zu-eins zusammen. Dass dies nicht unser Fehler als Autorinnen und Autoren dieses Lehrbuchs ist, sondern eben Ausdruck und Stand des aktuellen Redens über Netzwerke in Wissenschaft und Praxis, wollen wir im folgenden Schlusskapitel noch hervorheben und diskutieren. In Abschnitt 10.1 gehen wir den theoretischen Implikationen nach und suchen nach dem gemeinsamen Begriffsverständnis von Theorie und Praxis (die obigen Fragen 1 bis 3). Mit Abschnitt 10.2 beleuchten wir dann mögliche praktische Ableitungen (die obigen Fragen 4 bis 6).

10.1 Theoretische Implikationen

In der Einleitung zum zweiten Band der Buchreihe „Netzwerke im Bildungsbereich" geben die Herausgeber eine Sprachspielerei des Soziologen Dirk Baecker mit dem Netzwerkbegriff wieder. Wir wollen dieses Zitat zum Einstieg in die Bearbeitung der Frage nutzen, inwieweit Netzwerktheorie und Netzwerkpraxis unterschiedliche Netzwerkbegriffe verwenden und was diese Unterschiede bedeuten.

Baecker weißt, genüsslich und wohl wissend, dass die Idee unter Betriebswirten und Kulturarbeitern verbreitet ist, die Vorstellung zurück, dass man Netzwerke machen könne, zumindest sofern man nicht ihr Mitglied sei und sie damit schon existierten:

> Man kann „Netzwerke nicht machen, sondern allenfalls entdecken; man kann sie nicht verändern, allenfalls fördern, stören oder schwächen; man kann ihnen nicht nach Lust und Laune beitreten und sie wieder verlassen." (nach Berkemeyer u. a. 2008, 7f.)

Besonders die letzte Anmerkung des Zitats irritiert. Hat nicht gerade die Netzwerktheorie als wesentliches Merkmal von Netzwerken die prinzipielle Freiwilligkeit der Teilnahme herausgearbeitet? Gerade in der Abgrenzung zu hierarchischen oder organisationalen Koordinationsformen des Sozialen war ein zentrales Kriterium gewesen, dass die beteiligten Akteure sich in Netzwerken aus eigenem Interesse und ohne Verpflichtung zusammenfinden. Auch die anderen Thesen scheinen wenig plausibel: sichtlich werden ja im Bildungswesen oder in anderen gesellschaftlichen Bereichen immer wieder und immer neue Netzwerke gegründet und bewusst gestaltet.

Dennoch, und dies werden wir gleich begründen, hat Baecker recht – allerdings nur unter einer bestimmten und nicht sehr alltäglichen Sichtweise. Es ist nämlich die formale Sichtweise der Netzwerkanalyse, mit der wir in das Lehrbuch eingestiegen sind. Soziale Netzwerke waren dabei sehr abstrakt definiert als Mengen von Akteuren, die miteinander über Beziehungen verbunden sind (s. Kapitel 1). Diese Akteure und ihre Beziehungen sind auf verschiedene Weise untersuchbar (unter einer Ego- oder Gesamtperspektive, s. Abschnitt 1.2) und in ihren grundlegenden Formen (Star, Circle, Line, Abschnitt 1.3) oder Strukturen (Reziprozität, Dichte, Zentralität, Kapitel 1.4) analysierbar. Die Stellung einzelner Akteure zueinander (z. B. Embeddedness, s. Abschnitt 4.2) und besondere Netzwerkrollen (Pulsetaker, Hub, Gatekeeper, Abschnitt 2.3) sind beschreibbar. Der Begriff Netzwerk steht in dieser Sichtweise für nicht mehr als für eine Aufmerksamkeit für Beziehungen zwischen Personen, Organisationen oder auch Systemen. Es geht rein analytisch um Vernetzungen und ihre Konsequenzen.

Vor diesem Begriffshintergrund verweist Baecker nun darauf, dass sozialer Beziehungen immer Verhältnisse zwischen Akteuren beschreiben, die weder durch einen einzelnen Akteur gegründet noch aufgelöst werden können. Er braucht immer den anderen, der nicht unbedingt bewusst an der Beziehungsaufnahme teilhaben muss, aber zumindest auf eine beziehungsförderliche Weise anwesend und verknüpfbar zu sein hat.

Ein weiterer Gesichtspunkt, auf den Baecker mit seinen Formulierungen verweist, ist, dass Beziehungen nicht einfach erlöschen, auch wenn die beteiligten Akteure – oder gar nur einer – nicht auf weitere Kontakten Wert legen. Man denke an scheiternde Liebesbeziehungen, bei denen selbst ohne weitere Begegnungen der Partner eine Verbundenheit im Verletztsein oder Verhärtetsein bestehen bleibt. Nicht

10.1 Theoretische Implikationen

erst in Psychotherapien wird deutlich, dass selbst der Tod oder ein Verschwinden Beziehungen nicht beenden, sondern bedeutungsvolle und andauernde Leerstellen hinterlassen.

Im Kapitel 2 des Lehrbuchs haben wir drei einflussreiche empirische Studien vorgestellt, die das von Baecker reklamierte, entdeckende Umgehen mit Netzwerken gehaltvoll praktiziert haben. Die Vernetzungen von Menschen sind weitaus dichter als man im Alltag vermutet: Jeder kennt jemanden, der jemanden kennt, der jemanden kennt (s. Abschnitt 2.1). Und folgenreiche Beziehungen sind nicht unbedingt die intensiven, emotionalen oder auch bewussten. Insbesondere Informationsvorteile kann man durch Kontakte zu Akteuren gewinnen, die Einblick in Bereiche haben, die einem selbst unbekannt sind, und die einem entsprechend weniger nahe stehen (s. Abschnitt 2.2).

Netzwerke, wenn sie so verstanden werden, sind wirklich nicht machbar, nicht zielgerichtet veränderbar oder auch durch Einzelne nicht einfach wähl- oder abwählbar. Man kann den Analysen bestehender Netzwerke allerdings entnehmen, wie sie strukturiert sind und „ticken" oder auch, welche Akteure besondere Rollen als Gatekeeper oder Hubs besitzen (s. Abschnitt 2.3). Werbung lässt sich so zielgerichteter platzieren, wenn man weiß, wen man ansprechen muss, um eine Information möglichst breit zu verteilen.

Oder auch bildungspolitische Maßnahmen lassen sich (vielleicht) zielgerichteter initiieren, wenn man – wie in Kapitel 3 dargestellt – die sozialen Beziehungen von Kindern als wichtige Ressource (soziales Kapital) bei ihrem Aufwachsen anerkennt, die, wenn sie fehlt, ungünstige Verlustspiralen hervorzurufen vermag: Prozesse der Fremd- und zunehmenden Selbstselektion aus Bildungs- und Berufskarrieren. Gerade die großen, international vergleichenden Schulleistungsstudien haben ganz in diesem Sinne die große Bedeutung des sozialen oder auch kulturellen Hintergrunds (um das allzu omnipräsente Schlagwort Migrationshintergrund zu meiden) als Erklärungsfaktor für Leistungsunterschiede insbesondere auch innerhalb des deutschen Schulsystems hervorgehoben. Das Konzept des sozialen Kapitels als individuell unterschiedlich verfügbares Beziehungsnetzwerk erweitert und konkretisiert diese Problemdiagnose. Weil es nicht politisches Anliegen sein kann, Kinder ihrer sozialen Beziehungen zu entkleiden und eine bloße Forderung nach einer eigenen Veränderung bzw. Anstrengung der betroffenen Kinder und Familien angesichts der typischen homophilen Schließungs- und Stabilisierungstendenzen sozialer Beziehungen ins Leere laufen, ist – wenn man etwas an diesen Reproduktionsmustern sozialer Ungleichheit ändern möchte – eine Aktivität der Allgemeinheit, in der Regel des Staates erforderlich. Er muss für Beratungs- und Unterstützungssysteme sorgen, persönliche Ansprechpartner oder plural-offene Begegnungsräume finanzieren, um so Gelegenheiten für mehr abweichende oder untypische soziale Kontakte zu generieren. Konkret für Lehrkräfte – d.h. für ihre Aus-, Fort- und Weiterbildung – wäre zu wünschen, dass sie stärker aufgefordert und angeleitet werden, Schulkassen auch als soziale Systeme wahrnehmen. Die Befähigung zum Erstellen und Interpretieren von Soziogrammen wäre dabei sicherlich ein sinnvolles Tool, um Schülerinnen und Schüler in ungünstigen sozialen Positionen zu erkennen und ihnen pädagogische Hilfe anzubieten.

Allerdings sind solche Netzwerke für die Netzwerkprojekte und Konzepte der Netzwerkgestaltung, wie wir sie im zweiten Teil des Lehrbuchs vorgestellt haben, eigentlich nicht von Interesse. Die Protagonisten von Netzwerken im Bildungswesen würden solche Beziehungen zwischen Akteuren vielleicht als bemerkenswerte Phänomene von Vernetzung sehen, wenn sie aber Netzwerke gestalten wollen, meinen sie etwas völlig anderes – oder vielleicht nicht völlig anderes, sondern etwas, das assoziativ an solche Vernetzungen angeschlossen werden kann, aber doch wesentlich abweicht.

In unseren Darstellungen der Netzwerktheorie haben wir diese Differenz auf zwei verschiedene Weisen hergeleitet: einmal mit einem Wechsel der Analyseebene von einem Netzwerk-Verständnis als primärer Form der gesellschaftlichen Ordnungsbildung zu einer Betrachtung ihrer Bedeutung als sekundärer gesellschaftlicher Koordinationsmechanismus zwischen Hierarchie und Markt (Kapitel 5). Diese Betrachtung von Netzwerken ist aber nicht nur als Theoriefigur größer dimensioniert. Wenn der Fokus auf den Sekundärcharakter netzwerkförmiger Ordnungen gerichtet wird, dann ist auch nicht mehr jegliche Beziehung als netzwerkartig aufzufassen, sondern nur solche, die nicht dominant durch kurzfristiges, rein eigennütziges Tauschhandeln (Markt) oder durch Machtstrukturen von Weisungsrechten und Umsetzungspflichten geprägt (Hierarchie) sind.

Insbesondere die Wirtschaftswissenschaft entdeckten strategische Bündnisse zwischen eigentlich konkurrierenden Unternehmen, um gemeinsam Produktinnovationen zur Marktreife zu bringen, die ein völlig neuen z.B. technischen Standard setzten. Netzwerke fungieren dabei als – thematisch fokussierte – Räume zur Begrenzung von Wettbewerb, um besondere investitionsbedürftige und damit riskante Entwicklungen überhaupt zu ermöglichen.

Selbstverständlich handelt es sich dabei immer noch um Beziehungen zwischen Akteuren, die netzwerkanalytisch aufbereitet werden können und dann in beeindruckenden Grafiken der Verflechtung von Unternehmen gleicher und verschiedener Branchen resultieren. Für die Wirtschaftswissenschaftler war aber interessanter, dass dieser Typus lockerer, zeitlich und thematisch begrenzter Beziehungen von Konkurrenten die wirtschaftliche Innovationsdynamik befördert und neue Produkt- und Absatzmärkte schafft, ohne das daraus notwendigerweise neue, inflexibel fixierte, wettbewerbsbehindernde Organisationsstrukturen (Monopole

10.1 Theoretische Implikationen

oder Kartelle) entstehen müssen. Netzwerke erschienen so als ein Ausweg aus dem Dilemma, wie man koordinierte Veränderungen unter Bedingungen eines freien ungehinderten Wettbewerbs erreichen kann, ohne beständig den Staat oder ein kulturell geteiltes Normsystem für die Ermöglichung solcher kollektiver Güter bemühen zu müssen. Freie, am Eigennutzen orientierte Akteure, so suggeriert die Netzwerktheorie, könnten sich unter bestimmten Bedingungen auch ohne Zwang auf ein gemeinsames Interesse verständigen und dieses erfolgreich verfolgen.

Netzwerke sind in dieser Sichtweise also nicht per se Beziehungen von Akteuren, sondern Gelegenheiten gemeinsamer Zielverfolgung für prinzipiell voneinander unabhängige Akteure. Ihr Kern ist nicht die soziale Beziehung, die das Netzwerk definiert, sondern das gemeinsame Projekt, das soziale Beziehungen eines bestimmten Typus nutzt und herstellt. Für solche Netzwerkprojekte zu behaupten, dass sie nicht prinzipiell machbar oder nicht bewusst veränderbar wären und die Mitgliedschaft in ihnen nicht frei wähl- oder abwählbar, das würde wahrscheinlich auch Dirk Baecker nicht.

Im Kapitel 7 hatten wir schon betont, dass die aktuellen Netzwerkprojekte im Bildungsbereich konzeptuell nur in einer bestimmten Hinsicht auf die Netzwerktheorie zurückgreifen: nämlich ausschließlich auf die zweite, der hier vorgestellten Sichtweisen. Netzwerke sind dann anders zu definieren; nämlich als „locker gebundene oder vertraglich verfestigte organisatorische Strukturen" in denen „die Arbeit mehrerer Akteure durch abgestimmte Strategien zur Durchsetzung von Zielen führt" (Reupold u. a. 2009, 571).

Bei aller Varianz der Ziele und der organisatorischen Verfestigungen sind solche Netzwerke durch eine Reihe von Merkmalen geprägt (s. die Abschnitte 6.1 und 7.2):

- eine gemeinsame Basisintention
- eine Freiwilligkeit der Teilnahme
- Selbstorganisation und
- Vertrauen als notwendige Grundlage.

Zwei weitere Charakteristika der Netzwerkprojekte hatten wir erst bei der Diskussion der Netzwerkziele einführt (Abschnitt 8.1),[16] nämlich

---

16 In der erziehungswissenschaftlichen Netzwerkliteratur werden diese Charakteristika zumeist mit den vorher genannten Merkmalen verknüpft (s. Czerwanski 2003bc; Beyer 2004; Berkemeyer u. a. 2008b). Wir sehen jedoch eine grundlegende Differenz zwischen den oben und den jetzt erwähnten Aspekten. Während die obigen Merkmale wesentliche Orientierungen für die Netzwerkgestaltung enthalten, sind die nun erwähnten Charakteristika weitgehend unbeeinflussbare Selbstverständlichkeiten von Netzwerken. Die Potenzialität von Netzwerken ist ein Versprechen, das etwas geschehen könnte, aber

- die prinzipielle Potenzialität von Netzwerken: Sie sind Gelegenheiten für Unerwartetes und Unerwartbares; und
- ihre normative Fundierung in einem Überzeugtsein vom Sinn (begrenzter) Kooperation statt (totaler) Konkurrenz.

Netzwerke, die diese Merkmale erfüllen oder zumindest diese Kriterien bei ihrer bewussten Einrichtung und Gestaltung zu berücksichtigen suchen, finden sich im deutschen Bildungswesen in einer beeindruckenden Fülle. Einen kursorischen und systematisierenden Einblick hatten wir in Kapitel 6 gegeben, wo wir vier dominante Netzwerkformen (Austausch-, Entwicklungs-, Transfer- und Kooperationsnetzwerke) unterschieden hatten. Mit Blick auf historische Vorläufer der Kooperation und Koordination im Bildungsbereich und internationale Diskussionen von Bildungsnetzwerken verwiesen wir auf Erweiterungsmöglichkeiten der Typologie z. B. um policy-issue-networks (vgl. Abschnitt 6.5).

Nicht explizit erwähnt hatten wir indes, dass das Bildungswesen oder die Erziehungswissenschaft in ihrer Netzwerkgestaltung nicht nur von bestimmten netzwerktheoretischen Abwägungen geprägt ist, sondern auch intensiv von Vorgängererfahrungen und Vorgängerprojekten aus anderen gesellschaftlichen Bereichen profitiert. Implizit sollte aber schon deutlich geworden sein,

- dass insbesondere Schulnetzwerke an Erfahrungen mit Netzwerken in der Weiterbildung und Erwachsenenbildung anschließen,
- dass Aktivitäten einer Vernetzungen kommunaler und regionaler Angebote zu einem kreativen Milieu den bildungsbezogenen Projekten zu Lernenden Regionen vorausgingen und
- dass Netzwerke in der Wirtschaft, zwischen Politik und Wirtschaft oder politisch gefördert von Hochschule und Wirtschaft frühere Anwendungsfelder waren (s. insbes. Abschnitt 6.4)

Wir wollen diese Aussage nun noch einmal verstärken: Netzwerke sind keine pädagogische Erfindungen. Wenn sie als „Orte des Lernens von und miteinander" oder als „Unterstützungssysteme auf Gegenseitigkeit" bezeichnet werden, schwingt zwar ein gewisser pädagogischer Nimbus mit. Dieser ist der Netzwerk-Praxis, bei allem rhetorischen Überschwang und Enthusiasmus, der sich auch außerhalb von Schul- und Bildungsnetzwerken finden lässt, im Ursprung aber fremd. Insbeson-

---

keineswegs auch geschehen muss. Die Kooperationsbereitschaft ist eine in Netzwerken lediglich genutzte Überzeugung, die sich durch Netzwerkarbeit bestätigen und verstärken, aber nicht selbst generieren lässt.

10.1 Theoretische Implikationen

dere Wirtschaftsnetzwerke sind nicht als Orte einer besseren kooperativeren Welt gedacht, sondern als nüchterne Begegnungsstätten am Eigennutzen interessierter Akteure konzipiert. Diese haben allerdings festgestellt, dass eine temporäre Kooperation mit dem Konkurrenten und eine begrenzt freundschaftliche Beziehung zur Verfolgung bestimmter Ziele durchaus sinnvoll sein können. Vertrauen meint so nicht notwendig etwas Herzwärmendes, sondern „nur" eine Wette auf die Verlässlichkeit von Absprachen.

Dass solche strategischen Netzwerke eher unwahrscheinliche (riskante, störungsanfällige und potenziell instabile) soziale Gebilde sind, ist dann der Ausgangspunkt und Legitimationshintergrund von Netzwerkmanagement und Netzwerkmoderation. Gerade in den Dilemmata-Beschreibungen von Wetzel u. a. 2001b (vgl. Abschnitt 7.4) dürfte anschaulich geworden sein, wie nützlich eine geschickte Netzwerkmoderation dafür ist, zwischen den vielfältigen Fallen und Konfliktlinien der Netzwerkarbeit eine tragfähig-produktive Balance zu finden. Dennoch sind Management und Moderation keine zwingenden Bestandteile von Netzwerkprojekten. Sie sind „lediglich" förderliche Elemente, die die realen Gefahren eines Nicht-zustande-Kommens und Scheiterns der Netzwerkarbeit minimieren können.

In unserer Konzentration auf besonders wichtige (medial präsente und wissenschaftlich begleitete) Praxisbeispiele von Netzwerken im Bildungswesen haben wir dagegen die Möglichkeit, dass Netzwerke auch ohne ein Netzwerkmanagement auskommen können, wenig thematisiert. Zu selbstverständlich war bei den Beispielen, dass Netzwerke im Bildungswesen von außen an die Schulen oder Regionen herangetragen, und von außen – durch den Netzwerkinitiator mit seiner zentralen Koordinationsstelle – mitgemanagt werden. Die für die Netzwerktheorie „paradigmatischen" Beispiele von Unternehmensnetzwerken waren hingegen selbst organisiert und haben sich eigenständig, im Rahmen ihrer fortdauernden Zusammenarbeit gewisse Strukturen und Regeln gegeben. Dass es ähnliche Netzwerke im Bildungswesen gibt, halten wir für sehr wahrscheinlich. In der erziehungswissenschaftlichen Literatur finden sich aber bisher nur kleinere Praxis-Beschreibungen (s. Meinecke u. a. 2009, Kessler & Kleine-Huster 2007, Rürup 2012). Ein fundierter Überblick, der Hinweise auf die praktische Bedeutung von selbst organisierten Netzwerken von Schulen und Lehrkräften untereinander oder auch mit nichtschulischen Akteuren geben könnte, steht aus. Hier gäbe es unserer Ansicht nach viel zu entdecken: schon immer bestehenden Kooperationen ebenso wie neue – durch die mediale Präsenz des Netzwerkgedankens oder auch parallele Innovationsanregungen wie der Öffnung von Schule – anregte Kooperationen oder auch Kooperationen von Schulen und Lehrkräften, die nach dem Auslaufen der großen Netzwerkprojekte eigenständig fortgesetzt wurden.

In diesen Verweisen auf bisher unberücksichtigte Vernetzungen im Bildungswesen sehen wir die wichtigste Erweiterung, die die Netzwerktheorie der bisherigen Diskussion und Praxis der Netzwerkgestaltung im Bildungswesen anbieten kann. Hier ist ein wissenschaftlicher Forschungsbedarf, womöglich aber auch ein stärkerer gesellschaftlicher Würdigungsbedarf zu konstatieren. Das Bild der Lehrkraft als separierter Einzelkämpfer oder der Schule als isolierter Einrichtung ist womöglich ein Zerrbild.

Aber auch eine Enteuphorisierung der Netzwerkdiskussion im Bildungswesen sehen wir durch die Netzwerktheorie nahe gelegt und gefordert.

Netzwerke und Vernetzungen sind keine Allheilmittel. Als Steuerungsinstrumente sind sie nur geeignet für bestimmte Zwecke (insbesondere zur Aktivierung von Eigeninitiativen, vgl. Abschnitt 7.4) – und als Arbeitsformen nur selektiv, befristet und zielgerichtet einsetzbar. Netzwerkprojekte sind immer etwas Zusätzliches zu den eigentlichen Aufgaben der Netzwerkmitglieder, z. B. zum tagtäglichen Unterrichten. Sie können gegenüber diesen Aufgaben stützend und entlastend wirken; stellen aber auch eigene Anforderungen.

So besteht bei Netzwerkprojekten immer auch die Gefahr, dass sie wichtige Ressourcen aus dem eigentlichen Geschäft abziehen und es damit schwächen. Zudem macht die Netzwerktheorie darauf aufmerksam, dass Netzwerke gerade keine Gemeinschaften (emotional fundierte Kollektividentitäten) sind oder notwendig erzeugen. Bei aller Vertrautheit der einzelnen Mitglieder, die sich mit der Zeit einstellt, bleiben sie separate Akteure, die orientiert an ihren eigenen Interessen jederzeit entscheiden können, das Netzwerk eventuell zu verlassen. Sie bleiben frei – und Netzwerke bleiben Bündnisse auf Zeit zur Verfolgung von gemeinsamen Interessen. Netzwerkmitglieder müssen sich nicht unbedingt mögen, auch wenn dies sicherlich für das Arbeitsklima günstiger ist.

Nicht zuletzt verweisen die Befunde der Netzwerkanalyse auch auf die Bedeutung unorganisierter und ungeplanter oder auch ungefestigter Vernetzungen. Schulen und Lehrkräfte sind selbstverständlich in vielfältige Kommunikations- und Aufmerksamkeitsnetzwerke eingebunden. Die Netzwerkanalyse macht dabei deutlich, dass es für die einzelnen Schulen und Lehrkräfte Unterschiede macht, wie sie in diesen Beziehungsnetzen positioniert sind – und dass es durchaus Sinn machen kann, über eine bessere Positionierung nachzudenken. Auch für Schulsystemgestalter mögen sich aus Netzwerkanalysen interessante Informationen zu Innovationspotenzialen und Dynamiken „ihres" Bildungswesens ergeben. Zugleich lädt die Netzwerkanalyse aber zu einem ausgleichend, beruhigten Blick ein. In Beziehungsnetzen können nicht alle Akteure zugleich „Gatekeeper" sein oder in der Mitte stehen. Bestimmte Unterschiede zwischen Schulen und Lehrkräfte in der Intensität ihrer Vernetzung sind unaufhebbar und sogar wünschenswert: Worüber soll man den reden, wenn jeder jeden anderen sowieso schon kennt und alles sowieso schon von allen Seiten hört. Ein gewisses Maß an Fremdheit, schwacher Bindung und Nicht-Vernetzung erweist sich aus Sicht der Netzwerkanalyse als gerade produktiv.

Ein theoretischer Mangel und ein entsprechendes empirisches Desiderat bestehen in Bezug auf Netzwerke im Bildungswesen hinsichtlich der Berücksichtigung der relationalen oder kulturellen Perspektive der soziologischen Netzwerktheorie. Die in Abschnitt 5.3 angesprochene ‚kulturtheoretische Wende' in der Netzwerktheorie stellt eine Innovation bereit, die bislang nicht oder nur in geringem Maß für die Analyse von Bildungsnetzwerken genutzt worden ist. Damit ist zunächst eine Dimension sozialer Wirklichkeit – und damit auch Netzwerkwirklichkeit – angesprochen, die sich von den sozialtechnologischen Konzeptionen des Netzwerkmanagements oder den beeinflussungsorientierten Umsetzungen in bildungsbezogenen Netzwerkprojekten unterscheidet, die ihrerseits die Ebene der konkreten Handlungspraxis und deren Beeinflussbarkeit in Netzwerken fokussieren.

Weitgehend unerforscht ist zum Beispiel die Dimension der *Deutungspraxis in Bildungsnetzwerken*, also die Frage, welche ‚Landkarten der sozialen Bedeutung' (stories) innerhalb von Netzwerkstrukturen (netdoms) dafür sorgen, dass Akteure Sinn in ihrem Handeln sehen und Orientierung (control) finden – und wer an ihrer Erzeugung beteiligt ist.

Denn wenn es um die Frage der Beeinflussung von Akteuren in Netzwerken geht, dann greift es zu kurz, lediglich nach den konkreten gerichteten asymmetrischen Beziehungen zu suchen, aus denen für einige Akteure Vorteile und Nachteile für andere entstehen können. In Bezug auf die Steuerungsfunktion von Netzwerken könnte viel entscheidender sein, *wer* relevante ‚issues', also zu bearbeitende Problembeschreibungen durchsetzen kann, denn diese können die Form der Lösung, die innerhalb von Netzwerkstrukturen gefunden werden soll, unmittelbar ‚steuern'. Der Blick richtet sich somit auf die Verteilung von *Deutungsmacht* innerhalb von Netzwerken und auf den Einfluss, den die institutionellen Rahmenstrukturen hierbei auf die Orientierung der Netzwerkarbeit nehmen.

So lässt sich leicht erkennen, dass in den bildungspolitisch initiierten Netzwerkprojekten nicht die Schulnetzwerke selbst, die sich erst im Zuge der Projektimplementation bildeten, für die Definition relevanter Handlungsprobleme zuständig waren, sondern die jeweiligen hierarchisch höhergestellten Projektinitiatoren. Wenn zudem der Einfluss privater Stiftungen in diesem Zusammenhang berücksichtigt wird, dann lässt sich erahnen, dass die Form, in der durch Netzwerke Einfluss auf das Bildungssystem genommen wird, nicht darin besteht, dass ‚feste' und sichtbare Beziehungen zwischen Akteuren existieren, sondern vielmehr in der Art und Weise liegt, in der Netzwerke Einfluss auf die Wirklichkeitsdeutung derjenigen Netzwerkakteure nehmen, die beeinflusst werden sollen. Auch wenn in diesem

Fall zwischen Staat und Stiftung nur ‚weak ties' bestehen (die allerdings im Projekt „Lernen vor Ort" schon ausgeprägte Bündelungs- und Kooperationsstrukturen entwickelten, vgl. Abschnitt 6.4), kann dies Folgen haben, die nicht notwendig in einem öffentlichen Interesse liegen (vgl. Kapitel 9).

10.2 Praktische Implikationen

Schon diese Ableitungen aus den in Theorie und Praxis gebräuchlichen Netzwerkbegriffen für ein übergreifendes Begriffsverständnis deuten auf bestimmte praktische Implikationen: weniger Euphorie, weniger Erwartungen und ein offenerer Blick für die vielfältige Realität schon bestehender Vernetzungen. Übergangen oder zurückgedrängt haben wir dabei den Impuls von Dirk Baecker, mit dem wir in das Kapitel eingestiegen sind. Bei aller rhetorischen Witzelei enthielt er die ernst zu nehmende Botschaft, dass eine direkte Zusammenführung der netzwerktheoretischen Konzepte aus den Kapiteln 1-5 mit den stärker anwendungsorientierten Themen aus dem 2. Teil des Lehrbuchs mit Schwierigkeiten behaftet ist.

Eine solche Verknüpfung würde nicht nur suggerieren, dass die verschiedenen Netzwerk-Begriffe doch noch widerspruchslos ineinander zu überführen wären. Baeckers Bonmot zeigt gerade, wie unwahrscheinlich dies ist. Darüber hinaus würden praktische Ableitungen aus der Netzwerktheorie voraussetzen, dass es sich beim netzwerktheoretischen Wissen um transferierbare Wissensbausteine handelt, die unabhängig von der Art des Wissens und dem Kontext – z. B. auf das Bildungswesen – übertragen werden können. Zwischen Netzwerktheorie und Netzwerkpraxis besteht aber allein schon deshalb ein Spannungsverhältnis, weil die Anforderungen an netzwerkpraktische und netzwerktheoretische Konzepte recht unterschiedlich sind. Während im ersten Fall die Akteure das Bedürfnis nach nützlichen, pragmatischen und mitunter auch schnellen Lösungen für gestalterische Fragen der Netzwerkarbeit haben, bemessen Netzwerktheoretiker die Qualität ihrer Konzepte eher daran, wie begrifflich präzise sie sind und wie gut sie in bestehenden Theoriezusammenhängen eingeordnet werden können.

Das heißt natürlich nicht, dass die theoretischen Konzepte keinerlei Relevanz für die Netzwerkarbeit im Bildungskontext haben – nur erschließt sich ihr Wert nicht über einen unmittelbaren, linearen Wissenstransfer. Dieser eher technisch-orientierte Transferbegriff soll daher in diesem Zusammenhang aufgegeben und durch eine eher konstruktivistisch geprägte Transfermetapher ersetzt werden.

Ideen wie „Strength of Weak Ties", Proximity, Embeddedness oder Zentralität ermöglichen zunächst einmal neue und komplexere Beschreibungen der Netzwerk-

10.2 Praktische Implikationen

wirklichkeit, aus denen dann (hoffentlich) neue Handlungsoptionen erwachsen. Der Beitrag der Netzwerktheorie besteht in dieser Sichtweise nicht darin, Erfolgsfaktoren für die Netzwerkarbeit zu identifizieren oder Frameworks bereitzustellen, die nur noch in einem bestimmten Netzwerkprojekt mit schulspezifischen Daten aufgefüllt werden müssen, um Lösungen zu generieren. Stattdessen geht es in der konstruktivistischen Perspektive darum, Kontingenzen oder blinde Flecken zu entdecken, Möglichkeiten schneller auszuschließen, alternative Interpretationen anzubieten, Probleme neu zu definieren, bisher unerkannte Zusammenhänge aufzuspüren, Vergessenes in das Gedächtnis zurückzurufen oder auch bisher nicht gestellte Fragen zu stellen (vgl. Nicolai 2000, 301-302).

Zum Beispiel lässt sich mit dem Zentralitätskonzept ein konkretes Netzwerkprojekt in einem neuen Licht beurteilen: Wer sind die wichtigsten Akteure? Welche Konsequenzen hat es für den Wissenstransfer, wenn einzelne Akteure das Netzwerk verlassen? Welchen (gut eingebetteten) Akteur kann man am effektivsten für Moderationstätigkeiten einsetzen? Ebenso kann die Gewinnung neuer Netzwerkpartner mithilfe der Eigenvektor-Zentralität effektiver bewerkstelligt werden. Gezielt jene Partner ins Netzwerk zu integrieren, die ihrerseits über viele Kontakte verfügen, kann neue Chancen eröffnen, andererseits aber auch zunehmend Konflikte hervorrufen, weil Interessenlagen verändert und Machtkonstellationen verschoben werden.

Mit dem Begriffsinstrumentarium der sozialen Netzwerkanalyse können Problemlösungskapazitäten in der praktischen Netzwerkarbeit gesteigert werden, weil die deskriptiven Begriffe zwangsläufig eine präskriptive Dimension entfalten. Mit dem Wissen, dass auch schwache Beziehungen durchaus strategische Relevanz haben können, werden Unterschiede zum Erfahrungswissen produziert, die Auswirkungen auf die Problemdefinition und die Interpretation von konkreten Situationen haben. So werden zufällig entstandene Kontakte auf Konferenzen (also Weak Ties) möglicherweise in einem neuen Licht betrachtet, umgedeutet, und es können neue Handlungsoptionen entstehen, die ohne das „Strength of Weak Ties"-Konzept als Möglichkeit vermutlich gar nicht in Betracht gezogen worden wären.

Solche Formen der praktischen Relevanz der Netzwerkkonzepte treffen damit einen Kernaspekt der Netzwerkarbeit – nämlich die Schaffung von Innovationen. Die Tatsache, dass es im Kern der Netzwerkarbeit im Bildungswesen um die Schaffung und den Transfer von Neuartigem geht, widerspricht ohnehin der Vorstellung von instrumentell verwendbarem Wissen. Würde es dieses instrumentelle Wissen für erfolgreiche Netzwerkarbeit geben, müssten wir bereits über ein hoch innovatives Bildungssystem verfügen, in dem alle Akteure in einem ständigen Lernprozess miteinander in Austausch stehen. Dass es dieses gestalterische Netzwerkwissen, welches von allen Akteuren einfach nur angewendet werden muss, nicht geben kann, liegt auf der Hand.

Stattdessen scheint genau die Diskrepanz zwischen Netzwerktheorie und Netzwerkpraxis fruchtbar zu sein. Erst ein analytisches Begriffsinstrumentarium gibt dem Entscheidungsträger in der Praxis ausreichend Unabhängigkeit von der Netzwerkpraxis, um damit Kontingenzen zu entdecken. Hieraus ergibt sich zugleich die Implikation, dass einfachen Gestaltungsempfehlungen und simplen „Kochrezepten" zum Netzwerkmanagement misstraut werden muss, weil sie der dynamischen, selbst organisierten, komplexen und mitunter widersprüchlichen Logik von Netzwerken entgegenstehen. Ein sicherer Weg, Netzwerke zum Scheitern zu bringen, ist sie als vollständig planbare, ingenieurshafte Aufgabe zu betrachten (vgl. Abschnitt 9.3). Um Lernprozesse zwischen den Netzwerkakteuren zu ermöglichen, muss Raum zum Experimentieren geschaffen werden, wodurch neues Handeln erprobt und eingeschliffene Verhaltensmuster durch Kommunikation und Reflexion durchbrochen werden.

Die hier vorgeschlagene Verwendung der Netzwerkkonzepte kommt zwar etwas weniger heroisch daher als andere anwendungsbezogene Ratgeber zum Netzwerkmanagement. Gleichwohl erkennt diese Form der Nutzung von Netzwerkkonzepten die Besonderheiten des wissenschaftlichen Diskurses an und bietet gleichzeitig neue Chancen, den Wissenstransfer zwischen Netzwerktheorie und Netzwerkgestaltung zu vergrößern.

Literaturverzeichnis

Aderhold, J. (2005). Unternehmen zwischen Netzwerk und Kooperation. Aderhold, J., Rosenberger, M., Wetzel, R. (Hrsg.), *Modernes Netzwerkmanagement. Anforderungen – Methoden – Anwendungsfelder* (S. 113-142). Wiesbaden: Gabler.
Adrian, L. (2003).: *Regionale Netzwerke als Handlungskonzept. Erfolg versprechender Weg einer innovationsorientierten Regionalentwicklung?* Berlin: DIfU.
Almquist, Y., Modin, B. & Östberg, V. (2010). Childhood social status in society and school: implications for the transition to higher levels of education. *British Journal of Sociology of Education*, 31 (1), 31-45.
Altrichter, H. (2010). Netzwerkbildung in der österreichischen Schullandschaft. Berkemeyer, N., Bos, W., Kuper, H. (Hrsg.), *Schulreform durch Vernetzung* (S. 193–211). Münster: Waxmann.
Altrichter, H. (2014). Regionale Bildungslandschaften und neue Steuerung des Schulsystems. Huber, S.G. (Hrsg.), *Kooperative Bildungslandschaften. Netzwerke(n) in und mit System (S. 30 -48)*. Kronach: Carl Link.
Altrichter, H. & Maag-Merki, K. (Hrsg.), *Neue Steuerung im Schulsystem. Ein Handbuch.* Wiesbaden: VS.
Amin, A. & Wilkinson, F. (1999). Learning, proximity and industrial performance: an introduction. *Cambridge Journal of Economics*, 23(2), 121-125.
Backhaus, A. (2001). Öffentliche Forschungseinrichtungen im regionalen Innovationssystem. Hamburg: LIT.
Baerveldt, C. (2000). Pupil's networks in high schools. Network sampling, program and some results from a theory-oriented research project on petty crime of pupils. *Paper for the 2nd International Network Sampling Workshop*, Maastricht, 2-4 March 2000.
Baerveldt, C., Van Rossem, R., Vermande. M. & Weerman, F. (2004). Students' delinquency and correlates with strong and weaker ties. A study of students' networks in Dutch high schools. *Connections*. 26 (1), 11-28.
Baitsch, C. & Müller, B. (2001). Einführung. Baitsch, C. & Müller, B. (Hrsg.), *Moderation in regionalen Netzwerken* (S. 1-6). München: Hampp.
Baker, M. L., Sigmon, J. N. & Nugent, M. E. (2001). *Truancy reduction: Keeping students in school.* Washington, DC: U.S. Department of Justice, Office of Juvenile Justice Programs, Office of Juvenile Justice and Delinquency Prevention.

Barnes, J. (1979). Network analysis: Orienting notion, rigorous technique, or substantive field of study. Holland, P. W. & Leinhardt, S. (Hrsg.), *Perspectives on Social Network Research* (S. 403-423), New York: Academic Press.
Bastian, J.; Rolff, H.-G. (2002). *Abschlussevaluation des Projektes „Schule & Co"*. Gütersloh: Bertelsmann-Stifung. Online: http://www.bertelsmann-stiftung.de/cps/rde/xbcr/SID-CDA0F815-99C3EF17/bst/xcms_bst_dms_25134_25135_2.pdf (Stand 01.08.2014)
Baumert, J. & Schümer, G. (2001). Familiäre Lebensverhältnisse, Bildungsbeteiligung und Kompetenzerwerb. Baumert, J., Klieme, E., Neubrand, M., Prenzel, M., Schiefele, U., Schneider, W., Stanat, P., Tillmann, K.-J. & Weiß, M. (Hrsg.), *PISA 2000. Basiskompetenzen von Schülerinnen und Schülern im internationalen Vergleich* (S. 323-407). Opladen: Leske & Budrich.
Baumert, J. & Schümer, G. (2002). Familiäre Lebensverhältnisse, Bildungsbeteiligung und Kompetenzerwerb im nationalen Vergleich. Baumert, J., Artelt, C., Klieme, E., Neubrand, M., Prenzel, M., Schiefele, U., Schneider, W., Tillmann, K. J. & Weiß, M. (Hrsg.), *PISA 2000 – Die Länder der Bundesrepublik Deutschland im Vergleich* (S. 159-202). Opladen: Leske & Budrich.
Baumert, J., Klieme, E., Neubrand, M., Prenzel, M., Schiefele, U., Schneider, W., Stanat, P., Tillmann, K.-J. & Weiß, M. (2001). *PISA 2000. Basiskompetenzen von Schülerinnen und Schülern im internationalen Vergleich*. Opladen: Leske & Budrich.
Baumert, J., Artelt, C., Klieme, E., Neubrand, M., Prenzel, M., Schiefele, U., Schneider, W., Tillmann, K. J. & Weiß, M. (2002). *PISA 2000. Die Länder der Bundesrepublik Deutschland im Vergleich*. Opladen: Leske & Budrich.
Baumert, J., Artelt, C., Klieme, E., Neubrand, M., Prenzel, M., Schiefele, U., Schneider, W., Tillmann, K. J. & Weiß, M. (2003). *PISA 2000. Ein differenzierter Blick auf die Länder der Bundesrepublik Deutschland*. Opladen: Leske & Budrich.
Baumheier, U., Fortmann, C. & Warsewa, G. (2013). *Ganztagsschulen in lokalen Bildungsnetzwerken*. Wiesbaden: Springer VS.
Bearman, P. S., Moody, J. & Stovel, K. (2004). Chains of Affection: The Structure of Adolescent Romantic and Sexual Networks. *American Journal of Sociology*, 110 (1), 44-91.
Becker, A., Pertzborn, E., Stühmeier, R., Schäfer, H.-W. & Behrend, J. (2012). „Netzwerk für Bildung in Hamburg": Rahmenprogramm Integrierte Stadtteilentwicklung, Lernen vor Ort und Regionale Bildungskonferenzen. Kulin, S., Frank, K., Fickermann, D. & Schwippert, K. (Hrsg.), *Soziale Netzwerkanalyse. Theorie, Methoden, Praxis* (S. 53-77). Münster: Waxmann.
Becker, R. & Schubert, F. (2006). Soziale Ungleichheit von Lesekompetenzen. Eine Matching-Analyse im Längsschnitt mit Querschnittsdaten von PIRLS 2001 und PISA 2000. *Kölner Zeitschrift für Soziologie und Sozialpsychologie*, 58 (2), 253-284.
Benz, A. (2004). Governance – Modebegriff oder nützliches sozialwissenschaftliches Konzept? In: Benz, A. (Hrsg.), *Governance – Regieren in komplexen Regelsystemen. Eine Einführung* (S. 11-28). Wiesbaden: VS.
Berghout, A. M. & Draper, D. C. (1984). The Relationship among Peer Acceptance, Social Impact, and Academic Achievement in Middle Childhood. *American Educational Research Journal*, 21 (3), 597-604.
Berkemeyer, N. & Bos, W. (2010). Netzwerke als Gegenstand erziehungswissenschaftlicher Forschung. Stegbauer, C. & Häußling, R. (Hrsg.), *Handbuch Netzwerkforschung* (S. 755-770). Wiesbaden: VS.

Berkemeyer, N., Bos, W., Järvinen, H. & van Holt, N. (2011). Unterrichtsentwicklung in schulischen Netzwerken. Analysen aus dem Projekt Schulen im Team. *Zeitschrift für Bildungsforschung*, 2 (1), 115–132.
Berkemeyer, N., Lehmpfuhl, U. & Pfeiffer, H. (2010). Netzwerke. Bohl, T., Helsper, W., Holtappels, H. G. & Schelle, C. (Hrsg.), *Handbuch Schulentwicklung* (S. 302-306). Bad Heilbrunn: Julius Klinkhardt.
Berkemeyer, N., Kuper, H., Manitius, V., Müthing, K. (Hrsg.) (2009a). *Schulische Vernetzung. Eine Übersicht zu aktuellen Netzwerkprojekten.* Münster: Waxmann.
Berkemeyer, N., Bos, W., Järvinen, H., Manitius, V., Müthing, K. & van Holt, N. (2010b). Schulreform durch Innovationsnetzwerke – Entwicklungen und Bedingungen. Berkemeyer, N.; Bos, W.; Kuper, H. (Hrsg.), *Schulreform durch Vernetzung* (S. 213-235). Münster: Waxmann.
Berkemeyer, N., Bos, W. & Kuper, H. (2010a). Netzwerke im Bildungssystem. Berkemeyer, N., Bos, W., Kuper, H. (Hrsg.), *Schulreform durch Vernetzung* (S. 11-19). Münster: Waxmann.
Berkemeyer, N., Bos, W., Manitius, V. & Müthing, K. (Hrsg.) (2008a). *Unterrichtsentwicklung in Netzwerken.* Münster: Waxmann.
Berkemeyer, N., Bos, W., Manitius, V. & Müthing, K. (2008b). „Schulen im Team" – Einblicke in netzwerkbasierte Unterrichtsentwicklung. Berkemeyer, N., Bos, W., Manitius, V. & Müthing, K. (Hrsg.), *Unterrichtsentwicklung in Netzwerken* (S. 19-70), Münster: Waxmann.
Berkemeyer, N., Järvinen, H., Mauthe, A. (2009b). „Schulen im Team" – Kommunales Management von Schulnetzwerken. Berkemeyer, N., Kuper, H., Manitius, V., Müthing, K. (Hrsg.), *Schulische Vernetzung* (S. 171-184). Münster: Waxmann.
Berkemeyer, N., Kuper, H., Manitius, V., Müthing, K. (2009c). Einleitung. Berkemeyer, N., Kuper, H., Manitius, V. & Müthing, K. (Hrsg.), *Schulische Vernetzung* (S. 7-12). Münster: Waxmann.
Berkemeyer, N., Manitius, V., Müthing, K. (2008c). „Schulen im Team": erste empirische Befunde. Berkemeyer, N., Bos, W., Manitius, V. & Müthing, K. (Hrsg.), Unterrichtsentwicklung in Netzwerken (S. 329-341). Münster: Waxmann.
Besio, C. (2011). Netzwerke der Wissenschaft. Bommes, M. & Tacke, V. (Hrsg.), *Netzwerke in der funktional differenzierten Gesellschaft* (S. 119-142). Wiesbaden: VS.
Beyer, K. (2004). Merkmale von Netzwerken. Brackhahn, B., Brockmeyer, R., Reissmann, J. & Beyer, K. (Hrsg.), *Unterstützungssysteme und Netzwerke* (S. 139-144). München: Luchterhand.
Beyer, K. & Janzen, M. (2004). Eine Annäherung an den Begriff Netzwerke. Brackhahn, B., Brockmeyer, R., Reissmann, J. & Beyer, K. (Hrsg.), *Unterstützungssysteme und Netzwerke* (S. 120-122). München: Luchterhand.
Beyer, K. & Rieger, U. (2004). Netzwerkstrukturen und Steuerungsmodelle. Brackhahn, B., Brockmeyer, R., Reissmann, J. & Beyer, K. (Hrsg.), *Unterstützungssysteme und Netzwerke* (S. 144-148). München: Luchterhand.
Bieber, T., Martens, K., Niemann, D. & Windzio, M. (2014). Grenzenlose Bildungspolitik? Empirische Evidenz für PISA als weltweites Leitbild für nationale Bildungsreformen. *Zeitschrift für Erziehungswissenschaft*, 17(4), 141-166.
Bildungskommission NRW (1995). *Zukunft der Bildung – Schule der Zukunft. Denkschrift der Kommission beim Ministerpräsidenten des Landes Nordrhein-Westfalen.* Neuwied: Luchterhand.
Bleckmann, P. & Durdel, A. (Hrsg.) (2009). *Lokale Bildungslandschaften.* Wiesbaden: VS.
Bleckmann, P. & Schmidt, V. (Hrsg.) (2012). *Bildungslandschaften.* Wiesbaden: VS.

Boers, K. & Reinecke, J. (2007). *Delinquenz im Jugendalter. Erkenntnisse einer Münsteraner Längsschnittstudie*. Münster: Waxmann.
Böllert, K. (2008): *Von der Delegation zur Kooperation. Bildung in Familie, Schule, Kinder- und Jugendhilfe*. Wiesbaden: VS.
Bommes, M. & Tacke, V. (2006) (Hrsg.). *Netzwerke in der funktional differenzierten Gesellschaft*. Wiesbaden: Springer VS.
Bommes, M. & Tacke, V. (2006). Das Allgemeine und das Besondere des Netzwerks. Hollstein, B. & Straus, F. (Hrsg.), *Qualitative Netzwerkanalyse. Konzepte, Methoden, Anwendungen* (S. 37-62). Wiesbaden: VS.
Bonacich, P. (1987). Power and Centrality: a Family of Measures. *The American Journal of Sociology*, 92 (5), 1170-1182.
Bos, W., Hornberg, S., Arnold, K.-H., Faust, G., Fried, L., Lankes, E.-M., Schwippert, K. & Valtin, R. (2006). *IGLU-E 2006. Die Länder der Bundesrepublik Deutschland im nationalen und internationalen Vergleich*. Münster: Waxmann.
Boschma, R. (2005): Proximity and Innovation. *Regional Studies*, 39 (31), 61-74.
Bourdieu, P. (1983). Ökonomisches Kapital, kulturelles Kapital, soziales Kapital. Kreckel, R. (Hrsg.), Soziale Ungleichheiten. Soziale Welt, Sonderband Nr. 2 (S. 183-198). Göttingen: Schwartz.
Braun, S. (2001). Putnam und Bourdieu und das soziale Kapital in Deutschland. Der rhetorische Kurswert einer sozialwissenschaftlichen Kategorie. *Leviathan. Zeitschrift für Sozialwissenschaft*, 29 (3), 337-354.
Braun-Thürmann, H. (2005). *Innovation*. Bielefeld: Transkript.
Brockmeyer, R. (1999). *Qualitätsverbesserung in Schulen und Schulsystemen*. Bonn: BLK. Online: http://blk-info.de/papers/heft71.pdf (Stand: 02.08.2014)
Buchen, H., Horster, L. & Rolff, H.G. (Hrsg.) (2012). *Schulen in der Region – Region in der Schule*. Stuttgart: Raabe.
Bundesinstitut für Berufsbildung (Hrsg.) (2008). *Ausbildungsnetzwerke und Netzwerkmoderation*. Bonn: BMBF. Online: http://www.bmbf.de/pub/jobstarter_praxis_band_eins.pdf (Stand: 02.08.2014)
Burt, R. S. (1984). Network Items and the General Social Survey. *Social Networks*, 6 (4), 293-339.
Burt, R. S. (1992). *Structural Holes: The Social Structure of Competition*. Cambridge
Burt, R. S. (2001). Structural Holes versus Network Closure as Social Capital. Lin, N., Cook, K. & Burt, R. S. (Hrsg.), *Social Capital. Theory and Research (S. 31-56)*. New Brunswick: Aldine Pub.
Burt, R. S. (2000). The Network Structure of Social Capital. Sutton, R. I. & Staw, B.M. (Hrsg.), *Research in Organizational Behavior* (S. 345-423). Greenwich: JAI Press.
Carmichael, P., Fox, A., McCormick, R., Procter, R. & Honour, L. (2006). Teachers' networks in and out of school. *Research Papers in Education*, 21 (2), 217-234.
Castells, M. (1998): *The rise of the network society*. Malden: Blackwell.
Cauce, A.M. (1986). Social Networks and Social Competence: Exploring the Effects of Early Adolescent Friendships. *American Journal of Community Psychology*, 14 (6), 607-628.
Cohen, J. M. (1977). Sources of peer group homogeneity. *Sociology of Education*, 50 (4), 227-241.
Coie, J. D., Dodge, K. A. & Kupersmidt, J. B. (1990). Peer group behaviour and social status. Asher, S. R. & Coie, J. D. (Hrsg.), *Peer Rejection in Childhood* (S. 17-59). Cambridge: Cambridge University Press.
Coleman, J. S. & Hoffer, T. B. (1987). *Public and Private High Schools: The Impact of Communities*. New York: Basic Books.

Coleman, J. S. (1988). Social Capital in the Creation of Human Capital. *The American Journal of Sociology*, 94 (Supplement: Organizations and Institutions), 95-120.
Coleman, J. S. (1995). Families and Schools. *Zeitschrift für Sozialisationsforschung und Erziehungssoziologie*, 15 (4), 362-374.
Coleman, J. S., Katz, E. & Menzel, H. (1966). *Medical Innovation: A Diffusion Study*. New York: Bobbs-Merrill Co.
Combe, A. & Helsper, W. (2002). Professionalität. Otto, H.-U., Rauschenbach, T. & Vogel, P. (Hrsg.), *Erziehungswissenschaft: Professionalität und Kompetenz* (S. 29-47). Opladen: Leske + Budrich.
Coviello, N. & Munro, H. (1997). Network Relationships and the Internationalisation Process of the Small Software Firm. *International Business Review*, 4 (6), 361–386.
Cowen, E. L., Pederson, A., Babigian, H., Isso, L. D. & Trost, M. A. (1973). Long-term follow-up of early detected vulnerable children. *Journal of Consulting and Clinical Psychology*, 41 (3), 438-446.
Creviosier, O. & Maillat, D. (1991). Milieu, industrial organization and territorial production system: towards a new theory of spatial development. Camagni, R. (Hrsg.), *Innovation networks: Spatial perspectives* (S. 13-34). London: John Wiley & Sons Ltd.
Crosnoe, R., Muller, C. & Frank, K. (2004). Peer Context and the Consequences of Adolescent Drinking. *Social Problems*, 51 (2), 288-304.
Cross, R., Parker, A. & Borgatti, S. P. (2002). Making invisible work visible: using social network analysis to support strategic collaboration. *California Management Review*, 44 (2), 25-46.
Czerwanski, A. (2003a). Ergebnisse einer Evaluation: Der Nutzen der Lernnetzwerke aus Teilnehmersicht. Czerwanski, A. (Hrsg.), *Schulentwicklung durch Netzwerkarbeit* (S. 203-222). Gütersloh: Bertelsmann Stiftung.
Czerwanski, A. (2003b). Lernnetzwerke im „Netzwerk innovativer Schulen in Deutschland". Czerwanski, A. (Hrsg.), *Schulentwicklung durch Netzwerkarbeit* (S. 19-42). Gütersloh: Bertelsmann Stiftung.
Czerwanski, A. (2003c). Netzwerke als Praxisgemeinschaften. Czerwanski, A. (Hrsg.), *Schulentwicklung durch Netzwerkarbeit* (S. 9-18). Gütersloh: Bertelsmann Stiftung.
Czerwenka, K., Nölle, K., Pause, G., Schlotthaus, W., Schmidt, H.J. & Tessloff, J. (1990). *Schülerurteile über die Schule*. Frankfurt a. M.: Peter Lang.
Czeschlik, T. & Rost, D. H. (1994). Social- emotional adjustment in elementary school boys and girls: Does giftedness make a difference? *Roeper Review*, 16 (4), 294-297.
Dalin, P. & Rolff, H.-G. (1990). *Der institutionelle Schulentwicklungsprozess*. Bönen: Verl. für Schule und Weiterbildung.
Dalin, P. (1999). *Theorie und Praxis der Schulentwicklung*. Neuwied: Luchterhand.
Dauser, D. & Longmuß, J. (2010). *Durch Netzwerke regionale Strukturentwicklung fördern*. Bielefeld: W. Bertelsmann.
Dedering, K. (2007). *Schulische Qualitätsentwicklung durch Netzwerke*. Wiesbaden: VS.
Dedering, K. (2012). *Steuerung und Schulentwicklung. Bestandsaufnahme und Theorieperspektive*. Wiesbaden: Springer VS.
Deitmer, L. (2004). *Management regionaler Innovationsnetzwerke*. Baden-Baden: Nomos.
Demuth, R., Gräsel, C., Parchmann, I. & Ralle, B. (Hrsg.) (2008). *Chemie im Kontext. von der Innovation zur nachhaltigen Verbreitung eines Unterrichtskonzepts*. Münster: Waxmann.
DeRosier, M. E., Kupersmidt, J. B. & Patterson, C. J. (1994). Children's academic and behav-ioral adjustment as a function of the chronicity and Proximity of peer rejection. *Child Development*, 65 (6), 1799-1813.

Diani, M. (2011). Social Movements and Collective Action. Scott, J. G. & Carrington, P. G. (Hrsg.), *The SAGE Handbook of Social Network Analysis* (S. 223-235). London: Sage.
Diaz-Bone, R. (1997). *Ego-zentrierte Netzwerkanalyse und familiale Beziehungssysteme.* Wiesbaden: Deutscher Universitäts-Verlag.
Diewald, M. & Sattler, S. (2010). Soziale Unterstützungsnetzwerke. Stegbauer, C. & Häußling, R. (Hrsg.). *Handbuch Netzwerkforschung* (S. 689-699). Wiesbaden: VS.
Dika, S. L. & Singh, K. (2002). Applications of Social Capital in Educational Literature: A Critical Synthesis. *Review of Educational Research*, 72 (1), 31-60.
Ditton, H. (1987). *Familie und Schule als Bereich des kindlichen Lebensraums. Eine empirische Untersuchung.* Frankfurt a. M.: Peter Lang.
Dobischat, R. (2007). Zur Bedeutung regionaler Bildungspolitik und -forschung. Solzbacher, C. & Minderop, D. (Hrsg.), *Bildungsnetzwerke und regionale Bildungslandschaften (S. 159-168).* München: LinkLuchterhand.
Dodds, P.S., Muhammad, R. & Watts, D.J. (2003). An Experimental Study of Search in Global Social Networks. *Science*, 301 (5634), 827–829.
Drucker, P. F. (1954). *The Practice of Management.* New York: Harper Brothers.
Dunkake, I. (2010). *Der Einfluss der Familie auf das Schulschwänzen.* Wiesbaden: VS-Verlag.
Dunkake, I. (2011). Soziale Netzwerke von Schülern: Beispiele angewandter Netzwerkanalysen. Hening, M. & Stegbauer, C. (Hrsg.). *Probleme der Integration von Theorie und Methode in der Netzwerkforschung* (S.133-157). Wiesbaden: VS.
Duschek, S., Wetzel, R. & Aderhold, J. (2005). Probleme mit dem Netzwerk und Probleme mit dem Management. Aderhold, J., Rosenberger, M. & Wetzel, R. (Hrsg.), *Modernes Netzwerkmanagement. Anforderungen – Methoden – Anwendungsfelder (S. 143-164).* Wiesbaden: Gabler.
Edquist, C. & Johnson, B. (1997). Institutions and organizations in systems of innovation. Edquist, C. (Hrsg.), *The Oxford Handbook of Innovation. Technologies, Institutions and Organizations (S. 41-63).* London: Oxford University Press.
Egger, M. & Tegge, D. (2014). Kommunale Bildungsberichterstattung – partizipativ, transparent, problemorientiert. Huber, S. G. (Hrsg.), *Kooperative Bildungslandschaften. Netzwerke(n) im und mit System* (S. 68-95). Kronach: Carl Link.
Ehmke, T., Hohensee, F., Heidemeier, H. & Prenzel, M. (2004). Familiäre Lebensverhältnisse, Bildungsbeteiligung und Kompetenzerwerb. Prenzel, M., Baumert, J., Blum, W., Lehmann, R., Leutner, D., Neubrand, M., Pekrun, R., Rolff, H.-G., Rost J. & Schiefele, U. (Hrsg.), *PISA 2003. Der Bildungsstand der Jugendlichen in Deutschland – Ergebnisse des zweiten internationalen Vergleichs* (S. 225-254). Münster: Waxmann.
Emmerich, M. (2010a). Modifikation schulischer Selbstbeschreibung: Standardbasierte Selbstevaluationen zwischen Sensemaking und Intervention. Böttcher, W., Dicke, J. N. & Hogrebe, N. (Hrsg.), *Evaluation, Bildung und Gesellschaft. Steuerungsinstrumente zwischen Anspruch und Wirklichkeit* (S. 179-191). Münster: Waxmann.
Emmerich, M. (2010b). Regionalisierung und Schulentwicklung: Bildungsregionen als Modernisierungsansätze im Bildungssektor. Altrichter, H. & Maag Merki, K. (Hrsg.), *Neue Steuerung im Schulsystem. Ein Handbuch* (S. 355-376). Wiesbaden: VS.
Emmerich, M. & Maag Merki, K. (2009). Netzwerke als Koordinationsform regionaler Bildungslandschaften. Empirische Befunde und governancetheoretische Implikationen. Berkemeyer, N., Kuper, H., Manitius, V. & Müthing, K. (Hrsg.), *Schulische Vernetzung. Eine Übersicht zu aktuellen Netzwerkprojekten* (S. 13-30). Münster: Waxmann.

Emminghaus, C. & Tippelt, R. (Hrsg.) (2009). *Lebenslanges Lernen in regionalen Netzwerken verwirklichen. Abschließende Ergebnisse zum Programm „Lernende Regionen – För-derung von Netzwerken".* Bielefeld: W. Bertelsmann.

Epstein, J. L. (1983). The influence of friends in achievement and affective outcomes. Epstein, J. L. & Karweit, N.L. (Hrsg.), *Friends in school: Patterns of selection and influence in secondary schools* (S. 177-200). New York: Academic Press.

Epstein, J. L. & Becker, H. (1982). Teachers reported Practices of Parent Involvement: Problems and Possibilities. *Elementary School Journal,* 83 (2), 103-114.

Europäische Kommission (2000). *Memorandum über Lebenslanges Lernen.* Brüssel: EU. Online: http://www.die-frankfurt.de/esprid/dokumente/doc-2000/EU00_01.pdf (Stand: 02.08.2014)

Fasang, A. E., Mangino, W. & Brückner, H. (2014). Social Closure and Educational Attainment. *Sociological Forum,* 29 (1), 134-167.

Faulstich, P. & Wilbers, K. (Hrsg.) (2002). *Wissensnetzwerke. Netzwerke als Impuls der Weiterentwicklung der Aus- und Weiterbildung in der Region.* Bielefeld: Bertelsmann.

Fend, H. (1991). „Soziale Erfolge" im Bildungssystem – die Bedeutung der sozialen Stellung in Schulklassen. Pekrun, R. & Fend, H. (Hrsg.), *Schule und Persönlichkeitsentwicklung. Ein Resümee der Längsschnittforschung (S. 217-238).* Stuttgart: Enke.

Fend, H. (2008). *Schule gestalten. Systemsteuerung, Schulentwicklung und Unterrichtsqualität.* Wiesbaden: VS.

Fernandez, R. M. & Weinberg, N. (1997). Sifting and sorting: Personal contacts and hiring in a retail bank. *American Sociological Review,* 62 (6), 883-902.

Fey, G. (2005): Kontakte knüpfen und beruflich nutzen. Erfolgreiches Netzwerken. Regensburg: Walhalla und Praetoria.

Fischbach, R. & Kollek, N. (2012). Modi der Veränderung: Qualitätsentwicklung in Netzwerken durch Netzwerkanalyse und Handlungsforschung. Hornberg, S. & Parreira do Amaral, M. (Hrsg.), *Deregulierung im Bildungswesen* (S. 312-330). Münster: Waxmann.

Flashman, J. (2012). Academic Achievement and Its Impact on Friend Dynamics. *Sociology of Education,* 85 (1), 61-80.

Forneck, H. J. & Wrana, D. (2001). Löcher im Lernenden Netzwerk. *Grundlagen der Weiterbildung,* 12 (3), 125-126.

Fromhold-Eisebith, M. (1995). Das „kreative Milieu" als Motor regionalwirtschaftlicher Entwicklung. Forschungstrends und Erfassungsmöglichkeiten. *Geographische Zeitschrift,* 83 (1), 30-47.

Fromhold-Eisebith, M. (1999). Das „kreative Milieu" – nur theoretisches Konzept oder Instrument der Regionalentwicklung? *Raumforschung und Raumordnung,* 57 (2/3), 168-175.

Fuhse, J. (2009). Die kommunikative Konstruktion von Akteuren in Netzwerken. *Soziale Systeme,* 15 (2), 288-316.

Fuhse, J. & Mützel, S. (2010) (Hrsg.). *Relationale Soziologie. Zur kulturellen Wende der Netzwerkforschung.* Wiesbaden: VS.

Fürst, D. (2004). Regional Governance. Benz, A. (Hrsg.). *Governance – Regieren in komplexen Regelsystemen. Eine Einführung (S. 45-64).* Wiesbaden: VS.

Fußangel, K. & Gräsel, C. (2008). Unterrichtsentwicklung in Lerngemeinschaften: das Beispiel „Chemie im Kontext". Berkemeyer, N., Bos, W., Manitius, V. & Müthing, K. (Hrsg.), *Unterrichtsentwicklung in Netzwerken* (S. 285-295). Münster: Waxmann.

Fußangel, K., Schellenbach-Zell, J. & Gräsel, C. (2008). Die Verbreitung von Chemie im Kontext: Entwicklung einer symbiotischen Implementationsstrategie. Demuth, R.,

Gräsel, C., Parchmann, I. & Ralle, B. (Hrsg.), *Chemie im Kontext. Von der Innovation zur nachhaltigen Verbreitung eines Unterrichtskonzepts* (S. 49-81). Münster: Waxmann.
Gerstlberger, W. (2004). Wissenstransfer in regionalen Innovationssystemen. Edeling, T., Jann, W. & Wagner, D. (Hrsg.), *Wissensmanagement in Politik und Verwaltung* (S. 167-188). Wiesbaden: VS.
Giddens, A. (1997). *Die Konstitution der Gesellschaft. Grundzüge einer Theorie der Strukturierung.* Frankfurt a.m.: Campus.
Gottmann, C. (2009). Das Schulnetzwerk „Reformzeit – Schulentwicklung in Partnerschaft". Berkemeyer, N., Kuper, H., Manitius, V. & Müthing, K. (Hrsg.), Schulische Vernetzung (S. 31-48), Münster: Waxmann.
Graf, H. (2006). *Networks in the Innovation Process. Local and Regional Interactions.* Cheltenham: Edward Elgar Publishing.
Graf, H. (2011). Gatekeepers in regional networks of innovators. Cambridge Journal of Economics, 35 (1), 173-198.
Granovetter, M. (1973). The Strength of Weak Ties. *American Journal of Sociology*, 78 (6), 1360-1380.
Granovetter, M. (1974). *Getting A Job: A Study of Contacts and Careers.* Cambridge: Harvard University Press.
Granovetter, M. (1985) Economic Action and Social Structure: The Problem of Embeddedness. *American Journal of Socioloy*, 91 (3), 481-510.
Granovetter, M. (1992). Problems of Explanation in Economic Sociology. Nohria, N. & Eccles, R. (Hrsg.), *Networks and Organizations: Structure, Form, and Action* (S. 25-56). Boston: Harvard Business Review Press.
Gräsel, C., Jäger, M. & Willke, H. (2006). Konzeption einer übergreifenden Transferforschung unter Einbeziehung des internationalen Forschungsstandes. Nikolaus, R. & Gräsel, C. (Hrsg.), *Innovation und Transfer. Expertisen zur Transferforschung* (S. 445-566). Baltmannsweiler: Schneider Verl. Hohengehren.
Gräsel, C. & Parchmann, I. (2004). Implementationsforschung – oder der steinige Weg, Unterricht zu verändern. *Unterrichtswissenschaft*, 32 (3), 196-214.
Green, K. D., Forehand, R., Beck, S. J. & Vosk, B. (1980). An assessment of the relationship among measures of children's social competence and children's academic achievement. *Child Development*, 51 (4), 1149-1156.
Gruber, H. & Rehrl, M. (2009). Netzwerkforschung. Tippelt, R. & Schmidt, B. (Hrsg.). *Handbuch Bildungsforschung* (S. 967–981). Wiesbaden: VS.
Habeck, H. (2012). Regionale Schulentwicklung in Nordrhein-Westfalen. Von den Anfängen bis zu den Herausforderungen von heute. Buchen, H., Horster, L. & Rolff, H.G. (Hrsg.), *Schulen in der Region – Region in der Schule* (S. 7-22). Stuttgart: Raabe.
Hallinan, M. T. & Williams, R. A. (1990). Students' characteristics and the peer-influence process. *Sociology of Education*, 63 (2), 122-132.
Hameyer, U, Heggen, K. & Simon, R. (2007). Impulse für Bildungsregionen – Schulentwicklung im Netzwerk (SINET). Solzbacher, C. & Minderop, D. (Hrsg.), *Bildungsnetzwerke und regionale Bildungslandschaften* (S. 70-79). München: LinkLuchterhand.
Han, B.-C. (2014). *Psychopolitik. Neoliberalismus und die neuen Machttechniken.* Frankfurt a. M.: S. Fischer.
Hanifan, L. J. (1916). The rural school community center. *Annals of the American Academy of Political and Social Science*, 67 (Sept.), 130-138.

Hanneman, R. A. & Riddle, M. (2005). *Introduction to Social Network Methods*. Riverside CA: University of California. Online: http://faculty.ucr.edu/~hanneman/nettext/Introduction_to_Social_Network_Methods.pdf (Stand 02.08.2014)

Hattie, J. (2009). *Visible learning: A synthesis of over 800 meta-analyses relating to achievement*. London: Routledge.

Haug, S. (1997). *Soziales Kapital. Ein kritischer Überblick über den aktuellen Forschungsstand*. Mannheimer Zentrum für Europäische Sozialforschung (MZES), Arbeitsbereich II: Working-Paper Nr. 15. Mannheim: Universität Mannheim. Online: http://www.mzes.uni-mannheim.de/publications/wp/wp2-15.pdf (Stand 02.08.2014)

Haug, S. & Pointer, S. (2007). Soziale Netzwerke, Migration und Integration. Franzen, A. & Freitag, M. (Hrsg.), *Sozialkapital. Grundlagen und Anwendungen* (S. 367-396). Wiesbaden: VS.

Häußling, R. (2005). Netzwerke und Organisation – konträre oder komplementäre gesellschaftliche Mechanismen? Jäger, W. & Schimank, U. (Hrsg.), *Organisationsgesellschaft. Facetten und Perspektiven* (S. 265-286). Wiesbaden: VS.

Häußling, R. (2011). Relationale Soziologie. Stegbauer, C. & Häußling, R. (Hrsg.), *Handbuch Netzwerkforschung* (S. 63-88). Wiesbaden: VS.

Haynie, D. L. (2001). Delinquent peers revisited: A network approach for understanding adolescent delinquency. *American Journal of Sociology*, 106 (4), 1013-1057.

Helfen, M. (2009). Soziale Netzwerke und Organisation – Die soziale Einbettung des Verhaltens von und in Unternehmen. Schreyögg, G. & Sydow, J. (Hrsg.), *Verhalten in Organisationen* (S. 180-219), Wiesbaden: Gabler.

Hennig, M. (2010). Soziales Kapital und seine Funktionsweise. Stegbauer, C. & Häußling, R. (Hrsg.), *Handbuch Netzwerkforschung* (S. 179-191). Wiesbaden: VS.

Hepp, G. F. (2011). *Bildungspolitik in Deutschland. Eine Einführung*. Wiesbaden: VS.

Hirschi, T. (1969). *Causes of Delinquency*. Berkeley: University of California Press.

Höfer, C. & Madelung, P. (2008). Lehren und Lernen für die Zukunft: Systematische Unterrichtsentwicklung in regionalen Bildungslandschaften. Berkemeyer, N., Bos, W., Manitius, V. & Müthing, K. (Hrsg.), *Unterrichtsentwicklung in Netzwerken* (S. 121-139). Münster: Waxmann.

Hollstein, B. & Straus, F. (Hrsg.) (2006). *Qualitative Netzwerkanalyse. Konzepte, Methoden, Anwendungen*. Wiesbaden: VS.

Holtappels, H.-G., Klemm, K. & Rolff, H.-G. (Hrsg.) (2008). *Schulentwicklung durch Gestaltungsautonomie. Ergebnisse der Begleitforschung zum Modellvorhaben „Selbstständige Schule" in Nordrhein-Westfalen*. Münster: Waxmann.

Holzer, B. (2006). *Netzwerke*. Bielefeld: Transcript.

Holzer, B. (2009). Netzwerktheorie. Kneer, G. & Schroer, M. (Hrsg.), *Handbuch Soziologische Theorien* (S. 253–275). Wiesbaden: VS.

Holzer, B. (2010). Von der Beziehung zum System – und zurück? Relationale Soziologie und Systemtheorie. Häußling, R. & Stegbauer, C. (Hrsg.), *Handbuch Netzwerkforschung* (S. 97-116). Wiesbaden: VS.

Holzer, B. & Fuhse, J. (2010). Netzwerke aus systemtheoretischer Perspektive. Häußling, R. & Stegbauer, C. (Hrsg.), *Handbuch Netzwerkforschung* (S. 313-324). Wiesbaden: VS.

Horvat, E., Weininger, E. B. & Lareau, A. (2003). From Social Ties to Social Capital: Class Differences in the Relations Between Schools and Parent Networks. *American Educational Research Journal*, 40 (2), 319-351.

Huber, S. G. (Hrsg.) (2014). *Kooperative Bildungslandschaften. Netzwerke(n) im und mit System*. Kronach: Carl Link.
Houtzager, B. & Baerveldt, C. (1999). Just like Normal. A Social Network Study of the Relation between Petty Crime and the Intimacy of Adolescent Friendships. *Social Behavior and Personality*, 27 (2), 177-192.
Jaffe, A. B., Traijtenberg,M. & Henderson, R. (1993). Geographic localization and knowledge spillovers as evidenced by patent citations. *Journal of Economics*, 108 (3), 577-598.
Jäger, M. (2004): *Transfer in Schulentwicklungsprojekten*. Wiesbaden: VS.
Jäger, M. & Reese, M. (2008). Projektmanagement ermöglicht die Unterrichtsentwicklung im Netzwerk. Berkemeyer, N., Bos, W., Manitius, V. & Müthing, K. (Hrsg.), *Unterrichtsentwicklung in Netzwerken* (S. 125-233). Münster: Waxmann.
Jann, W. (2010). Neues Steuerungsmodell. Blanke, B., Bandemer, S. v., Nullmeier F. & Wewer, G. (Hrsg.), *Handbuch zur Verwaltungsreform* (S. 98-108). Wiesbaden: VS.
Jansen, D. (2003). *Einführung in die Netzwerkanalyse*. 2. Auflage. Opladen: Leske & Budrich.
Jansen, D. (2006). *Einführung in die Netzwerkanalyse*. 3. Auflage. Wiesbaden: VS.
Jansen, D. & Wald, A. (2007). Netzwerktheorien. Benz, A., Lütz, S., Schimank, U. & Simonis, G. (Hrsg.), *Handbuch Governance* (S. 188–199). Wiesbaden: VS.
Janzen, M. (2004). Projektmanagement im Verlauf der Netzwerkarbeit. Brackhahn, B., Brockmeyer, R., Reissmann, J. & Beyer, K. (Hrsg.), *Unterstützungssysteme und Netzwerke* (S. 148-154), München: Luchterhand.
Jeynes, W. H. (2007). The Relationship between Parental Involvement and Urban Secondary School Student Academic Achievement: A Meta-Analysis. *Urban Education*, 42 (1), 82-110.
Jones, C., Hesterly, W. S. & Borgatti, S. P. (1997), A General Theory of Network Governance. Exchange Conditions and Social Mechanisms. *Academy of Management Review*, 22 (4), 911-945.
Jungbauer-Gans, M. (2004). Einfluss des sozialen und kulturellen Kapitals auf die Lesekompetenz. *Zeitschrift für Soziologie*, 33 (5), 375-397.
Kämper, E. & Schmitt, J. (2000). Netzwerke als strukturelle Kopplung. Systemtheoretische Überlegungen zum Netzwerkbegriff. Weyer, J. (Hrsg.), *Soziale Netzwerke. Konzepte und Methoden der sozialwissenschaftlichen Netzwerkforschung* (S. 211 – 235). München: Oldenbourg,
Kandel, D. B. (1978). Homophily, selection, and socialization. *American Journal of Sociology*, 84 (2), 427-438.
Kenis P. & Schneider V. (Hrsg.) (1996). *Organisation und Netzwerk. Institutionelle Steuerung in Wirtschaft und Politik*. Frankfurt a.M.: Campus.
Kessler, A. & Kleine-Huster, R. (2007). Knoten lösen – Netze knüpfen: Das Bildungsnetzwerk Hannover SüdOst (BiNE). Solzbacher, C. & Minderop, D. (Hrsg.), *Bildungsnetzwerke und regionale Bildungslandschaften* (S. 115–120). München: LinkLuchterhand.
Kilduff, M. & Tsai, W. (2003). *Social Networks and Organizations*. London: Sage.
Killus, D. (2008). Soziale Integration in Schulnetzwerken. Berkemeyer, N., Bos, W., Manitius, V. & Müthing, K. (Hrsg.), *Unterrichtsentwicklung in Netzwerken* (S. 315-328). Münster: Waxmann.
Kindermann, T. A. (1993). Natural peer groups as contexts for individual development. The case of children's motivation in school. *Developmental Psychology*, 29 (6), 970-977.
Kleinfeld, J. K. (2002). The Small World Problem. *Society*, 39 (2), 61-66.
Koch, A., Spehl, H., Osterbach, Z. & Benson, L. (2005). Evaluierung regionalwirtschaftlicher Wirkungsanalysen. TAURUS Materialien Nr. 10. Trier: Universität Trier. Online: http://

www.uni-trier.de/fileadmin/forschung/TAURUS/Publikationen_Spehl/Gesamtbericht_online.pdf (Stand: 02.08.2014)
Koch, S. & Gräsel, C. (2004). Schulreformen und Neue Steuerung. Erziehungs- und verwaltungswissenschaftliche Perspektiven. Koch, S. & Fisch, R. (Hrsg.), *Schulen für die Zukunft. Neue Steuerung im Bildungswesen* (S. 3-24). Baltmannsweiler: Schneider Hohengehren.
Krebs, I. & Prenzel, M. (2008). Unterrichtsentwicklung in Netzwerken: Das Beispiel Sinus. Berkemeyer, N., Bos, W., Manitius, V. & Müthing, K. (Hrsg.), *Unterrichtsentwicklung in Netzwerken* (S. 297-313). Münster: Waxmann.
Krüger, H.-H. & Deppe, U. (2010). Peers und Schule- positiver oder negativer Einfluss von Freunden auf schulische Bildungsbiografien? Harring, M., Böhm-Kasper, O., Rohlfs C. & Palentien, C. (Hrsg.), *Freundschaften, Cliquen und Jugendkulturen* (S. 223-241). Wiesbaden: VS.
Kulin, S., Frank, K., Fickermann, D. & Schwippert, K. (2012b). Egozentrierte Netzwerkanalysen – Resümee und Perspektiven für den Bildungsbereich. Kulin, S., Frank, K., Fickermann, D. & Schwippert, K. (Hrsg.), *Soziale Netzwerkanalyse. Theorie, Methoden, Praxis* (S. 293-296). Münster: Waxmann.
Kulin, S., Frank, K., Fickermann, D. & Schwippert, K. (Hrsg.) (2012a). *Soziale Netzwerkanalyse. Theorie, Methoden, Praxis.* Münster: Waxmann.
Kunter, M. & Stanat, P. (2002). Soziale Kompetenz von Schülerinnen und Schülern. Die Rolle von Schulmerkmalen für die Vorhersage ausgewählter Aspekte. *Zeitschrift für Erziehungswissenschaften*, 5 (1), 49-71.
Kuper, H. (2004): Netzwerke als Form pädagogischer Institutionen – Schilderungen am Beispiel eines Projektes in der Jugendberufshilfe. Böttcher, W. & Terhart, T. (Hrsg.), *Organisationstheorie in pädagogischen Feldern* (S. 237–252). Wiesbaden: VS.
Kupersmidt, J. B. & Coie, J. C. (1990). Preadolescent peer status, aggression, and school ad-justment as predictors of externalizing problems in adolescence. *Child Development*, 61 (5), 1350-1362.
Kussau, J. & Brüsemeister, T. (2007). Educational Governance. Zur Analyse der Handlungskoordination im Mehrebenensystem der Schule. Altrichter, H., Brüsemeister T. & Wissinger, J. (Hrsg.), *Educational Governance – Handlungskoordination und Steuerung im Bildungssystem* (S. 15-54). Wiesbaden: VS.
Lane, J.-E. (2005). *Public Administration and Public Management: The Principal-Agent Perspective.* Oxford: Routledge Chapman & Hall.
Latour, B. (2007). *Eine neue Soziologie für eine neue Gesellschaft: Einführung in die Akteur-Netzwerk-Theorie.* Frankfurt a. M.: Suhrkamp.
Lee, V.E. & Burkam, D.T. (2003). Dropping out of high school: The role of school organization and structure. *American Educational Research Journal*, 40(2), 353-393.
Leser, I. & Vock, R. (2009). prima(r)forscher. Naturwissenschaftliches Lernen im Grundschulnetzwerk. Berkemeyer, N., Kuper, H., Manitius, V. & Müthing, K. (Hrsg.), *Schulische Vernetzung* (S. 65-78). Münster: Waxmann.
Levitt, B. & March, J. (1996). Organizational learning. Cohen, M. D. & Sproul, L. S. (Hrsg), *Organizational Learning* (S. 516-541). Thousand Oaks: Sage.
Lieberman, A. & Grolnik, M. (2001). Educational Reform Networks. Hargreaves, A., Lieberman, A., Fullan, M. & Hopkins, D. (Hrsg.), *International Handbook of Educational Change, Bd. 1* (S. 710-729), Dordrecht: Springer.
Lin, N. (2001). *Social Capital: A Theory of Social Structure and Action.* New York: Cambridge University Press.

Lipowsky, F. (2004). Was macht Fortbildungen für Lehrkräfte erfolgreich? *Die Deutsche Schule,* 96 (4), 462-479.
Lipowski, F. (2010). Die Wirksamkeit von Lehrer/innenfortbildung. *news&science. Begabtenförderung und Begabungsforschung,* 9 (2), 4-8.
Lohre, W., Becker, M., Madelung, P., Schnoor, D. & Weisker, K. (2008). *Das Projekt,'Selbstständige Schule" - Stimmen von Projektbeteiligten und Beobachtern.* Köln: Bildungsverlag EINS. Online: http://www.bertelsmann-stiftung.de/cps/rde/xbcr/SID-223602BD-9C915A70/bst/seschu08_rb_DRUCK_final.pdf (Stand: 01.08.2014)
Lohre, W., Engelking, G., Götte, Z., Hoppe, C., Kober, U., Madelung, P., Schnoor, D. & Weisker, K. (Hrsg.) (2004). *Regionale Bildungslandschaften. Grundlagen einer staatlich-kommunalen Verantwortungsgemeinschaft.* Troisdorf: Bildungsverlag EINS.
Lompe, K. & Oberbeck, H. (Hrsg.) (2003). *Innovation - regional und global.* Hildesheim: Georg Olms.
Lösel, F. & Bliesener, T. (2003). *Aggression, Gewalt und Delinquenz unter Jugendlichen.* Neuwied: Luchterhand.
Lösel, F. & Linz, P. (1975). Familiale Sozialisation von Delinquenten. Abele, A., Mitzlaff, S. & Nowack, W. (Hrsg.), *Abweichendes Verhalten: Erklärungen, Scheinerklärungen und praktische Probleme* (S. 181-204). Stuttgart: Frommann-Holzboog.
Luhmann, N. (1976). *Funktion und Folgen formaler Organisation.* Berlin: Dunker und Humboldt.
Luhmann, N. (1994). *Soziale Systeme. Grundriß einer allgemeinen Theorie.* Frankfurt a. M.: Suhrkamp.
Mack, W. (2008). Bildungslandschaften. Coelen, T. & Otto, H. U. (Hrsg.). *Grundbegriffe Ganztagsbildung. Ein Handbuch* (S. 741-752). Wiesbaden: VS.
Manitius, V., Müthing, K., van Holt, N. & Berkemeyer, N. (2009). Nutzenpotenziale schulischer Netzwerke – das Beispiel „Schulen im Team". Berkemeyer, N., Kuper, H., Manitius, V. & Müthing, K. (Hrsg.), *Schulische Vernetzung* (S. 49-64). Münster: Waxmann.
Martens, K. & Wolf, K. D. (2009). PISA als Trojanisches Pferd: Die Internationalisierung der Bildungspolitik in der OECD. Botzem, S., Hofmann, J., Quack, S., Schuppert, G. F. & Strassheim, H. (Hrsg.), *Governance als Prozess* (S. 357-376). Baden-Baden: Nomos.
Maschke, S. & Stecher, L. (2010). *In der Schule. Vom Leben, Leiden und Lernen in der Schule.* Wiesbaden: VS.
Maskell, P. & Malmberg, A. (1999). Localised learning and industrial competitiveness. *Cambridge Journal of Economics,* 23 (2), 167-185.
Rennie, F. & Mason, R. (2007). *E-Learning and Social Networking Handbook.* New York: Routledge.
Matherene, M. M. & Thomas, A. (2001). Family Environment as a Predictor of Adolescent Delinquency. *Adolescence* 36 (144), 654-664.
Mayntz, R. (1996). Policy-Netzwerke und die Logik von Verhandlungssystemen. Kenis P. & Schneider V. (Hrsg.), *Organisation und Netzwerk. Institutionelle Steuerung in Wirtschaft und Politik* (S. 471-496). Frankfurt a. M.: Campus.
Mayntz, R. & Scharpf, F. (1995). Der Ansatz des akteurszentrierten Institutionalismus. Mayntz, R. & Scharpf, F. (Hrsg.), *Gesellschaftliche Selbstregelung und politische Steuerung* (S. 39-72). Frankfurt a. M.: Campus.
Mayo, E. (1949). *Hawthorne and the Western Electric Company. The Social Problems of an Industrial Civilisation.* London: Routledge.

McNeal, R.B. (1999). Parental Involvement as Social Capital: Differential Effectiveness on Science Achievement, Truancy, and Dropping Out. *Social Forces*, 78 (1), 117-144.

Mehra, A.; Kilduff, M. & Brass, D. (2001). The social networks of high and low self-monitors: Implications for workplace performance. *Administrative Science Quarterly*, 46 (1), 121-146.

Meinecke, A., Schalkhaußer, S. & Täubig, V. (2009). „Stadtteil und Schule" – Netzwerke der „lokalen Bildungslandschaft" Lübeck. Berkemeyer, N., Kuper, H., Manitius, V. & Müthing, K. (Hrsg.), *Schulische Vernetzung* (S. 149-162). Münster: Waxmann.

Merkens, H. & Wessel, A. (2002). *Zur Genese von Bildungsentscheidungen: Eine empirische Studie in Berlin und Brandenburg*. Baltmannsweiler: Schneider Verlag Hohengehren.

Milgram, S. (1967). The Small World Problem. *Psychology Today*, 1 (1), 60-67.

Minderop, D. (2014). Bildungsnetzwerke und Bildungsregionen: eine Gebrauchs-‚Anweisung'. Huber, S. G. (Hrsg.), *Kooperative Bildungslandschaften* (S. 96-108). Kronach: Carl Link.

Minzberg, H. (1995). *Die Strategische Planung: Aufstieg, Niedergang und Neubestimmung*. München: Hanser.

Moreno, J. L. (1934): *Who shall survive? A new approach to the problem of human interrelations*. Washington: Nervous and Mental Disease Publishing Co.

Murray, C., & Greenberg, M. T. (2000). Children's relationships with teachers and bonds with school: An investigation of patterns and correlates in middle childhood. *Journal of School Psychology*, 38 (5), 423-445.

Nauck, B. & Kohlmann, A. (1998). Verwandtschaft als soziales Kapital – Netzwerkbeziehungen in türkischen Migrantenfamilien. Wagner, M. & Schütze, Y. (Hrsg.), *Verwandtschaft. Sozialwissenschaftliche Beiträge zu einem vernachlässigten Thema* (S. 203-235). Stuttgart: Enke.

Newcomb, A. F., Bukowski, W. M. & Pattee, L. (1993). Children's peer relations: A meta-analytic review of popular, rejected, neglected, controversial and average sociometric status. *Psychological Bulletin*, 113 (1), 99-128.

Nicolai, A. (2000). *Die Strategie-Industrie: Systemtheoretische Analyse des Zusammenspiels von Wissenschaft, Praxis und Unternehmensberatung*. Wiesbaden: Gabler.

Nikolaus, R., Ziegler, B., Abel, M., Eccard, C. & Aheimer, R. (2006). Transferkonzepte, Transferprozesse und Transfereffekte ausgewählter Modell- und Schulversuchsprogramme. Nikolaus, R. & Gräsel, C. (Hrsg.), *Innovation und Transfer – Expertisen zur Transferforschung* (S. 5-444). Baltmannsweiler: Schneider-Verlag Hohengehren.

Nooteboom, B. (2000). *Learning and Innovation in Organizations and Economies*. Oxford: Oxford University Press.

Oberwittler, D., Blank, T., Köllisch, T. & Naplava, T. (2001). *Soziale Lebenslagen und Delinquenz von Jugendlichen: Ergebnisse der MPI-Schulbefragung 1999 in Köln und Freiburg*. Freiburg im Breisgau: edition iuscrim.

Oelkers, J. & Reusser, K. (2008). *Qualität entwickeln – Standards sichern – mit Differenz umgehen*. Bonn: BMBF. Online: http://www.bmbf.de/pub/bildungsforschung_band_siebenundzwanzig.pdf (Stand: 02.08.2014)

O'Farrell, P., Scheuer, M. & Schmidt, E. (1999). Internationalisierung von Unternehmensdienstleistungen. Essen: Rheinisch-Westfälisches Institut für Wirtschaftsforschung.

Ollendick, T.H., Greene, R.W., Francis, G. & Baum, C.G. (1991). Sociometric Status: Its Stability and Validity among Neglected, Rejected and Popular Children. *The Journal of Child Psychology and Psychiatry*, 32 (3), 525-534.

Ortmann, G. (2006). Gemeinsame Sache. Netzwerkberatung. Beratungsnetzwerke, communities of change. Sydow, J. & Manning, S. (Hrsg.), *Netzwerke beraten* (S. 293-314). Wiesbaden: Gabler.

Ostermeyer, C. (2004). *Kooperative Qualitätsentwicklung in Schulnetzwerken.* Münster: Waxmann.
Oswald, H. & Krappmann, L. (2004). Soziale Ungleichheit in der Schulklasse und Schulerfolg. *Zeitschrift für Erziehungswissenschaft,* 7 (4), 479-496.
Parchmann, I., Ralle, B. & Di Fuccia, D.-S. (2008). Entwicklung und Struktur der Unterrichtskonzeption Chemie im Kontext. Demuth, R., Gräsel, C., Parchmann, I. 6 Ralle, B. (Hrsg.), *Chemie im Kontext. Von der Innovation zur nachhaltigen Verbreitung eines Unterrichtskonzepts* (S. 9-47), Münster: Waxmann.
Parker, J. G., & Asher, S. R. (1987). Peer relations and later personal adjustment: Are low-accepted children at risk? *Psychological Bulletin,* 102 (3), 357-389.
Petillon, H. (1991). *Das Sozialleben des Schulanfängers.* Weinheim: Beltz.
Podolny, J. M. & Baron, J. N. (1997). Resources and Relationships: Social Networks and Mobility in the Workplace. *American Sociological Association,* 62 (5), 673-693.
Pouder, R. & St. John, J. C. (1996). Hot spots and blind spots: geographical clusters of firms and innovation. *The Academy of Management Review,* 21 (4), 1192-1225.
Powell, W. W. (1996). Weder Markt noch Hierarchie: Netzwerkartige Organisationsformen. Kenis P. & Schneider V. (Hrsg.), *Organisation und Netzwerk. Institutionelle Steuerung in Wirtschaft und Politik* (S. 213-271). Frankfurt a. M.: Campus.
Powell, W., Koput, K. & Smith-Doerr, L. (1996). Inter-organizational Collaboration and the Locus of Innovation: Networks of Learning in Biotechnology. *Administrative Science Quarterly,* 41 (1), 116-145.
Prengel, A. (2012): Respekt und Missachtung. Interaktionen zwischen LehrerInnen und SchülerInnen. Andresen, S. & Heitmeyer, W. (Hrsg.), *Zerstörerische Vorgänge. Missachtung und sexuelle Gewalt gegen Kinder und Jugendliche in Institutionen* (S. 178-194). Weinheim: Beltz Juventa.
Putallaz, M. (1987). Maternal behavior and children's sociometric status. *Child Development,* 58 (2), 324-340.
Raeder, S. & Grote, G. (2012). *Der psychologische Vertrag.* Göttingen: Hogrefe.
Rallet, A. & Torre, A. (1999). Is geographical proximity necessary in the innovation networks in the era of the global economy? *GeoJournal,* 44 (4), 373-380.
Rauch, F. & Kreis, I. (2009). Lernen an Schnittstellen. Regionale Netzwerke im österreichischen Projekt IMST. Berkemeyer, N., Kuper, H., Manitius, V. & Müthing, K. (Hrsg.), *Schulische Vernetzung* (S. 79-92). Münster: Waxmann.
Rauscher, H. (1998). Das Netzwerk innovativer Schulen in Deutschland. *schul-management,* 29 (6), 17-20.
Rehrl, M. & Gruber, H. (2007). Netzwerkanalysen in der Pädagogik. Ein Überblick über Methode und Anwendung. *Zeitschrift für Pädagogik,* 53 (1), 243-264.
Reupold, A. (2009): Learning Network Management. München: Universität München. Online: http://edoc.ub.uni-muenchen.de/10550/1/Reupold_Andrea.pdf (Stand: 02.08.2014)
Reupold, A., Strobel, C. & Tippelt, R. (2009). Vernetzung in der Weiterbildung: Lernende Regionen. Tippelt, R. & von Hippel, A. (Hrsg.), *Handbuch Erwachsenenbildung/Weiterbildung* (S. 569-581) Wiesbaden: VS.
Ridderbusch, J. (2012). Deutschland auf dem Weg zum zweigliedrigen Schulsystem oder zu einer Schule für alle? – Policy-Netzwerke in der Bildungspolitik. Kulin, S., Frank, K., Fickermann, D. & Schwippert, K. (Hrsg.), *Soziale Netzwerkanalyse. Theorie, Methoden, Praxis* (S. 215-232). Münster: Waxmann.
Rogers, E. M. (2003). *Diffusion of Innovations.* New York: Free Press.

Rolff, H.-G. (1997). *Sozialisation und Auslese durch die Schule*. München: Juventa.
Rollf, H.-G. (2008). Unterrichtsentwicklung etablieren und leben. In: Berkemeyer, N., Bos, W., Manitius, V. & Müthing, K. (Hrsg.), *Unterrichtsentwicklung in Netzwerken* (S. 73-93). Münster: Waxmann.
Rolff, H.-G. (2013). *Auswertung der Evaluation und Empfehlungen zur Weiterentwicklung der Regionalen Bildungsnetzwerke in NRW. Eine Expertise*. Online: http://www.schulministerium.nrw.de/docs/Schulentwicklung/Bildungskonferenz/Tagung-2013/Expertise-Prof_-Rolff.pdf (Stand 26.07.2014)
Rosenbaum, H. & Timm, E. (2008). *Private Netzwerke im Wohlfahrtsstaat*. Konstanz: UVK.
Rürup, M. (2007). *Innovationswege im deutschen Bildungssystem. Die Verbreitung der Idee „Schulautonomie" im Ländervergleich*. Wiesbaden: VS.
Rürup, M.(2012). Graswurzelbewegungen der Innovation – Zur Innovativität von Schulen und Lehrkräften „At-the-Bottom" der Schullandschaft. Rürup, M. & Bormann, I. (Hrsg.), *Innovationen im Bildungswesen. Analytische Zugänge und empirische Befunde* (S. 269-301). Wiesbaden: Springer-VS.
Ryan, A. M. (2001): The Peer Group as a Context for the Development of Young Adolescent Motivation and Achievement. *Child Development*, 72 (4), 1135-1150.
Schellenbach-Zell, J., Rürup, M., Fußangel, K. & Gräsel, C. (2008). Bedingungen erfolgreichen Transfers am Beispiel von Chemie im Kontext. Demuth, R., Gräsel, C., Parchmann, I. & Ralle, B. (Hrsg.), *Chemie im Kontext. Von der Innovation zur nachhaltigen Verbreitung eines Unterrichtskonzepts* (S. 83-123). Münster: Waxmann.
Schimank, U. (2000). *Handeln und Strukturen. Einführung in die akteurstheoretische Soziologie*. Weinheim und München: Juventa.
Schimank, U. (2007). Die Governance-Perspektive: Analytisches Potenzial und anstehende konzeptionelle Fragen. Altrichter, H., Brüsemeister, T. & Wissinger, J. (Hrsg.), *Educational Governance. Handlungskoordination und Steuerung im Bildungssystem* (S. 231-260). Wiesbaden: VS.
Schimank, U. (2009). Planung – Steuerung – Governance: Metamorphosen politischer Gesellschaftsgestaltung. *Die Deutsche Schule*, 101 (3), 231-239.
Schnegg, M. (2010). Die Wurzeln der Netzwerkforschung. Fuhse, J. & Mützel, S. (Hrsg.), *Relationale Soziologie. Zur kulturellen Wende der Netzwerkforschung* (S. 21-18). Wiesbaden: VS.
Schnegg, M. (2010). Die ethnographische Netzwerkanalyse als Instrument zur Analyse von Kooperationsmustern. Berkemeyer, N., Bos, W. & Kuper, H. (Hrsg.), *Schulreform durch Vernetzung* (S. 49-63). Münster: Waxmann.
Schuchart, C. (2009). Der Einfluss von Lehrern auf die Abschlussabsichten von deutschen und türkischen Schülern in der Hauptschule. *Bildung und Erziehung*, 62 (4), 479-496.
Schwartz, D., Gorman, A. H., Nakamoto, J. & McKay, T. (2006). Popularity, Social Acceptance, and Aggression in Adolescent Peer Groups: Links with Academic Performance and School Attendance. *Development Psychology*, 42 (6), 1116-1127.
Scott, J. G. & Carrington, P. G. (Hrsg.) (2011). *The SAGE Handbook of Social Network Analysis*. London: Sage.
Seidel, M.D., Polzer, J. & Stewart, K. (2000). Friends in high places: The effects of social networks on discrimination in salary negotiations. *Administrative Science Quarterly*, 45 (1), 1-24.
Sendzik, N., Otto, J., Berkemeyer, N. & Bos, W. (2012). Das Regionale Bildungsbüro als Boundary-Spanner? Hornberg, S. & Parreira do Amaral, M. (Hrsg.), *Deregulierung im Bildungswesen* (S. 331-350). Münster: Waxmann.

Sheldon, S. B. (2002). Parents' social networks and beliefs as predictors of parent involvement. *The Elementary School Journal*, 102 (4), 301-316.
Siepke, T. & Pohl, U. (2012). Lernen vor Ort. Skizze eines bundesweiten Projekts. Buchen, H., Horster, L. & Rolff, H.G. (Hrsg.), *Schulen in der Region – Region in der Schule* (S. 23-44). Stuttgart: Raabe.
Snijders, T. A. B. & Baerveldt, C. (2004). A Multilevel Network Study of the Effects of Delinquent Behavior on Friendship Evolution. *Journal of Mathematical Sociology*, 27 (2), 123-151.
Solzbacher, C. & Minderop, D. (Hrsg.) (2007). *Bildungsnetzwerke und Regionale Bildungslandschaften: Ziele und Konzepte, Aufgaben und Prozesse.* München: Link-Luchterhand.
Spitzer, M. (2008): *Geist im Netz. Modelle für Lernen, Denken und Handeln.* Heidelberg: Spektrum.
Spörrle, M. & Strobel, M. (2007). Zum Zusammenhang zwischen soziometrischem Status und Aggression: Eine Bestandsaufnahme der aktuellen Forschungslage. *Zeitschrift für Psychodrama und Soziometrie*, 6 (1), 43-66.
Stahl, T. & Schreiber, R. (2003). *Regionale Netzwerke als Innovationsquelle. Das Konzept der „Lernenden Region" in Europa.* Frankfurt a. M.: Campus.
Stanat, P. (2006). Disparitäten im schulischen Erfolg: Analysen zur Rolle des Migrationshintergrunds. *Unterrichtswissenschaft*, 34 (2), 98-124.
Stecher, L. (1996). Schulhabitus und soziales Kapital in der Familie. Zinnecker, J. & Silbereisen, R. K. (Hrsg.), *Kindheit in Deutschland* (S. 267-291). Weinheim: Juventa.
Stecher, L. (2001). *Die Wirkung sozialer Beziehungen. Empirische Ergebnisse zur Bedeutung sozialen Kapitals für die Entwicklung von Kindern und Jugendlichen.* Weinheim: Juventa.
Stegbauer, C. & Häußling, R. (Hrsg.) (2010). *Handbuch Netzwerkforschung.* Wiesbaden: VS.
Stegbauer, C. (2011). Beziehungsnetzwerke im Internet. Weyer, J. (Hrsg.), *Soziale Netzwerke. Konzepte und Methoden der sozialwissenschaftlichen Netzwerkforschung* (S. 249-274). 2. Auflage. München: Oldenbourg.
Stephenson, K. (2004). *Space. A Dialectic Frontier.* Online: http://www.drkaren.us/pdfs/reveal.pdf (Stand: 02.08.2014)
Stern, C. (2014). Bildung gemeinsam gestalten – Erfahrungen aus den Regionalen Bildungsnetzwerken in Nordrhein-Westfalen. Huber, S. G. (Hrsg.). *Kooperative Bildungslandschaften. Netzwerke(n) im und mit System* (S. 200-206). Kronach: Carl Link.
Stern, C. (Hrsg.) (2001): *Ziele und Wege innovativer Schulen in Deutschland.* Gütersloh: Bertelsmann Stiftung.
Stern, C., Ebel, C., Schönstein, V. & Vorndran, O. (Hrsg.) (2008). *Bildungsregionen gemeinsam gestalten. Erfahrungen, Erfolge, Chancen.* Gütersloh: Bertelsmann-Stiftung.
Stern, C., Ebel, C., Vaccaro, E. & Vorndran, O. (Hrsg.) (2006). *Bessere Qualität in allen Schulen. Praxisleitfaden zur Einführung des Selbstevaluationsinstruments SEIS in Schulen.* Gütersloh: Bertelsmann-Stiftung.
Stern, C. & Vaccaro, E. (2007). Das „Internationale Netzwerk innovativer Schulsysteme (INIS)" als Motor für Schulentwicklung. Solzbacher, C. & Minderop, D. (Hrsg.), *Bildungsnetzwerke und regionale Bildungslandschaften* (S. 98-105). München: LinkLuchterhand.
Stubbe, T. C., Pietsch, M. & Wendt, H. (2007). Soziale Netze an Hamburger Grundschulen. Bos, W., Gröhlich, C. & Pietsch, M. (Hrsg.), *KESS 4 – Lehr- und Lernbedingungen in Hamburger Grundschulen* (S. 71-102). Münster: Waxmann.
Sydow, J. & Manning, S. (Hrsg.) (2006). *Netzwerke beraten.* Wiesbaden: Gabler.
Sydow, J. (1992). Strategische Netzwerke. Wiesbaden: Gabler.

Sydow, J. (2010). Vernetzung von Schulen? Betriebswirtschaftliche Erkenntnisse zum Netzwerkmanagement. Berkemeyer, N., Bos, W. & Kuper, H. (Hrsg.), *Schulreform durch Vernetzung* (S. 33-48). Münster: Waxmann.
Tacke, V. (2000): Netzwerk und Adresse. *Soziale Systeme*, 6 (2), 291- 320.
Tacke, V. (2009): Differenzierung und/oder Vernetzung. Über Spannungen, Annäherungspotentiale und systemtheoretische Fortsetzungsmöglichkeiten der Netzwerkdiskussion. *Soziale Systeme*, 15 (2), 243-270.
Terry, R. & Coie, J. D. (1991). A Comparison of Methods for Defining Sociometric Status among Children. *Developmental Psychology*, 27 (5), 867-880.
Teubner, G. (1992). Die vielköpfige Hydra: Netzwerke als kollektive Akteure höherer Ordnung. Krohn, W. & Küppers, G. (Hrsg.), *Emergenz: Die Entstehung von Ordnung, Organisation und Bedeutung* (S. 189-216). Frankfurt a.M.: Suhrkamp.
Tillmann, K.-J., Dedering, K., Kneuper, D., Kuhlmann, C. & Nessel, I. (2008). *PISA als bildungspolitisches Ereignis. Fallstudien in vier Bundesländern.* Wiesbaden: VS.
Tippelt, R. (2005): Pädagogische Netzwerkarbeit und interorganisationales Kompetenzmanagement – Anmerkungen zur innovativen Praxis am Beispiel Lernender Regionen und Metropolen. Göhlich, M., Hopf, C. & Sausele, I. (Hrsg.), *Pädagogische Organisationsforschung* (S. 233-244). Wiesbaden: VS.
Tippelt, R. (2010): Netzwerke in Lernenden Regionen gestalten. Berkemeyer, N., Bos, W. & Kuper, H. (Hrsg.), *Schulreform durch Vernetzung* (S. 173-191). Münster: Waxmann.
Tippelt, R., Strobel, C., Reupold, A., Emminghaus, C. & Brödel, R. (2009). Verortung im bildungspolitischen Kontext, theoretische Einbettung und Zielsetzung des Programms. Emminghaus, C. & Tippelt, R. (Hrsg.), *Lebenslanges Lernen in Regionalen Netzwerken verwirklichen. Abschließende Ergebnisse zum Programm „Lernende Regionen – Förderung von Netzwerken"* (S. 25-34). Bielefeld: W. Bertelsmann.
Todeskino, V., Manitius, V. & Berkemeyer, N. (2012). Die veränderte Zusammenarbeit von Land und Kommunen in Bildungslandschaften als Joint Venture. Hornberg, S. & Parreira do Amaral, M. (Hrsg.), *Deregulierung im Bildungswesen* (S. 351-364). Münster: Waxmann.
Traeger, M. (2005). *Bildungspolitik in Deutschland. Eine ländervergleichende Netzwerkanalyse.* Marburg: Tecum.
Ulich, E. (1990): Lewin als Arbeitspsychologe. Schönpflug, W. (Hrsg.), *Kurt Lewin – Person, Werk, Umfeld. Historische Rekonstruktionen und aktuelle Wertungen* (S. 205-218). Frankfurt a.M.: Peter Lang.
Ullmann, M.; Stepancik, E. (2009): Das österreichische e-Learning Netzwerk eLSA. Berkemeyer, N., Kuper, H., Manitius, V. & Müthing, K. (Hrsg.), *Schulische Vernetzung* (S. 93-106), Münster: Waxmann.
Uzzi, B. (1996). The Sources and Consequences of Embeddedness for the Economic Performance of Organizations: The Network Effect. *American Sociological Review*, 61 (4), 674-698.
Uzzi, B. (1999). Embeddedness in the making of financial capital: How social relations and networks benefit firms seeking financing. *American Sociological Review*, 64 (4), 481-505.
Uzzi, B. & Lancaster, R. (2004). Embeddedness and Price Formation in the Corporate Law Market. *American Sociological Review*, 69 (3), 319-344.
van den Oord, E. J. C. G. & van Rossem, R. (2002). Differences in First Graders' School Adjustment: the Role of Classroom Characteristics and Social Structure of the Group. *Journal of School Psychology*, 40 (5), 371-394.

van den Oord, E. J. C. G., Rispens, J., Goudena, P. & Vermande, M. (2000). Some Developmental Implications of Structural Aspects of Preschoolers' Relations with Classmates. *Journal of Applied Developmental Psychology*, 21 (6), 619-639.

van der Hulst, R. C. (2011). Terrorist Networks: The Threat of Connectivity. Scott, J. G. & Carrington, P. G. (Hrsg.), *The SAGE Handbook of Social Network Analysis* (S. 256-270). London: Sage.

Veenstra, R., Lindenberg, S., Huitsing, G., Sainio, M., & Salmivalli, C. (2014). The role of teachers in bullying: The relation between antibullying attitudes, efficacy, and efforts to reduce bullying. *Journal of Educational Psychology*, 24 (Feb.), 1-9. Online: http://www.ppsw.rug.nl/~veenstra/CV/KiVa_VeenstraJEP14.pdf (Stand: 02.08.2014)

Veenstra, R., Verlinden, M., Huitsing, G., Verhulst, F. C., & Tiemeier, H. (2013). Behind bullying and defending: Same-sex and other-sex relations and their associations with acceptance and rejection. *Aggressive Behavior*, 39 (6), 462-471.

Wacker, A., Maier, U. & Wissinger, J. (Hrsg.) (2012). *Schul- und Unterrichtsreform durch ergebnisorientierte Steuerung. Empirische Befunde und forschungsmethodische Implikationen*. Wiesbaden: Springer VS.

Wald, A. & Jansen, D. (2007). Netzwerke. Benz, A., Lütz, S., Schimank, U. & Simonis, G. (Hrsg.), *Handbuch Governance* (S. 93-105). Wiesbaden: VS.

Watts, D. J. (2003): *Six degrees. The science of a connected age*. New York: W. W. Norton & Co.

Wentzel, K.R. & Caldwell, K. (1997). Friendships, peers acceptance, and group membership: Relations to academic achievement in middle school. *Child Development*, 68 (6), 1198-1209.

Wentzel, K.R. (1991). Relations between social competence and academic achievement in early adolescence. *Child Development*, 62 (5), 1066-1078.

Wetzel, R.; Aderhold, J. & Baitsch, C. (2001a), Netzwerksteuerung zwischen Management und Moderation. *Gruppendynamik und Organisationsberatung*, 32 (1), 21-36.

Wetzel, R.; Aderhold, J.; Baitsch, C.; Keiser, S. (2001b): Moderation in Netzwerken. Baitsch, C. & Müller, B. (Hrsg.), *Moderation in regionalen Netzwerken* (S. 7-122). München: Hampp.

Weyer, J. (2000). Einleitung. Zum Stand der Netzwerkforschung in den Sozialwissenschaften. Weyer, J. (Hrsg.), *Soziale Netzwerke. Konzepte und Methoden der sozialwissenschaftlichen Netzwerkforschung* (S. 1-34). München: Oldenbourg.

Weyer, J. (2011b). Netzwerke in der mobilen Echtzeitgesellschaft. Weyer, J. (Hrsg.), *Soziale Netzwerke. Konzepte und Methoden der sozialwissenschaftlichen Netzwerkforschung* (S. 3-38). 2. Auflage. München: Oldenbourg.

Weyer, J. (2011c). Zum Stand der Netzwerkforschung in den Sozialwissenschaften. Weyer, J. (Hrsg.), *Soziale Netzwerke. Konzepte und Methoden der sozialwissenschaftlichen Netzwerkforschung* (S. 39-69). 2. Auflage. München: Oldenbourg.

Weyer, J. (2011d). Innovations-Netzwerke. Weyer, J. (Hrsg.), *Soziale Netzwerke. Konzepte und Methoden der sozialwissenschaftlichen Netzwerkforschung* (S. 39-69). 2. Auflage. München: Oldenbourg.

Weyer, J. (Hrsg.) (2011a). *Soziale Netzwerke. Konzepte und Methoden der sozialwissenschaftlichen Netzwerkforschung*. 2. Auflage. München: Oldenbourg.

White, H. C. (1992). *Identity and Control: A Structural Theorie of Social Action*. Princeton: University Press.

White, H. C. (2008). *Identity and Control: A Structural Theorie of Social Action*. Princeton: University Press. (Überarbeitete Neuauflage)

Wilbers, K. (2004). *Soziale Netzwerke an berufsbildenden Schulen. Analyse, Potentiale, Gestaltungsansätze*. Paderborn: Eusl.

Williamson, O. E. (1985). *The economic institutions of capitalism: Firms, markets, relational contracting*. New York: Macmillan
Williamson, O. E. (1991): Comparative Economic Organization: The Analysis of Discrete Structural. *Administrative Science Quarterly*, 36 (2), 269-296.
Williamson, O. E. (1996): Vergleichende ökonomische Organisationstheorie: Die Analyse diskreter Strukturalternativen. Kenis P. &Schneider V. (Hrsg.), *Organisation und Netzwerk. Institutionelle Steuerung in Wirtschaft und Politik* (S. 167-212). Frankfurt a. M.: Campus.
Windzio, M. (2012): Integration of immigrants' children into inter-ethnic friendshipnetworks: The role of "intergenerational openness". *Sociology*, 46 (2), 258-271.
Wolf, G. & Matalik, S. E. (2006). Themennetze und die systematische Erzeugung von Neuem. *REPORT Zeitschrift für Weiterbildungsforschung*, 29 (1), 26-36.
Yoshikawa, H. (1994). Prevention as Cumulative Protection: Effects of early Family Support and Education on Chronic Delinquency and its Risk. *Psychological Bulletin*, 115 (1), 28-54.
Youniss, J., (1994). *Soziale Konstruktion und psychische Entwicklung*. Frankfurt a. M.: Suhrkamp.
Zinnecker, J. & Georg, W. (1996). Soziale Interaktion in der Familie und ihre Wirkung auf Schuleinstellung und Schulerfolg der Kinder. Zinnecker J. & Silbereisen, R. K. (Hrsg.), *Kindheit in Deutschland* (S. 303-315). Weinheim: Juventa.

Anhang 1: Glossar wichtiger Begriffe der sozialwissenschaftlichen Netzwerkanalyse

Akteur: einzelnes Individuum, einzelne Organisation, einzelnes Ereignis oder eine kollektive soziale Einheit, das oder die mit anderen in einem Netzwerk verbunden sind (englisch manchmal auch als „node" bezeichnet).

Asymmetrische Beziehung: eine Einweg-Beziehung von A nach B, z. B. gibt Lehrer A Ratschläge für Lehrer B, aber A erhält keine Ratschläge von B.

Betweenness-Zentralität eines Akteurs: das Ausmaß, in dem ein Akteur „zwischen" anderen Akteuren steht und diese über eine intermediäre Position miteinander verbindet (auch als Gatekeeper-Position bezeichnet).

Beziehungsstärke: kann gemessen werden an einzelnen oder mehreren Variablen wie die Zeit, die Akteure miteinander verbringen, die Häufigkeit der Kontakte, die emotionale Intensität zwischen Akteuren, die Intimität, die Reziprozität u. ä. (Granovetter 1973). Starke Beziehungen („strong ties") sind solche, die regelmäßig praktiziert werden, langfristig angelegt und affektbeladen sind (Krackhart 1992), während schwache Beziehungen als unregelmäßig und entfernt charakterisiert sind.

Clique: eine Gruppe von Akteuren, in der alle miteinander verbunden sind, die aber keine Kontakte zu externen Akteuren haben.

Closeness-Zentralität: Gibt an, wie nah die Akteure miteinander verbunden sind. Eine hohe Closeness-Zentralität bedeutet, dass ein Akteur durch viele direkte Pfade andere Akteure erreichen kann; er ist damit relativ unabhängig und kann von anderen weniger gut kontrolliert werden.

Cutpoint: Ein Akteur, bei dessen Entfernung das Netzwerk in zwei separate Bestandteile zerfällt, die nicht mehr miteinander verbunden sind.

Degree-Zentralität: die Anzahl der Beziehungen, die ein Akteur zu anderen Akteuren in einem Netzwerk hat. Man unterscheidet zwischen In-Degrees (die Anzahl der Kontakte, die Lehrer A nach Rat fragen) und Outdegree (die Anzahl der Personen, denen Lehrer A Rat gibt).

Dichte: Die Anzahl der Verbindungen im Netzwerk dividiert durch die maximal mögliche Anzahl der Kontakte innerhalb eines Netzwerkes. Wenn alle Akteure isoliert sind, beträgt die Netzwerkdichte 0; wenn alle Akteure mit allen anderen Akteuren verbunden sind, beträgt die Dichte 1.

Dyade: zwei Akteure, die miteinander verbunden sind. Triade: Drei Akteure, die miteinander direkt oder indirekt miteinander verbunden sind.

Egonetzwerk: Das soziale Netzwerk eines Egos (eines einzelnen Akteurs), das sich aus den direkten Beziehungen des Ego und seinen indirekten Beziehungen (d. h. die direkten und indirekten Beziehungen seiner direkten Beziehungen) zusammengesetzt sein kann. Das Egonetzwerk einer Schule setzt sich dann zusammen aus ihren direkten Kontakten zu anderen Schulen und den Kontakten der mit ihnen verbundenen Schulen.

Eigenvektor-Zentralität: Ein Maß für das Prestige eines Akteurs, das auch die Zentralität derjenigen Akteure mitberücksichtigt, mit denen der fokale Akteur in Beziehung steht. Eine Schule hat demnach ein höheres Prestige, wenn sie mit Akteuren verbunden ist, die selbst gut vernetzt sind als wenn sie mit Akteuren in Kontakt steht, die selbst über keine oder wenige Beziehungen verfügen.

Embeddedness: das „Eingebettetsein" von sozialen Beziehungen in soziale Beziehungen oder auch die Überlappung von sozialen Beziehungen mit ökonomischen Beziehungen; ökonomisches oder auch pädagogisches Handeln ist eingebettet in soziale Kontexte und kann nicht allein durch individuelle Motive erklärt werden. Handeln ist stets eingebettet in bestehende soziale Gefüge von Akteuren und wird nicht von „atomisierten" Akteuren ausgeführt.

Erreichbarkeit: Ein Akteur kann einen anderen Akteur innerhalb eines Netzwerkes erreichen, wenn sie durch einen Pfad verbunden sind. Unterrichtsmaterialien können z. B. direkt weitergeleitet werden zwischen A und B oder aber indirekt über intermediäre Akteure. Die Erreichbarkeit bezeichnet die relative Einfachheit, mit der die Akteure sich untereinander erreichen können.

Gatekeeper: ein Akteur, der Informationen oder andere Ressourcen von außen in das Netzwerk übermittelt

Anhang 1: Glossar

Gesamtnetzwerk: Alternative zum Egonetzwerk. Betrachtet wird das gesamte Netzwerk, z. B. die Freundschaftsbeziehungen innerhalb einer Schule – nicht die eines bestimmten Egos. Hier werden alle Freundschaftsbeziehungen der Schulmitglieder untereinander erfasst – die Grenze bildet die Schulorganisation.

Homophilie: Die Tendenz von Akteuren mit anderen zu interagieren, die ihnen in bestimmten Dimensionen (z. B. Geschlecht, Alter, Ausbildung, Ethnie, Status o. ä.) ähnlich sind.

Isolate: Ein Akteur, der keine Beziehungen zu anderen innerhalb eines Netzwerkes pflegt.

Multiplexität: Das Ausmaß, in dem zwei Akteure über mehrere Beziehungsformen miteinander verbunden sind. Zwei Lehrer können sowohl Arbeitskollegen sein, miteinander Ratschläge austauschen und auch miteinander befreundet sein. Diese Multiplex-Beziehungen beträgt einen Wert von 3.

Reziprozität (auch Symmetrie): Ausmaß, in dem Beziehungen erwidert werden; Beziehungen, die nicht erwidert werden (z. B. bei Freundschaften), beeinträchtigen nach der Balance-Theorie das soziale Wohlbefinden. Die Reziprozität wird ermittelt indem die Anzahl der reziproken Beziehungen durch die Anzahl der Dyaden im Netzwerk dividiert wird.

Soziales Kapital: Auf der individuellen Ebene bezeichnet soziales Kapital die Vorteile, die ein Akteur aus seinem sozialen Netzwerk generieren kann (z. B. über Ressourcen, Informationen, Prestige).

Soziales Netzwerk: Ein Set von Akteuren und ihrer Beziehungen (z. B. Arbeitsbeziehungen, Freundschaftsbeziehungen, Verwandtschaftsbeziehungen, Kommunikationsbeziehungen), die sie miteinander verbinden.

Star: Ein Akteur, der hinsichtlich seiner Popularität im Zentrum eines Netzwerkes steht.

Strukturelles Loch (Structural Hole): Eine Lücke zwischen zwei Akteuren oder zwei Clustern von Akteuren, die von einem dritten Akteur miteinander verbunden werden. Der dritte Akteur fungiert als Intermediär (z. B. als Agent oder Gatekeeper).

Soziomatrix (auch Beziehungsmatrix oder Adjacency Matrix): Eine quadratische Matrix, die typischerweise aus Einsen und Nullen besteht, mit der angezeigt wird, welches Paar von Akteuren miteinander verbunden ist (1) oder nicht (0).

Soziogramm: Ein visuelle Darstellung eines Netzwerkes, bei der die Akteure als Punkte und die Beziehungen als Linien dargestellt sind.

Verbundenheit: In einem verbundenen Netzwerk können alle Akteure alle anderen Akteure entweder direkt oder indirekt erreichen. Das Netzwerk enthält keine Isolates oder separaten Cliquen.

Zentralität: Ausmaß, in dem ein Akteur innerhalb eines Netzwerkes eine zentrale Stellung besetzt. Es werden verschiedene Zentralitätsmaße unterschieden: Degree-, Eigenvektor-, Closeness- und Betweenness-Zentralität.

Zentralisation: bezieht sich auf ein ganzes Netzwerk; das Ausmaß, in dem ein Netzwerk um einen oder weniger Akteure herum konzentriert ist.

Anhang 2: Softwareprogramme für die sozialwissenschaftliche Netzwerkanalyse

In den letzten 20 Jahren wurden verschiedenste Softwareprogramme entwickelt, um soziale Netzwerke auszuwerten und/oder grafisch darzustellen. Im Folgenden werden einige der wichtigsten Programme kurz vorgestellt sowie Web-Links und Verweise auf weiterführende Literatur genannt. Die mit * gekennzeichnete Programme sind kommerziell. Die angegebenen Weblinks wurden zuletzt im Juli 2014 geprüft.

Agna	(Applied Graph & Network Analysis, konzipiert von Benta) ist ein Programm für die Analyse und Visualisierung von Netzwerken. Soziometrische- und Zeitreihenanalysen sind mit dem Programm möglich. Weblink: http://www.freewebz.com/benta/agna/download.htm
Gephi	Ist ein Open Source Netzwerk Analyse Software Packet in Java. Neben der Berechnung von Netzwerkparametern – z. B. Betweenness, Dichte und den Clusterkoeffizienten – ist es besonders gut nutzbar für die Analyse von Netzwerkgraphen. Das Programm eignet sich aufgrund seiner Apps gut für Netzwerkanalysen in Facebook. Es läuft auf Windows, Linux und Mac OSX. Gephi erlaubt den Import von Daten aus vielen etablierten Programmen. Weblink: http://gephi.github.io/
GraphViz	GraphViz ist eine OpenSource-Software zur Visualisierung von Graphen, für die Betriebssysteme Windows, Linux und Mac OS-X. GraphViz enthält verschiedene Layout-Programme, die Daten können unterschiedlich grafisch repräsentiert und bearbeitet werden. Einfache Netzwerkparameter können berechnet werden. Weblink: http://www.graphviz.org/
Igraph	Dient dem Erstellen und Manipulieren von Graphen; verschiedene Graph-Algorithmen sind implementiert und es hat eine benutzerfreundliche Bedienung. Zentralitätsmaße, wie z. B. Closeness und Betweenness können berechnet werden. Web-Link: http://cran.r-project.org/web/packages/igraph/index.html Literatur: Arias, M. & Ferrer-i-Cancho, R. (2013). Introduction to igraph, http://www.lsi.upc.edu/~CSN/lab/session1.pdf

JUNG	(Java Universal Network/Graph Framework): Ist ein offenes und erweiterbares System, geschrieben in Java. Es dient der Darstellung, Analyse und Visualisierung von Netzwerken. Unterstützt wird die Ein-/Ausgabe von Daten im Pajek-Format. Weblink: http://jung.sourceforge.net
KrackPlot	Ist eine Software zur Visualisierung von Netzwerken, die leicht in der Anwendung ist. Knoten können manuell bewegt und bearbeitet werden. Es ist u. a. kompatibel mit Ucinet. Weblink: http://www.andrew.cmu.edu/user/krack/krackplot.shtml Literatur: Krackhardt, D., Blythe, J. & C. McGrath (1994). KrackPlot 3.0: An Improved Network Drawing Programm", Connections 17(2), 53-55.
MOVIE-MOL	Mit diesem Programm können Sequenzen von Netzwerken beweglich dargestellt und animiert werden, besonders in der Chemie wird dieses Programm für die Darstellung von Molekülen genutzt. Weblink: http://www.ifm.liu.se/compchem/moviemol/moviemol.html Literatur: Hermansson, K. & Ojam, L. (1994). MOVIEMOL. Uppsala University, Institute of Chemistry, Report UUIC-B19-500.
NetMiner*	Dieses Programm ermöglicht die visuelle Darstellung von Netzwerken, es umfasst zahlreiche Algorithmen für die Visualisierung und erlaubt es dem Benutzer, zahlreiche Attribute einzulesen. Auch 3D Visualisierungen sind möglich. Die analytischen Kapazitäten sind denen des Programms Pajek ähnlich. Weblink: http://www.netminer.com/NetMiner/home_01.jsp
Network	Paket zum Erstellen, Speichern, Verändern und Plotten der Daten in Netzwerkobjekten. Es ist kompatibel mit SNA (SNA benötigt es für seine Funktion jedoch nicht). Web-Link: http://cran.r-project.org/web/packages/network/index.html Literatur: Butts, C. T. (2008). NETWORK: A Package for Managing Relational Data in R. Journal of Statistical Software, 24(2), http://www.jstatsoft.org/v24/i02/
Pajek	(Windows): Pajek (slowenisch Spinne) ist ein unter Windows laufendes Programm zur deskriptiven und explorativen Analyse und Visualisierung von (besonders großen) Netzwerken. Stochastische Verfahren mit Signifikanzprüfung sind mit Pajek leider nicht möglich. Es wurden 1996 vom slowenischen Mathematiker Batagelj konzipiert. Neben gerichteten, ungerichteten und gemischten Netzwerken unterstützt Pajek auch Two-Mode-Netzwerke (bipartite (bewertete) Graphen – Netzwerke zwischen zwei disjunkten Knotenmengen) sowie temporale Netzwerke (dynamische Graphen – sich mit der Zeit verändernde Netzwerke). Pajek ist kompatibel mit verschiedenen Formaten, wie z. B. Ucinet. Weblink: http://vlado.fmf.uni-lj.si/pub/networks/pajek/ Literatur: Batagelj, V. & A. Mrvar (2003). Pajek—Analysis and Visualization of Large Networks. Jünger, M. & Mutzel, P. (Hrsg.), Graph Drawing Software (S. 77-103). Berlin: Springer.

Anhang 2: Softwareprogramme

R	Bei dem Programm R handelt es sich um ein offenes, frei zugängliches, erweiterbares statistisches Programmsystem, das unter Windows, Linux und MAC OS läuft. Es umfasst eine große Anzahl von (Erweiterungs-) Paketen, die von einem weltweiten akademischen Netzwerk zur Verfügung gestellt werden. Für die Netzwerkanalyse sind verschiedene Teilpakte (wie z. B. „SNA", „Network" „Statnet" (von Butts) und „Igraph" von Nutzen. Web-Link: http://www.r-project.org Literatur: Kolaczyk, E. D. & G. Csàrdi (2014). Statistical Analysis of Network Data with R. Wiesbaden: Springer.
SIENA	(Simulation Investigation for Empirical Network Analysis): konzipiert und weiterentwickelt von Tom Snjiders und seinem Forschungsteam ist SCIENA ein Programm zur statistischen Analyse sozialer Netzwerke, das sich besonders für die Analyse und Modellierung von Längsschnittdaten (Gesamtnetzwerken) eignet. Es lässt sich die Evolution von Netzwerken simultanbasiert analysieren, so kann z. b. berechnet werden, wie sich die Beziehungen von Netzwerkakteuren in Abhängigkeit von attributionalen Merkmalen über einen bestimmten Zeitraum verändert. Unter anderem können Querschnittsdaten mit „exponential random graph models" (ERGMs), berechnet werden, diese Funktion ist jedoch nur noch bis Version 3 implementiert. Bis Version 3 heißt das Programm SIENA und ist in StOCNET implementiert. Version 4 läuft unter R und heißt nun RSIENA. SIENA läuft unter Windows. Weblink: http://www.stats.ox.ac.uk/~snijders/siena/ Literatur: Snijders, T. A. B., Steglich, C. E. G., Schweinberger, M. & Huisman, M. (2010). Manual for SIENA version 3.2. University of Groningen: ICS/Department of Sociology; University of Oxford: Department of Statistics. Ripley, R.M., Snjiders, T.A .B. & Preciado, P. (2014). Manual for RSiena Oxford: University of Oxford, http://www.stats.ox.ac.uk/~snijders/siena/RSiena_Manual.pdf Steglich, C. & Knecht, A. (2009). Die statistische Analyse dynamischer Netzwerke. Stegbauer, C. & Häußling, R. (Hrsg.), Handbuch der Netzwerkforschung (S. 433-446). Wiesbaden: VS.
SNA	Beinhaltet verschiedene Tools für die traditionelle soziale Netzwerkanalyse, z. B. Zentralitäts- und Distanzmaße, Blockmodelle, logistische Regressionsanalysen. Web-Link: http://cran.r-project.org/web/packages/sna/index.html Literatur: Butts, C. T. (2008). Social Network Analysis with SNA. Journal of Statistical Software, 24(6),1-51, http://www.jstatsoft.org/v24/i06/

SocNet	Ist ein frei zugängliches Softwaresystem, dass verschiedene Programm für die Analyse sozialer Netzwerke umfasst und eher für Fortgeschrittene ist. Stochnet ist ebenfalls von Snijders konzipiert (läuft unter Windows). Integriert sind mittlerweile ehemals selbstständig erschienene Programme, neben SIENA auch eine Reihe kleinerer Programme von Snijders wie ZO für die Analyse binärer Matrizen mit gegebenen Randhäufigkeiten (hiermit lassen sich Verteilungen durch Simulation erzeugen), BLOCKS zur Berechnung stochastischer Blockmodelle. Weblink: http://socnetv.sourceforge.net/ http://www.gmw.rug.nl/~stocnet/StOCNET.htm
Statnet	Statnet erlaubt eine vielfältige statistische Modellierung von Netzwerken und ist eher für Fortgeschrittene geeignet. Es beinhaltet Funktionen zum Simulieren, Plotten und Auswerten von ERGM's (Exponential family Random Graph Models). Zudem hat es eine breite Funktionalität durch zentralen Markov Chain Monte Carlo (MCMC) Algorithmen. Web-Link: http://statnet.org/ Literatur: Goodreau, S. M., Handcock, M. S., Hunter, D. R., Butts, C. T & Morris, M. (2008). A statnet Tutorial. Journal of statistical software, 24(9), 1-26. Handcock, M. S., Hunter, D. R., Butts, C. T., Goodreau, S. M. & Morris, M. (2008). STATNET: Software Tools for the Representation, Visualization, Analysis and Simulation of Network Data. Journal of Statistical Software, 24(1), 1-11, http://www.jstatsoft.org/v24/i01/paper
Structure	Ist ein älteres, aber einfach zu bedienendes Programm mit zahlreichen Optionen zur Analyse von Beziehungsnetzen. Konzipiert wurde es von Burt. Weblink: http://faculty.chicagobooth.edu/ronald.burt/ Literatur: Burt, R. S. (1991). STRUCTURE, Version 4.2. Research Program in Structural Analysis. Center for the Social Sciences, Columbia University (zuerst 1987, Columbia University).
Tulip	Geschrieben ist dieses Programm in C++, es läuft unter Windows, Linux und Mac OX. Tulip eignet sich besonders für die Visualisierung großer Netzwerke, d. h. bis zu 500.000 Akteure, 3D Visualisierung sind möglich. Weblink: http://tulip.labri.fr/TulipDrupal/

UCINET 6* (Windows): Zu einem der bekanntesten Programme gehört Ucinet, es wurde Anfang der 1980er Jahre entwickelt (Freeman) und wird mittlerweile von Steve Borgatti, Martin Everett und Lin Freeman weiterkonzipiert. Ucinet dient nicht nur Berechnung verschiedenster Parameter, sondern hat auch das Programm Netdraw implementiert, das die grafische Darstellung von Netzwerken ermöglicht. Die Grafiken in Netdraw können als EMF, WMF, BMP und JPG gespeichert werden. Ein Vorteil des Programms Ucinet besteht darin, dass der Datenimport verschiedener Formate möglich ist (z. B. Excel). Komplexe Netzwerke können vielfältig analysiert und visualisiert werden, dabei ist es kompatibl mit anderen Programmen, wie z. B. Pajek. Ucinet basiert mathematisch auf der Graphentheorie und Matrixalgebra, es erlaubt die Analyse verschiedenster Zentralitätsmaße, kohäsive Subgruppen, Rollen- und Positionsanalyse, komplexe multivariate statistische Analysen sind möglich.
Weblink: http://www.analytictech.com/downloaduc6.htm
Literatur: Steinbrink, M., Schmidt, J.-B. & Aufenvenne, P. (2013). Soziale Netzwerkanalyse für HumangeographInnen: Einführung in UCINET und NetDraw in fünf Schritten. Potsdam: Universitätsverlag Potsdam.
Borgatti, S. P., Everett, M. G. & Freeman, L. C. (2002) Ucinet for Windows: Softwarefor Social Network Analysis. Harvard MA: Analytic Technologies.
Stegbauer, C. & Rausch, A. (2014). Einführung in NetDraw: Erste Schritte mit dem Netzwerkvisualisierungsprogramm. Wiesbaden: Springer VS (im Erscheinen).

Programme für ego-zentrierte Netzwerkanalysen

Egonet	(Egocentric Network Study Software): Ist ein auf Java basiertes Tool zur Erhebung und Auswertung ego-zentrierter Netzwerkanalysen (auch von Netzwerken im Internet). Graphen können visualisiert und kompositionale als auch strukturelle Maßzahlen des egozentrierten Netzwerkes berechnet werden. Ferner hilft das Programm Fragebögen für egozentrierte Netzwerke zu erstellen. Die mit Egonet erstellten Daten und Matritzen können in andere Netzwerk-Progamme transferiert werden. Weblink: http://egonet.softpedia.com
VennMaker	Mit VennMaker können Netzwerkdaten visuell erhoben werden. Auf sogenannten „digitalen Netzwerkkarten" können während eines Interviews die Netzwerkbeziehungen direkt grafisch festgehalten und markiert/symbolisiert und ausgewertet werden. Das Programm wurde im Rahmen des Exzellenzclusters „Gesellschaftliche Abhängigkeit und soziale Netzwerke" der Universitäten Trier und Mainz (Leitung Prof. D. Schönhuth) entwickelt. Damit erleichtert das Programm besonders die Erhebung ego-zentrierter Netzwerken und kann v. a. auch in der qualitativen Forschung eingesetzt werden. Die erhobenen Daten stehen digital zur Verfügung und können ohne weitere Kodiermaßnahmen in andere Analyseprogramme wie z. B. SPSS, Stata, UCINET oder Visone übertragen und verarbeitet werden. Weblink: http://www.vennmaker.com/ Literatur: Schönhuth, M., Gamper, M. Kronenwett, M., & M. Stark (2013). Visuelle Netzwerkforschung. Qualitative, quantitative und partizipative Zugänge. Bielefeld: Transkript. Gamper, M., Schönhuth, M. & Kronenwett, M. (2012). Bringing Quantitative Data Together: Collecting Network Data with the Help of the Software Tool VennMaker. Safar, H. (Hrsg.), Social Networking and Community Behavior Modeling: Qualitative and Quantitative Measures (S. 193-213). Hershey (USA) Gamper, M. & Kronenwett, M. (2012). Visuelle Erhebung von egozentrierten Netzwerken mit Hilfe digitaler Netzwerkkarten. Kulin, S.; Frank, K., Fickermann, D. & Schwippert, K. (Hrsg.), Soziale Netzwerkanalyse (S. 151-166). Münster: Waxmann.
Visone	Visone ist eine Java-Applikation und läuft auch auf Macs und unter Linux sowie über das Internet mit Hilfe eines Webbrowsers. Bei diesem Programm liegt der Schwerpunkt auf der Visualisierung von Netzwerken. Konzipiert wurde es von Brandes, Wagner und dem Visone-Team, Universität Konstanz und Karlsruher Institut für Technologie (KIT). Weblink: http://visone.info/index.html

Weiterführende Literatur und Links: Softwareprogramme für Netzwerkanalysen:

Huisman, M. & van Duijn, M.A.J. (2004). *Software for Statistical Analysis of Social Networks.* Online: http://www.gmw.rug.nl/~stocnet/content/downloads/HuismanVanDuijn.pdf

Krempel, L. (2005). *Visualisierung komplexer Strukturen – Grundlagen der Darstellung mehrdimensionaler Netzwerke.* Campus Verlag.

Pfeffer, J. (2008). Visualisierung sozialer Netzwerke. Stegbauer, S. (Hrsg.), *Netzwerkanalyse und Netzwerktheorie – ein neues Paradigma in den Sozialwissenschaften.* Wiesbaden: VS.

Umfangreiche Zusammenfassung verschiedener Softwarebeschreibungen und Links: http://www.gmw.rug.nl/~huisman/sna/software.html (Autor: M. Huisman)

Sammlung von verschiedenen Programmen für die Visualisierung von Netzwerken: http://www.netvis.org/resources.php

Weiterführende Literatur zu Methoden der sozialwissenschaftlichen Netzwerkanalyse

Diaz-Bone, R. (1997). *Ego-zentrierte Netzwerkanalyse und familiale Beziehungssysteme.* Wiesbaden: Deutscher Universitätsverlag.

Heidler, R. (2006). *Die Blockmodellanalyse. Theorie und Anwendung einer netzwerkanalytischen Methode.* Wiesbaden: Deutscher Universitäts-Verlag.

Hennig M, Brandes, U, Pfeffer, J, & Mergel, I. (2012). *Studying Social Networks.* Frankfurt a.M.: Campus.

Hollstein, B. & Straus, F. (2006): *Qualitative Netzwerkanalyse. Konzepte, Methoden, Anwendungen.* Wiesbaden: VS.

Jansen, D. (2006). *Einführung in die Netzwerkanalyse. Grundlagen, Methoden, Anwendungen.* Wiesbaden: VS.

Knoke D. & S. Yang (2007). *Social Network Analysis.* 2. Aufl.. Thousands Oaks: SagePublications.

Newman, M.E.J. (2010). *Networks. An Introduction.* Oxford: Oxford University Press.

Pappi, F. U.(1987). *Methoden der Netzwerkanalyse.* München: Oldenbourg.

Scott, J. (2000). *Social Network Analysis.* Newbury Park CA: Sage.

Stadler, C. (2013). *Soziometrie: Messung, Darstellung, Analyse und Intervention in sozialen Beziehungen.* Wiesbaden: VS.

Stegbauer, C. (2008). *Netzwerkanalyse und Netzwerktheorie. Ein neues Paradigma in den Sozialwissenschaften.* Wiesbaden: VS.

Wasserman S. & Faust, K. (1994). Social Network Analysis: Methods and Applications. New York: Cambridge University Press.

Kulin, S., Keno F., Fickermann, D. & Schwippert, K. (2012). *Soziale Netzwerkanalyse. Theorie, Methoden, Praxis.* Münster: Waxmann.

Scott, J. (2000). *Social Network Analysis.* Newbury Park CA: Sage.

If you have any concerns about our products,
you can contact us on
ProductSafety@springernature.com

In case Publisher is established outside the EU,
the EU authorized representative is:
**Springer Nature Customer Service Center GmbH
Europaplatz 3, 69115 Heidelberg, Germany**

Printed by Libri Plureos GmbH
in Hamburg, Germany